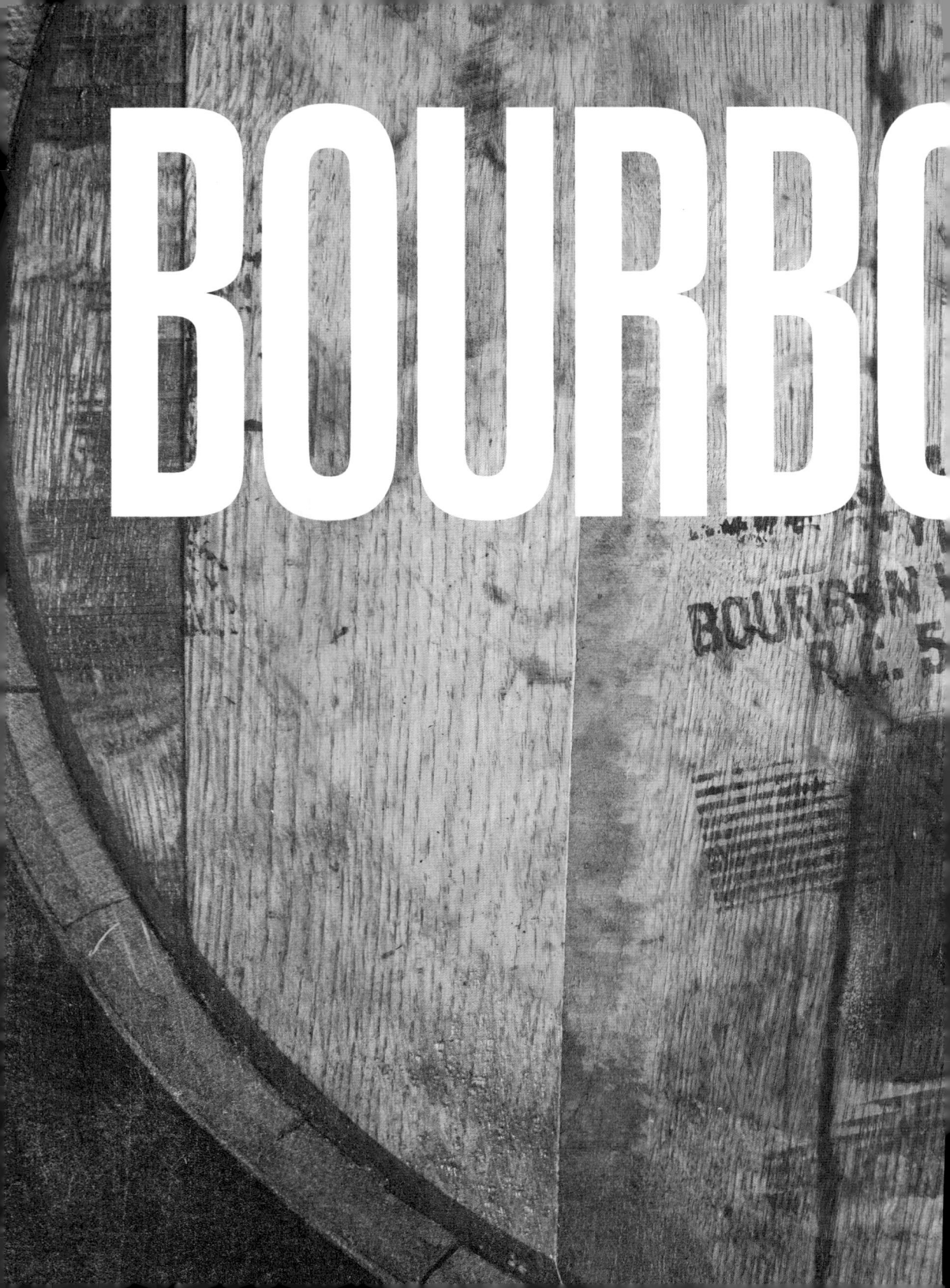

N LAND

## 버번 랜드

에드워드 리 셰프가
안내하는
버번 위스키 가이드북

# EDWARD LEE

에드워드 리 지음 · 정연주 옮김

BOURBON LAND by Edward Lee

Copyright © 2024 by Edward Lee All rights reserved.

Photographs copyright © 2024 by Jessica Ebelhar

Illustrations copyright © 2024 by Rachel Sinclair

This Korean edition was published by Wisdom House, Inc. in 2025 by arrangement with Artisan, an imprint of Workman Publishing Co., Inc., a subsidiary of Hachette Book Group, Inc.,New York, New York, USA. through KCC(Korea Copyright Center Inc.), Seoul.

이 책은 ㈜한국저작권센터(KCC)를 통한 저작권자와의 독점계약으로 ㈜위즈덤하우스에서 출간되었습니다. 저작권법에 의해 한국 내에서 보호를 받는 저작물이므로 무단전재와 복제를 금합니다.

[사진 출처]

25쪽: Kentucky Historical Society

26-27쪽: 96PA101: James E. Pepper Company (bourbon whiskey distillery),
  Collection on Lafayette Studios, University of Kentucky Archives

28쪽: Kentucky Historical Society

46쪽: Science History Images/Alamy

49쪽: Shawshots/Alamy

111쪽: Kentucky Historical Society, Contributed by Harry Boone Nicholson Sr.
  to the Ohio River Portrait Project

151쪽: Old Visuals/Alamy

155쪽: zimmytws/Shutterstock.com

157쪽: BOS-49: Steamboat Congo, The Filson Historical Society, Louisville, KY

158쪽: Patti McConville/Alamy

160쪽: Kentucky Historical Society

161쪽: Patti McConville/Alamy

241쪽: Allstar Picture Library Ltd/Alamy

242–243쪽: Pictorial Press Ltd/Alamy

일러두기

1. 인명, 지명 등 외래어 표기는 국립국어원의 규정을 따르는 것을 원칙으로 했으나
   주류 업계에 일부 통용되는 용어는 그대로 사용했습니다.
2. 옮긴이 표시가 없는 주석은 원문 주석입니다.
3. 단수수 시럽은 꿀이나 메이플 시럽으로 대체 가능합니다.

"나는 너무 완벽해서 정겹지 못하고, 너무 금욕적이라 솔직하지 못하며,
너무 억압적이라 행복할 수 없는 세상에서 살고 싶지 않다."

헨리 워터슨 HENRY WATTERSON

"사방에서 목소리가 들려왔다.
이 땅은 당신과 나를 위해 만들어진 것이다."

우디 거스리 WOODY GUTHRIE

# PREFACE FOR KOREAN EDITION

## 한국어판 서문

제가 소주를 처음 마신 날은 한국에 놀러온 스무 살 때였습니다. 한 나라의 정체성을 담고 있으면서, 한국 사람들과 아주 밀접하게 연결된 술을 접한다는 건 무척 새로운 경험이었어요. 제 마음 속 소주의 맛은 바로 그때 제가 막 알아가던 중인 한국의 모든 요소들-음식과 음악, 한강에서 불어오던 바람, 서울 길거리에 늘어선 식당과 카페에서 들려오던 사람들의 웃음소리들-과 함께 어우러져 있습니다.

그리고 몇 년 뒤 켄터키로 이주하고 버번을 접했을 때, 당시 한국에서 느낀 감정을 다시 느꼈습니다. 버번은 미국 전역에서 이미 인기 있는 위스키지만 그래도 켄터키 주민과 토종 식재료, 기후, 그 문화와 불가분적인 관계란 것을 부인할 수는 없죠. 켄터키에서 발명해 완성된 위스키입니다. 저는 켄터키에 발을 들인 바로 그 순간부터 버번 위스키의 역사와 풍미에 매료되고 말았습니다. 처음에는 그냥 있는 그대로 마시는 술, 가끔 칵테일에 넣는 술 정도로 접했지만 곧 요리에도 얼마든지 쓸 수 있는 존재로 생각하게 됐지요. 버번은 제 요리에 풍미와 깊이를 더해주었습니다. 요리가 훨씬 재미있어졌어요.

버번 위스키를 요리에 사용한 지도 꽤 오랜 시간이 흘렀는데, 켄터키에서 20년을 보내고 나니 그에 관한 레시피와 경험담만으로도 책 한 권을 엮을 수 있을 정도가 되었습니다. 『버번 랜드』는 쓰는 것도, 이에 대해 이야기를 나누는 것도 모두 즐거운 책이었습니다. 세상에는 사람들을 늘 행복하게 만드는 몇 가지 주제가 있는데 버번 위스키가 바로 그중 하나거든요.

지금 저는 마치 삶 자체가 갈림길에 서 있는 기분입니다. 한국 호텔방에 앉은 채로 소주를 딸 수도 있고, 버번 위스키 한 잔을 따라 홀짝일 수도 있죠. 버번은 전세계적인 트렌드가 되었습니다. 한국 음식도 마찬가지예요. 그리고 참 흥미로운 운명의 장난처럼, 저는 저녁 식사로 직화로 구운 갈비에 버번 하이볼을 곁들여 먹는 것을 정말 좋아합니다. 저의 두 세계가 이렇게 잘 어우러지는 것이 정말 놀라워요. 이러려고 미리 계획한 것은 아닙니다. 사실 예측할 수조차 없었어요. 하지만 꽤 완벽한 인생처럼 보이는군요.

제가 느끼기에 한국 사람들은 열심히 일하고 삶을 정조하게 살아가는, 이른바 좋은 사람들이 만들어낸 진정성 있는 무언가를 귀하게 여기는 것 같아요. 저는 버번을 만드는 이들을 좀 아는데, 다들 켄터키 시골길에 살면서 이 전통적인 위스키를 만들기 위해 인생을 바치는 좋은 사람들입니다. 제가 사랑하는, 제 진심과 맞닿은 음식이 가득한 한국이라는 나라에서 버번 위스키가 인기를 얻게 된다면 더없이 기쁠 것입니다. 이 책이 부디 한국 사람들로 하여금 버번의 세계를 맛보는 데 도움이 되길 바랍니다.

에드워드 균 리

# CONTENTS

## 차례

한국어판 서문 6

시작하며 15

버번은 누구인가? 17
그렇다면 위스키는 무엇인가? 19
버번 위스키는 어떻게 만들어지는가 20
간략하게 정리한 버번의 역사 24
버번으로 요리하기 31
불과 토스트 37
통장이: 폴 매클로플린 42
켄터키 쿠퍼리지의 역사 44
금주법 시대의 버번 위스키 47
랍상 소우총 맨해튼 51
버번 위스키를 마실 때 사용해야 할 잔은? 52
얼음과 위스키 54
불은 필수지만, 물도 마찬가지다 57
라벨에는 무엇이 적혀 있을까? 58

증류소 투어:
I-65 남쪽 구간 64

버번 양파잼을 곁들인 베이컨 옥수수 폰 68
매콤한 버번 꿀을 곁들인 할루미 치즈 튀김 73
구운 펜넬과 버번에 구운 오렌지 샐러드 74
버번 졸이는 법 77
불에 태운 오크 판자에 올린 소고기 타르타르 79

버번에 재운 통뼈 폭찹과
버번 홀그레인 머스터드 소스 83
잘 구운 립아이 스테이크와 버번 간장 버터 85
옥수수와 가죽 89
버번 위스키에 옥수수가 들어가는 이유 93
옥수수 외의 곡물: 밀, 호밀, 보리, 맥아 97
불바디에 100
라벨 뒤에 숨은 이들 102
셰프: 로런스 위크스 106
버번을 맛보는 올바른 방법 108
문샤인이란 무엇이고 버번과는 어떤 관계일까? 110

증류소 투어:
루이빌 시 경계 112

증류소 고양이 115
버번에 절인 체리를 곁들인 따뜻한 염소 치즈 딥 116
버번 참깨 비네그레트를 가미한
옥수수 아보카도 복숭아 샐러드 119
차가운 옥수수 버번 수프 121
수박과 민트, 페타, 튀긴 땅콩 샐러드 125
버번 절임 연어 샐러드 126
버번 머스터드를 곁들인 핫도그 129

버번 미소 버터를 얹은 군고구마 132

버번 커피 글레이즈 햄 스테이크와 구운 사과 136

오크와 향신료 139

화이트 오크의 풍미 142

스트레이트 버번 vs. 블렌디드 버번 143

버번 양조 이후의 오크통 144

클래식 올드 패션드 149

여성과 위스키 150

증류사: 엘리자베스 맥콜 152

버번 위스키와 버번 스트리트, 어느 것이 먼저 생겼을까? 154

버번과 미시시피 강 156

광고의 진실 159

증류소 투어: 렉싱턴과 주변 지역 162

버번 글레이즈 닭 날개 165

버번 고추장 바비큐 새우 168

구운 바나나 바비큐 소스를 곁들인 메추라기 171

버번 간장 양념장에 절여서 까맣게 익힌 연어와 청경채, 풋사과 175

버번 고추장 코코넛 육수에 익힌 돼지고기 미트볼 177

꿀과 미소, 머스터드 양념에 재운 닭 다리살 구이 181

효모와 감칠맛 183

골드 러시 189

버번과 감칠맛 191

비평가: 프레드 미닉 192

프로처럼 버번 맛보는 법 194

저녁 파티를 위해 버번을 페어링하는 법 196

버번 풍미 바퀴 198

릭하우스의 중요성 200

증류소 투어: 켄터키 중부 202

버번 그레이비를 곁들인 버섯 그릴드 치즈 샌드위치 205

현미 스펠트 버번 리소토 208

위스키 양파 수프 211

버번 미소에 천천히 구운 가지 213

버번 브라운 버터에 익힌 굴 217

완두콩과 파를 곁들인 버번 농어 메밀국수 221

버번 소스 소 정강이 찜 223

구리와 캐러멜 227

단식 증류기 vs. 연속식 증류기 232

페이퍼 플레인 235

버번 컬렉션 시작하기 236

경영자: 빅터 야브로 238

대중문화 속의 버번 위스키 240

증류소 투어: 켄터키 북부 244

버번 체리 아이스크림 샌드위치 246

버번 메이플 시럽을 곁들인 빵가루 팬케이크 251

토피 수수 팝콘과 밀크 초콜릿, 버번 피칸을 가미한 버번 볼 253

버번 꿀을 가미한 무화과 호두 사프란 쿨피 257

레인 케이크 259

전설: 프레드 노에 264

버번 버터스카치 푸딩 267

버번 캐러멜을 가미한 옥수수 아이스크림 269

증류소 투어: 켄터키 서부 272

**버번이 나아갈 길**  275
**켄터키 증류소**  281
참고 문헌  283
감사의 말  284
**찾아보기**  285

# INTRODUCTION

시작하며

버번 위스키를 한 잔 따를 따가다 나는 흘러간 시간을 떠올리게 된다. 버번 위스키가 오크통 속에서 숙성되는 데는 4년에서 6년, 8년, 그보다 더 긴 세월이 필요하다. 그 세월 동안 숙성된 액체는 점점 더 짙어지고, 더 복잡해지며, 신주처럼 귀한 술이 되어간다. 이곳에는 기업의 비밀과 가문의 레시피, 전승되는 지식, 그리고 켄터키의 언덕과 울타리를 따라 대대로 이어지는 역사와 전통이 존재한다. 이 모든 것들의 영향력과 남아 있는 사진, 그 존재 자체가 증류소 위를 맴도는 유령처럼 벽을 통과하며 떠돌고, 과거와 현재를 이어주며 불확실한 미래 속으로 나아가는 버번의 여정에 영원히 함께하고 있다.

모든 오크통을 이루는 오크 나무 또한 버번 위스키 풍미의 근원이다. 작은 도토리 하나의 묘목에서 시작해, 내가 창밖으로 저물어가는 햇빛에 비춰 들고 있는 이 잔 속의 풍미를 가져다주는 오크 나무로 완전히 성장하기까지는 70년에서 100년이 걸린다. 옥수수와 호밀, 밀을 기르는 농부와 한 가족이 이 외딴 작물들을 키우기 위해 바친 평생, 그 셀 수 없는 시간과 날들과 햇수가 모여 버번 위스키가 된다. 이 갈색 액체가 빛바랜 가죽과 태운 과일, 구운 건초와 축축한 흙, 말린 향신료의 풍미를 입는 데에는 여러 가지 요소가 동시에, 시간의 흐름에 따라 작용한다. 빠르게 덧없이 흐르는 시간도 무시할 수 없어서, 단단히 밀봉한 병 속에서 풀려난 버번 위스키는 잔에 담기자마자 고작 수 분 만에 방 전체를 그 향으로 가득 채운다. 얼음이 천천히 녹으면서 버번 위스키가 잔 속을 맴돌고, 숨결을 내쉬며 향을 내뿜는다. 버번 위스키는 결코 정적이지 않다. 하나의 정체성만을 유지하지도 않는다. 변덕스럽고 불안정하다. 그렇게 우리가 미처 깨우지 못한 삶의 한 조각에 다가가는 통로가 된다.

또한 버번 위스키는 내 삶의 척도이기도 하다. 버번 위스키가 내 인생의 각 시기마다 어떤 역할을 해왔는지 되짚어본다 저렴한 버번 위스키를 마시며 10대의 분노를 대변하는, 반항적인 음악을 감상하던 헛된 청춘 시절. 바에 출입할 수 있는 나이가 되면서는 몇 시간이고 가벼운 분위기 속에서 음악과 웃음이 가득한 대화를 나누며 흘려보냈던 수많은 긴 밤들. 이제는 나이가 들면서 적은 양을 천천히 마시고, 샷을 벌컥 들이키는 대신 한 모금씩 음미하며, 그 모든 술에서 장인의 손놀림과 뉘앙스를 느끼며 느긋하게 즐긴다. 그리고 셰프가 되면서 버번 위스키를 단순한 술이 아닌 요리의 재료이자 도구, 그리고 내 솜씨를 향상시켜주는 호화로운 선물로 받아들이게 되었다.

켄터키 주 바깥에 있는 이들에게는 버번 위스키가 그저 유행하는 술로 보이겠지만, 블루그래스 주(미국 켄터키 주의 별명 - 옮긴이)에서는 버번 위스키가 곧 살아가는 방식이다. 우리의 경제이자 역사, 생계, 전통인 셈이다. 이 책은 버번 위스키에 보내는 연서임과 동시에 나의 새로운 고향이자, 영영 가질 수 없을 것 같았던 열정과 기쁨으로 나를 품어준 켄터키에 보내는 러브레터다. 나는 루이빌에서 내 요리의 자아를 찾았다. 이곳에서 아내를 만났고, 딸도 태어났다. 나의 대표 레스토랑인 루이빌의 '610 매그놀리아'는 21년 이상의 역사를 이어왔으며 지금도 건재하다. 나는 이곳에 머무는 내내 어떠한 형태로든 버번 위스키를 요리에 사용해왔다. 이 책의 모든 글과 레시피는 그 여정의 정점으로, 얼음에 부어 마시는 술 이상의 존재인 버번 위스키의 진정한 모습을 보여준다.

버번 위스키를 거부할 수 없는 신주로 만드는 마법같은 특성은 곧 버번 위스키가 내 주방에서 없어선 안 되는 재료가 된 이유다. 버번 위스키의 풍미는 독특하고 강렬하며 쉽사리 잊히지 않는 것이라 내 요리의 맛을 순식간에 끌어올린다. 레시피에 깊이와 새로운 차원, 겹겹이 쌓인 층위와 영혼이 생긴다. 감칠맛과 훈연 향, 캐러멜과 탄닌이 더해지는 것은 물론이다. 버번 위스키로 요리하는 것은 곧 버번 위스키에 대한 존중이다. 균형과 아름다움의 실천이다. 특별한 가르침이 필요하지는 않지만 주의를 기울일 필요는 있다. 궁극의 사치품이지만 쉽게 손에 넣을 수 있어서 자칫 평범해 보일 수 있으니까. 버번 위스키의 풍미에는 다양한 종류가 있지만 본질적으로 병 안에 갇힌 시간의 맛이라는 공통점이 있다. 버번 위스키로 요리하는 법을 깨치면 이에 집요하게 매달리게 된다. 내가 써내려간 글과 장소, 사람, 역사는 버번 위스키를 요리의 동반자로 삼고 함께해온 평생의 결과물이다.

# WHO IS BOURBON?

## 버번은 누구인가?

버번은 나의 가장 친한 친구다. 알코올 중독자가 뇌까리는 말 같지만 그런 의미로 쓴 건 아니다. 내가 다른 술에 비해서 버번 위스키를 특히 더 좋아하는 이유를 비유한 것이다. 버번 위스키는 드라이브 중에 우리가 지금 어딜 향해 가는지, 차 안이 왜 이렇게 더운지 불평하는 법이 일절 없는 느긋한 친구 같다. 절대 말다툼을 벌이는 일 없이 늘 웃음을 터트리게 한다. 수없이 들었던 이야기와 농담이 다시 이어져도 전혀 지루하게 느껴지지 않는, 그런 친구다.

나에게는 많은 '친구'가 있고, 그들 모두가 내 세상 속에서 저만의 스타일을 보여준다. 내가 좋아하는 데킬라는 한밤중에 갑자기 불러내도 바로 나오는 친구지만, 함께 있을 때면 묘하게 법을 좀 어기게 된다. 진과 나는 언제나 격렬하게 논쟁을 벌이는 관계를 유지하고 있다. 그는 너무 말쑥하게 차려입고 향수를 잔뜩 뿌린 채 나타나서 어디서든 가장 주목받고 싶어 한다. 사이좋게 지내면 좋겠다는 생각은 들지만 저 친구는 어쩐지 나를 불쌍히 여겨 만나주는 것 같고, 이상하리만치 나도 자꾸만 그걸 실감한다. 보드카와도 한동안 데이트를 즐겼는데, 언제부터인가 캔디 같은 립스틱을 바르고 요란한 옷가지를 걸치고 나와서 원래의 모습을 알아보기가 힘들어졌다. 이후로도 몇 번 만나긴 했지만 내가 하는 말보다는 연신 셀카를 찍는 데에만 온 정신이 팔린 듯했다. 스카치 위스키는 내가 훗날 되고픈 사람이다. 명문가 출신에 학식도 풍부하고 매력적인 사람, 먼 나라에서의 모험담과 성에서의 저녁 식사 이야기를 들려주는 로즈 장학생(영국의 자선사업가 세실 로즈의 유언으로 설립한 로즈 재단에서 주는 장학금. - 옮긴이) 같다. 함께 있으면 들떠서 살짝 머리가 어질어질하고, 그의 옆에서는 점잖게 "실례합니다"라는 표현을 쓰게 된다. 하지만 그도 나도 결코 내가 그 사람처럼 되는 일은 없을 거라는 사실을 알고 있다. 아이리시 위스키는 버번 위스키의 먼 친척이고 나는 이 친구도 아주 좋아하지만, 이상하게 한두 잔만 마시고 나면 그가 늘어놓는 이야기를 잘 알아듣기가 어렵다. 그 외에도 코냑이나 소주, 그라파처럼 다양한 국적의 친구들도 많다. 만나면 기쁘기는 하지만 그건 그들이 사는 나라를 방문했을 때뿐이다. 그때를 제외하면 내가 편지를 쓰거나 전화를 거는 일은 딱히 없다. 아마 그런 의미에서 나는 나쁜 친구에 속하게 되겠지만, 지금 정도의 관계가 딱 좋다. 왜냐하면 나에게는 이미 가장 친한 친구가 있고 그의 이름은 버번 위스키니까. 지난 몇 년 사이 우리도 서로에게 조금 거리를 둘 필요가 있던 시기가 가끔 있었다. 하지만 그러다가도 우리는 다시 서로에게 달려가 마지막에 나눴던 이야기를 다시 시작하곤 한다. 1초도 어색한 순간 없이.

# BUT WHAT ABOUT WHISKEY?

## 그렇다면 위스키는 무엇인가?

버번과 위스키의 차이점은 무엇일까? 초보자를 위해서 먼저 몇 가지 사실을 명확하게 정리해보자. 위스키whiskey(스코틀랜드나 캐나다 사람이라면 'whisky')는 거의 모든 곡물로 만든 갈색 증류주를 이르는 광범위한 용어다. 따라서 버번은 위스키라는 범주에 속하지만, 반대로 모든 위스키가 버번인 것은 아니다. 어떤 증류주에 버번이라는 이름을 붙이려면 엄격한 규칙을 지켜야 한다. (이미 이 규칙에 대해 알고 있다면 20쪽으로 바로 넘어가도 되지만, 24쪽에 실린 버번에 관한 법과 역사만큼은 즐겁게 읽어주길 바란다. 나도 그렇게 하고 있으므로.)

- TTB(주류담배세금무역국)에 따라 버번으로 분류하려면 곡물 발효 혼합물, 즉 증류해서 위스키를 만드는 재료인 매시mash의 옥수수 함량이 최소 51% 이상이어야 한다.
- 스트레이트 버번 위스키는 최소 2년 이상 숙성해야 하며 보틀드 인 본드bottled in bond 버번은 최소 4년 이상 숙성해야 한다.
- 버번은 반드시 내부를 태운 새 오크통에서 숙성해야 하는데, 대부분의 증류주 제조업체는 새 화이트 오크 목재로 만든 통을 선호하며 여기에 첨가물이나 착색제를 첨가할 수 없다.
- 위스키는 전 세계 어디에서나 만들 수 있지만 오직 미국에서 만든 위스키에만 '버번'이라는 이름을 붙일 수 있다. 이는 1964년 의회에 통과된 법안 때문인데, 여기서 버번을 '미국 고유의 증류주'로 선언했다.
- 버번 위스키는 알코올 도수도 정해져 있다. 80프루프[미국과 영국에서 사용하는 알코올 도수의 단위로, 미국 기준으로는 '프루프÷2=알코올 도수(% ABV)'에 해당한다. –옮긴이]이하 혹은 125프루프 이상의 증류액은 오크통에 들어갈 수 없다. 또한 반드시 160프루프 이하로 증류해야 한다.

# HOW BOURBON IS MADE

버번 위스키는 어떻게 만들어지는가

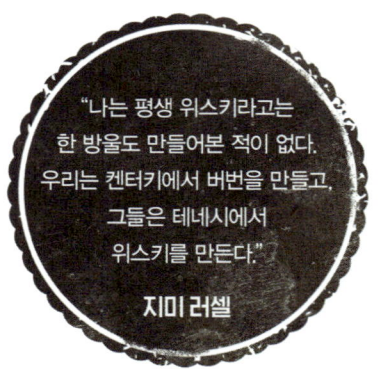

"나는 평생 위스키라고는 한 방울도 만들어본 적이 없다. 우리는 켄터키에서 버번을 만들고, 그들은 테네시에서 위스키를 만든다."

지미 러셀

버번 위스키를 만드는 과정은 누구한테 물어보는가에 따라 아주 간단할 수도, 아주 복잡할 수도 있다. 옥수수밭에서 시작해서 수년간의 숙성을 거친 다음 증류소에서 완성된다. 그리고 우리의 잔에 담기기 전까지 일련의 전문가들, 궁극적으로 해당 브랜드를 세상에 내보일 레스토랑과 바, 상점 주인까지 수많은 이들의 손을 거친다. 다음은 위스키 제조의 단계별 과정으로, 각 단계마다 여러 세대에 걸쳐 전해 내려온 과학적 지식과 노하우가 담겨 있다.

**매시 빌 결정** 매시 빌은 버번 위스키에 들어가는 곡물을 어떤 종류로, 어떻게 선택할 것인지에 대한 레시피를 뜻한다. 미국 버번 협회에선 미국서 판매되는 버번 위스키는 최소 51% 이상의 옥수수로 구성된 혼합 곡물로 증류해야 한다고 규정하고 있다. 레시피의 나머지 부분은 보통 맥아 보리와 밀, 호밀의 조합으로 이루어진다. 이는 버번 위스키의 맛을 결정하는 중요

버번 위스키 제조 공정의 첫 번째 단계는 곡물을 매시로 만든 후 발효시키는 것이다.

한 첫 단추이자 수석 증류사가 무척 신중하게 고민하는 과정이기도 하다.

**분쇄와 매싱(당화)** 매시 빌 리시피가 결정되면 증류소는 지역 내 여러 농장에서 자체 생산한 말린 곡물을 공급받는다. 이때 증류소는 반드시 분쇄와 증류 과정에 맞춰서 농장 곡물 배달 일정을 조율해야 한다. 증류스에서는 이 곡물을 증류사가 결정한 특정 크기에 맞춰서 분쇄하여 더 잘 익고 당화될 수 있도록 만든다. 분쇄한 곡물을 물과 효모와 섞는 과정을 매싱, 즉 당화라고 한다. 그런 다음 대형 조리 탱크에서 매시를 휘저어가며 특정 온도까지 가열해 전분 속의 당분이 방출되도록 한다.

**발효** 효모는 발효하는 과정에서 당분을 알코올로 변환시키는데, 이 과정은 대규모의 개방형 또는 밀폐형 통에서 이루어진다. 이 과정에서는 효모 균주가 매우 중요한 역할을 하는데, 각 증류소마다 최종 제품을 원하는 맛으로 만들기 위해서 고유한 특징을 지닌 균주를 사용한다. 효모는 에탄올 또는 에틸알코올이라고 불리는 단순한 천연 알코올을 생산한다. 이 시점에 이전 증류 과정을 거치고 남은 매시인 사워 매시sour mash를 혼합물에 첨가할 수도 있다. 그러면 매시의 pH가 낮아져서 박테리아의 성장을 방지할 수 있다.

발효된 매시는 증류를 거친다.

**증류** 증류는 액체를 가열하고 증발시켜서 정제하는 과정으로, 증기가 응축되어서 액체로 변하면 이를 수집한다. 그 결과 얻어낸 액체를 증류액이라고 부른다. 증류소는 구리 또는 스테인리스 스틸로 제작한 단식 증류기 또는 연속식 증류기를 이용해서 액체를 처리한다. 이 과정에서 액체 내의 많은 불순물이 제거되어 순수하고 깨끗한 증류액이 만들어진다. 버번 위스키는 대부분 기본 알코올을 더 정제하기 위해서 두 번 이상 증류를 거친다.

**오크통과 숙성** 버번의 도수가 80프루프에서 125프루프 사이가 되면 증류사는 내부를 태운 새 오크통에 알코올을 옮겨 담아야 한다. 내부를 태운 오크통은 버번 위스키 산업에서만 볼 수 있는 존재로, 오크통의 모양을 잡고 내부를 태우는 과정을 진행하는 쿠퍼리지에서 생산한다. 오크통에 증류액을 채우고 입구를 봉한 다음 릭하우스라고 불리는 건물에 보관하며 숙성을 진행한다. 이 단계가 되면 증류사는 버번 위스키를 병입해서 판매하기 전에 얼마나 숙성시켜야 할지 그 기간을 결정해야 한다. 숙성 단계는 다양하게 변형할 수 있다. 법적으로 스트레이트 버번 위스키라고 불리려면 최소 2년 이상을 숙성해야 한다. 버번 위스키는 법적 최소 기간만 숙성시키기도 하지만 더 오래, 20년 이상도 숙성시킬 수 있다. 이때 매 한 해를 한 사이클이라고 부른다. 겨울에는 통이 수축하면서 오크통이 액체를 흡수하고, 여름에는 나무가 팽창하면서 액체를 방출한다. 매해 이 수축과 팽창의 사이클이 반복될 때마다 버번 위스키에 깊이와 색상, 풍미가 더해진다. 또한 버번 위스키가 통에서 숙성되는 동안 해마다 자연적인 증발 과정이 일어나는데, 이때 손실되는 액체를 '천사의 몫'이라고 부른다. 버번 위스키가 증발할수록 오크통 속 액체의 풍미는 강렬해지지만 그만큼 손실되는 양도 많아져서 결과적으로 최종 생산량은 줄어든다.

증류액은 오크통에 옮겨 담아서 덤핑 전까지 릭하우스에서 숙성한다.

**블렌딩과 병입** 버번 위스키가 충분히 숙성되면 오크통에서 액체를 비우는데 이를 덤핑이라고 하며, 모든 내용물을 대형 블렌딩 탱크에 옮긴 다음 수차례의 엄격한 맛 테스트를 거친다. 이 시점에서 수석 증류사 또는 감식가가 최종 제품을 승인하여 해당 버번 위스키가 동일 라벨의 이전 시판 병입 제품과 같은 맛이 나는지 확인한다. 대부분의 버번 위스키는 각 증류소가 병입하는 제품을 토대로 결정하는 최종 도수 기준을 맞추기 위해 물을 섞어 희석하는 과정을 거친다. 일부 버번 위스키는 '배럴 프루프'로 병입하기도 하는데, 이는 물을 전혀 섞지 않고 오크통에서 완성된 프루프 상태 그대로 병입했다는 뜻이다. 이 경우에는 일반적으로 훨씬 도수가 높은 버번 위스키가 된다. 마지막 단계는 병입으로, 액체를 전용 병에 넣는 것이다. 이 병을 밀봉한 다음 라벨을 부착하고 검사 과정을 거쳐서 여러분이 좋아하는 레스토랑이나 바, 주류 판매점, 선물 가게 등으로 배송해 일반 소비자에게 판매된다.

가장 마지막 과정은 테스트와 맛 감식, 블렌딩, 병입이다.

# A BRIEF HISTORY
# OF BOURBON

―

### 간략하게 정리한 버번의 역사

여기서는 그 기원이 정확히 기록되지 않은 채로 남아 있는, 풍부하면서도 종종 어두운 면이 드러나는 위스키의 역사를 다시 짧게나마 짚어보려 한다. 버번 위스키의 기원에 대한 글을 쓸 때 '역사'라는 단어를 사용하기는 조금 애매한데, 그중 상당 부분이 분류되지 않았거나, 기록되지 않았거나, 의도적으로 애매하게 남겨놓았거나, 또는 그저 단순한 미신에 불과하기 때문이다. 그럼에도 버번 위스키의 역사를 더 자세하게 알고 싶다면 프레드 미닉Fred Minnick, 클레이 라이젠Clay Risen, 수전 레이글러Susan Reigler, 척 코더리Chuck Cowdery, 리드 미텐불러Reid Mitenbuler, 마이클 비치Michael Veach, 에릭 잔도나Eric Zandona, 애슐리 다니엘 스티븐스Ashlie Danielle Stevens(283쪽 추가 문헌 참고) 등 내가 위스키에 대한 많은 것을 배우고 이 책을 쓰는 데에도 큰 도움이 된 이들의 글을 읽어볼 것을 권한다.

특히 와인과 맥주, 증류주 형태를 갖춘 술은 초기 정착민이 유럽에서 가져온 그 어떤 것보다도 중요한 물건이었다. 스코틀랜드산 증류기는 감자와 곡물, 베리류, 사과 등 남은 작물로 만들어 아마 맛이 꽤 거칠었을 초기 위스키를 만드는 데에 사용되었다. 켄터키가 아직 주로 승급되기 수십 년 전인 18세기 초에 정착민이 서부로 이동하면서 스코틀랜드와 아일랜드, 독일계 농민들은 오하이오 강을 따라 배를 타고 이동하거나 컴벌랜드 고개를 넘고 와일더니스 로드를 따라가다 펜실베이니아와 버지니아 서부의 대지를 발견했다. 사실상 어떤 경로를 택하든 그들은 혹독한 지형의 애팔래치아 산맥을 건너야만 했다. 이들 초기 정착민은 대체로 애팔래치아 산맥 너머 미지의 영토에서 새로운 삶을 시작하기 위해 죽음을 무릅쓰고 모험을 감행할 정도로 강인하고 고집스럽고 독립적인 사람이었다는 점에서 이 이야기 또한 중요한 역사의 일부라 할 수 있다. 그들은 자유를 사랑했고 위스키는 더욱 아꼈다.

켄터키의 초기 증류기는 나무와 고철로 만들었는데, 이런 뒷마당 기계로 만든 위스키는 거의 마실 수 없는 구정물이나 다를 바 없어 그저 잔뜩 취하기 위한 목적으로만 마셨다는 것이 일반적인 견해다. 이후 몇몇 사건이 발생하면서 오늘날 우리가 버번 위스키라고 부르는 술

현재는 우드포드 리저브로 알려져 있는 라브롯 앤 그레이엄 Labrot and Graham 증류소에서 남자들이 버번 위스키 오크통에 술을 채우고 무게를 재고 있다.

이 탄생하게 되었다. 첫째, 이 지역에는 옥수수가 풍부했다. 루이빌 해안 인근에 있는 오하이오 강에 자리한 작은 섬의 명칭을 바꿀 기회가 생겼을 때 정착민이 콘 아일랜드Corn Island라는 이름을 붙일 정도였다. 당시에는 수확한 뒤 남은 작물을 이용해서 위스키를 빚었기에, 당시 가장 쉽게 구할 수 있는 작물이었던 옥수수가 위스키 제조에 가장 널리 쓰이는 재료가 되었다. 옥수수 낟알은 전분 함량이 높기 때문에 그 결과물로 만들어진 술에서는 단맛이 났다. 또한 켄터키에는 미네랄이 풍부한 석회수가 흘러서 발효를 촉진시킬뿐더러 증류액에서 불쾌한 맛을 내는 불순물을 제거하는 데에도 도움이 되었다.

그다음에 일어난 사건은 위스키 반란이다. 1791년에 조지 워싱턴은 주류 소비세를 도입했다. 의회가 국가 부채에서 벗어나기 위한 방책으로 내놓은 것인데, 그들은 이 새로운 세금을 죄악세 또는 사치세라고 변명하며 옹호했다(놀랍게도 이 논리는 오늘날까지도 주류에 다른 음료보다 더 높은 세율을 적용하여 과세하는 근거로 사용되고 있다). 이는 증류사인 동시에 농부라 결코 부유하지 않았던 사람들을 분노하게 만들었다. 위스키 반란의 복잡한 세부 사항에 대해서는 여기서 다루지 않겠지만 반란은 곧 봉기로 이어졌고, 주로 호밀 위스키였지만 어쨌든 이미 위스키 산업이 자리 잡고 있던 펜실베이니아와 메릴랜드 주에서는 폭력 사태로까지 이어졌다고만 설명해도 충분할 것이라 본다. 이 무렵 켄터키는 정식으로 연방에 편입되어 하나의 주가 되었고, 많은 증류소가 실패로 끝난 반란의 가혹한 결과를 피하고자 켄터키로 이주했다.

그들이 이주하면서 위스키 제조에 대한 지식이 함께 흘러 들어왔고, 켄터키에서 그들은 당시 미개척 상태였던 옥수수로 만든 새로운 술을 발견했다. 그렇게 버번 위스키의 시대가 열렸다.

그렇다면 이 신세계 위스키는 언제 공식적으로 '버번' 위스키가 되었을까? 떠도는 전통 설화에는 처음으로 내부를 태운 오크통(버번 위스키의 필수 요소)에서 증류액을 숙성시킨 주인공으로 '미국 버번 위스키의 대부'라고 불리는 엘리야 크레이그Elijah Craig와 자신의 생산품에 처음으로 '버번 위스키'라는 라벨을 붙인 제이컵 스피어스Jacob Spears가 등장한다. 또한 최초의 상업용 증류소를 건설한 에반 윌리엄스Evan Williams에 대한 이야기도 있다. 당시 흑인 노예 농장 작업자들의 노동력이 위스키 생산에 필수적인 역할이었음에도 불구하고 이 기록에는 거의 등장하지 않는다.

버번 위스키가 어쩌다 버번이라는 이름을 얻게 되었는지는 더 큰 미스터리다. 존 T. 에지John T. Edge의 『남부 문화의 새로운 백과사전: 식문화The New Encyclopedia of Southern Culture: Foodways』에 따르면 버번은 1785년 설립된 버지니아의 버번 카운티(미국의 행정 구역 단위 중 하나로 주state에 속한 지방 자치 행정 구역을 뜻한다. – 옮긴이)에서 따온 이름일 수 있다. 이는 켄터키 동부를 일부 포함하고 있는 거대한 규모의 자치 구역이다. 켄터키가 1792년 버지니아로부터 분리되어 새로운 주가 되었을 때 입법자들이 이 버번 카운티를 만들었다.

그리고 버번 역사학자이자 『켄터키 버번 위스키: 미국의 유산Kentucky Bourbon Whiskey: An American Heritage』의 저자인 마이클 비치는 사실 버번이란 뉴올리언스의 버번 스트리트에서 따온 이름으로, 원래 1712년에 프랑스인 엔지니어 아드리앵 드 포제가 유럽의 왕조 중 하나인

1912년 피츠제럴드Fitzgerald 증류소에서 직원들이 컨베이어 플랫폼에 버번 위스키 병을 싣고 있다.

부르봉 왕가에 경의를 표하는 의미로 여기에 뤼 부르봉(부르봉거리)이라는 이름을 붙였다고 한다. 이 버번 스트리트는 당시 값비싼 프랑스산 증류주보다 잘 팔리는 '신상품'이었던 옥수수 위스키가 오갔던 주요 항구로 이어진다.

이름의 유래야 어찌 되었든 19세기 말에 이르러서는 알코올 도수나 숙성 기간처럼 현대의 버번 위스키를 구성하는 많은 요소들이 1897년에 제정된 '보틀드 인 본드Bottled-in-Bond' 법에 따라 확고하게 자리 잡게 되었다. 이후 버번 위스키의 인기는 1919년 금주법이 위스키 산업을 완전히 말살하기 전까지 계속해서 급증했다.

역사학자들은 금주법이 발효되기 전까지는 켄터키에서 운영되는 증류소만 500곳이 넘었다고 추정한다. 그리고 1933년 18차 수정안이 최종적으로 폐지되었을 때는 그중 고작 6곳만이 남게 되었다. 하지만 켄터키의 버번 위스키 산업은 빠른 속도로 재건되기 시작해 1938년에는 증류소가 다시 약 70곳까지 증가했다.

그 이후 버번 위스키 산업은 1950년대 후반에서 60년대에 걸친 '매드맨Mad Men(2007년부터 시작된 텔레비전 드라마 시리즈로 텔레비전 문화와 광고가 호황을 맞이한 1960년대의 미국 모습을 그대로 담고 있다. - 옮긴이)' 시대와 같은 호황과 그 후로 이어진 불황을 반복해서 거치며 이어져왔다. 척 코더리가 2004년에 쓴 책 『버번, 스트레이트Bourbon, Straight』에서 언급했듯이 1978년에서

2000년대 중반까지는 맑은 증류주를 선호하는 흐름이 이어지며 버번 위스키의 소비가 매해 계속해서 줄어들었다. 하지만 그 이후 현대식 버번 위스키의 붐이 다시 시작되었다. 켄터키 증류사 협회에 따르면 켄터키 버번 위스키 재고의 총액은 2006년에 8억 달러였던 것이 2007년에 10억 달러 이상으로 급증했고, 지금까지 이어져온 버번 위스키 붐이 폭락할 징후는 전혀 보이지 않고 있다. 2022년 켄터키 증류사 협회는 켄터키 버번 위스키 산업이 현재 90억 달러 규모로 성장했다고 추정했다.

그 이유에 대해서는 여러 가지 이론이 존재한다. 크래프트 칵테일 르네상스(칵테일을 단순한 음료 이상의 장인 정신이 담긴 미식의 일부로 재조명한 칵테일 문화의 재부흥 움직임을 가리킨다. - 옮긴이)가 도래하면서 바텐더(와 고객)들은 올드 패션드나 맨해튼 같은 클래식 칵테일을 만들기 위해 갈색 리큐어를 찾게 되었다. 그 무렵 스카치 위스키의 가격이 하늘 높이 치솟았고, 그래서 많은 소비자들은 비교적 저렴한 대안으로 버번 위스키를 손에 들었다. 9월 11일 뉴욕 시에서 발생한 비극적인 사건 이후 음식과 예술, 술 등 모든 분야에 있어서 미국인의 애국심이 고취되었다는 이론도 있다. 버번 위스키보다 미국적인 것이 또 있을까? 얼마 지나지 않아 식음료 문화계에 막강한 영향력을 행사한 인물인 앤서니 보데인Anthony Bourdain이 하나의 현상으로 나타났다. 그가 버번과 패피 반 윙클(Pappy Van Winkle, 켄터키 주의 대표적인 프리미엄 버번 위스키 브랜드. 희소성과 높은 품질로 엄청난 인기를 구가하고 있다. - 옮긴이)에 대한 애정을 쏟아내기 시작하자 레스토랑과 바 업계 전반에 즉각적인 파급 효과가 발생했고, 대중이 켄터키 버번 위스키를 새롭게 발견하며 수요가 증가했다. 클레이 라이젠은 그의 저서 『버번 Bourbon』에서 이 버번 르네상스는 실제로 개척 시대부터 1950년대와 1960년대까지 미국이 가진 정체성의 일부였던 위스키를 마시는 문화로 다시 회귀한 것에 불과하다고 주장한다. 이유가 무엇이든 덕분에 나는 더욱 행복해졌다.

# HOW TO COOK WITH BOURBON

버번으로 요리하기

버번으로 요리를 하는 데 특별한 비결이 꼭꼭 숨어 있지는 않다. 어울릴 법한 요리에 여기저기 조금씩 뿌려보면서 풍미를 더하는 것처럼 아주 간단하게 시작할 수 있다. 물론 조금 더 계산적이고 은근한 노력이 들어가는 방식도 있다. 어느 쪽이든 버번 요리 여행을 시작하기 전에 미리 알아두면 좋을 버번 위스키 상식에 대해 소개한다.

## 버번은 와인이 아니다

버번 위스키는 도수가 높은데 이는 알코올 함량이 높다는 뜻이다. 버번 위스키는 와인이 아니므로 레시피 재료에 실린 버번 위스키를 동량의 와인으로 대체할 수 없다. 와인은 포도로 만들기에 과일 향이 아주 강하지만 버번 위스키는 훨씬 더 강하고 다채로운 풍미를 지니고 있다. 여기서 가장 두드러지는 향은 캐러멜과 그을린 훈연 향, 가죽, 건초 향이다. 앞으로 소개할 많은 레시피는 요리에 넣기 전에 먼저 버번 위스키를 졸일 것을 전제로 한다. 그 이유는 두 가지다. 첫 번째는 버번 위스키의 풍미를 강화하기 위해서, 두 번째는 물보다 훨씬 낮은 온도에서 끓어 증발되는 알코올(즉 에탄올)을 날리기 위해서다. 즉 냄비에 버번 위스키를 넣고 끓이면 에탄올이 먼저 증발해 알코올이 비교적 없고 버번 위스키의 풍미가 농축된 액체가 완성된다. 이것이 앞으로 우리가 버번 위스키로 요리를 할 때 주로 쓰게 될 원액이다. 하지만 이 과정에서 몇 가지 주의할 점이 있다.

- 버번 위스키에서 에탄올이 완전히 증발했는지 확인하는 가장 쉬운 방법은 냄비에서 올라오는 증기를 코로 들이마셔 보는 것이다. 가열된 에탄올은 코 안쪽에 타는 듯한 느낌을 주면서 기침이 나게 한다. 냄새를 맡았을 때 코를 찌르는 느낌이 들지 않고 버번 향만 난다면 에탄올이 완전히 증발되어 졸인 버번 위스키가 완성된 것이다.

- 버번 위스키를 장시간 끓여도 액체 상태에서 알코올이 100% 제거되지는 않기 때문에 술을 마시면 안 되는 사람을 위해 요리를 할 때는 졸인 버번 위스키라도 무알코올이라 판단하고 맛을 보게 하는 일이 없도록 해야 한다.
- 에탄올은 휘발성이 강하고 가열하면 아주 쉽게 발화된다. 즉 주방에 덩그러니 놓인 버번 위스키 냄비 하나에서 불꽃이 활활 타오르는 광경을 보게 될 가능성이 아주 높다는 뜻이다. 그러니 증류주를 가지고 요리를 할 때는 매우 주의해야 한다. 절대 냄비 위에 얼굴을 들이밀고 내부를 살펴보려고 하지 말자. 실제로 한 번 그렇게 했다가 몇 주 동안 눈썹 없이 살아야 했다.
- 버번 위스키에 불이 붙으면 침착하게 대처하자. 화재를 진압하는 가장 좋은 방법은 불을 끄고 냄비에 딱 맞는 뚜껑을 빠르게 덮는 것이다. 버번 위스키로 요리를 시작하기 전에 항상 바로 불길을 잡을 수 있도록 뚜껑을 미리 준비해야 한다. 냄비를 다시 불에 올리면 곧바로 버번 위스키에 다시 불이 붙을 것이다. 내 경험상 냄비에 뚜껑을 반 정도 덮은 채로 중간 불에서 가열하는 것이 불길을 최소화하면서 에탄올을 날리는 가장 좋은 방법이다.
- 따뜻하게 내는 요리에 버번 위스키를 넣을 때는 에탄올을 완전히 날리는 것이 좋은데, 따뜻해진 에탄올의 향과 맛은 감미롭고 맛있는 요리와 거리가 멀기 때문이다. 하지만 차갑게 내거나 실온으로 내는 요리와 디저트에서는 사실 입안에 알코올의 맛이 남는 것이 더 좋기 때문에, 이런 레시피들은 찬찬히 살펴보면 알코올을 날려야 한다고 명시하지 않는 것도 많다. 음식에서 알코올 맛이 나는 것을 원하지 않는다면 레시피에 나와 있지 않더라도 버번 위스키를 끓여서 에탄올을 제거하는 것이 좋다.

## 버번의 풍미

버번 위스키의 정체성을 구성하는 다섯 가지 핵심 요소는 불과 옥수수, 오크, 효모, 구리다. 이 다섯 가지 구성 요소 안에 버번 위스키의 풍미를 결정하는 핵심이 존재한다.(여섯 번째 요소는 물이지만, 이건 사실 풍미의 구성 요소라고 할 수는 없다.) 버번 위스키의 가장 중요한 요소는 시간이라고 주장하는 사람도 있으나 이는 좀 더 철학적인 개념에 가깝다.

전반적으로 정리하자면 버번 위스키는 태운 오크통으로부터 노릇노릇하게 구운 훈제 향을, 옥수수에서는 달콤한 식물성 향을, 오크통을 구성하는 오크에서는 향신료와 바닐라 향을,

효모에서는 감칠맛과 꽃 향을, 그리고 마지막으로 증류기의 구리에서는 깨끗하고 안정적인 향을 끌어낸다. 구리는 증류 과정을 안전하면서도 안정적으로 만들어주는 기적의 원소다. 열을 빠른 속도로 고르게 전달하기 때문에 제과 업계에서는 우리 인류에게 주어진 따뜻한 선물인 캐러멜을 만들 때 설탕을 구리 냄비에 가열하는데, 캐러멜은 버번 위스키의 맛을 표현할 때 사람들의 머릿속에 가장 먼저 흔하게 떠오르는 단어일 정도로 뿌리 깊게 자리 잡은 풍미다.

나는 테이스팅 시 애매한 표현을 쓰는 것을 크게 좋아하진 않지만(사람들이 와인을 마시면서 잔디와 아스팔트, 레몬 버베나의 맛이 느껴진다고 하는 것처럼) 특정 방향으로 미각을 자극한다는 개념으로 사용할 때는 도움이 된다. 표현에는 정답과 오답이 존재한다고 생각하지 않기에 이 책에서 내가 사용하는 단어는 단지 하나의 제안일 뿐이다. 하지만 버번 위스키의 매력은 여러 가지 맛이 서로 다른 방향을 향한다는 점에 있다. 버번 한 잔에서 장작불에 구운 루타바가(스웨덴 순무라고도 불리는 질감이 단단한 뿌리채소 - 옮긴이)의 맛을 느낀 적이 있었던 것 같지는 않지만, 그래도 내가 인식하는 풍미를 두 가지 범주로 구분할 수는 있다. 바로 단맛과 짠맛이다.

단맛은 혀 끄트머리의 가장 앞쪽에 자리하며 가장 두드러지는 맛이다. 캐러멜과 버터스카치, 오렌지, 토피, 건포도 맛에 조금 더 과장해서 따뜻한 시나몬 사과 파이 맛까지도 느껴진다고 말할 수 있다.

짠맛은 입안 뒤쪽에 남는다. 살짝 태운 토스트와 마른 건초, 커피, 너트메그와 검은 후추 같은 향신료, 오래된 가죽(그렇다, 나는 오래된 가죽을 입에 넣어서 이 표현이 정확한 것인지 확인한 적이 있다. 정확했다.) 등의 풍미는 단맛이 사라진 후에 느껴진다. 버번 위스키의 놀라운 점은 이처럼 다채로운 맛들이 한 잔에 공존할 수 있다는 것이다. 그래서 버번 위스키를 식재료로 사용할 때는 이들 풍미 노트 중 하나 이상을 분리한 다음 나머지 재료를 이리저리 조작해서 그 풍미가 돋보이도록 만든다. 예를 들어 버번 위스키의 버터스카치 풍미를 강조하고 싶으면 음식에 버터스카치를 추가해서 그 렌즈를 통해 버번 위스키를 맛보게 만드는데, 그러면 짭짤한 맛이 희미해진다. 물론 버번의 여러 맛은 그대로 남아 있지만 멀찍이 떨어져서 먼저 버터스카치의 강렬한 맛을 느끼도록 하되 요리 전체에 복합적인 풍미를 더하는 역할을 한다. 이것이 내가 버번 위스키를 요리에 사용할 때의 일반적인 접근 방식으로, 이 책에 실린 레시피 또한 같은 방식으로 완성했다.

## 요리용 버번 위스키

이것은 주관적인 의견이니 버번 위스키로 할 수 있는 일과 할 수 없는 일에 대해 다른 사람의 의견에 구속되지는 말자. 우리 모두에게는 각자의 취향이 있고, 본인이 버번 위스키를 구입하기 위해 돈을 지불했다면 원하는 무엇이든 할 수 있으니까 말이다. 하지만 생산적으로 작업하고 싶은 사람을 위해 일종의 가이드라인과 같은 규칙을 소개하고자 한다.

- 고가의 버번 위스키(대체로 복합적인 향이 겹겹이 쌓여 있는 숙성된 버번 위스키)를 요리에 써서 귀한 돈을 낭비하지는 말자. 와인이나 코냑, 버번 위스키 등 주류를 요리에 사용하면 열이 그 섬세한 향의 뉘앙스를 파괴하는데, 우리가 술에 비싼 돈을 지불하는 이유가 바로 이 향에 있다. 또한 버번 위스키가 비싼 이유는 대체로 희귀성 때문이므로 비싸다고 반드시 품질이 더 뛰어나진 않다. 그러니 가격과 품질을 항상 동일시하지는 말자.

- 사용하는 버번 위스키의 브랜드는 중요하지 않다. 그보다 중요한 것은 매시 빌이다. 일반적으로 버번 위스키에는 두 가지 종류가 있다. **위티드 버번**WHEATED BOURBON은 매시 빌에 밀이 옥수수 다음으로 많이 들어가는 버번 위스키다. 이런 구성을 따르면 훨씬 달콤하고 부드러운 버번 위스키가 된다. 일반적으로 디저트에 사용하기 좋다. 그리고 나는 그 외의 요리 용도로 쓰기 좋은 버번 위스키를 **스파이스드 버번**SPICED BOURBON이라고 부른다. 이 버번 위스키의 매시 빌에는 옥수수에 이어 두 번째 주재료로 호밀과 보리 또는 맥아를 섞은 혼합물이 들어간다. 그래서 쌉싸름한 뒷맛에서 쓸쓸한 풍미가 더 많이 느껴진다. 이 범주의 버번 위스키는 주로 짭짤한 요리를 할 때 사용한다. 그리고 지금은 더블 오크(한 번 숙성한 위스키를 다른 오크통에 넣어 한 번 더 숙성하는 것. - 옮긴이) 또는 엑스트라 오크 버번 위스키(오크 풍미를 극대화하기 위해 숙성 기간을 늘리는 등 다른 기법을 활용한 위스키 - 옮긴이)를 병입하는 것이 트렌드다. 내 경험상 이런 버번 위스키는 마시기에는 좋지만 요리에 쓰기에는 너무 맛이 강한데, 특히 버번 위스키를 졸여서 풍미를 농축시키면 더더욱 그런 특징이 두드러진다.

- 숙성 기간에 관해서 내가 지키는 기본적인 규칙은 8년 이상 숙성한 버번 위스키는 절대 요리에 사용하지 않는다는 것이다. 가끔 10년 숙성 버번 위스키로 요리를 하는 것도 즐거운 사치가 되기는 하지만, 일반론으로 따지자면 말도 안 되는 돈 낭비다. 대부분의 레시피에서는 버번 위스키를 졸여서 사용하는데 그러면 10년 또는 12년 숙성 버

번 위스키를 귀하게 다접하는 이유인 천국 같은 뉘앙스를 잃어버리게 된다. 오래된 버번 위스키는 조금씩 천천히 마시는 용도로 따로 보관하자. 양질의 5년 숙성 버번 위스키 정도를 요리에 사용하면 훌륭한 결과물을 맛볼 수 있다.

- 어떤 브랜드의 버번 위스키를 요리에 사용해야 할지 너무 고민하지 말자. 앞서 말했듯이 브랜드보다는 매시 빌과 숙성 연도가 더 중요하다. 하지만 매시 빌은 대체로 기밀 사항이기 때문에 버번 위스키 제품의 정확한 레시피를 알기는 어렵다. 그리고 모든 버번 위스키가 라벨에 숙성 연도를 기재하지는 않기 때문에 혼란을 야기할 수 있다. 선택하기 어려울 때는 그냥 내가 마시고 싶은 버번 위스키를 고르면 요리에도 잘 어울릴 것이다.

그리고 최고의 버번 위스키란 존재하지 않는다는 점을 언제나 명심해야 한다. 본인이 제일 좋아하는 버번 위스키도 꼭 정해져 있어야 할 필요는 없다. 나는 제일 좋아하는 버번 위스키가 무엇이냐는 질문을 자주 받는데, 항상 똑같이 대답한다. 바로 '내가 지금 손에 들고 있는 버번 위스키'다. 버번이라는 이름이 붙으려면 모두 엄격한 규칙을 준수해야 하므로 어떤 버번 위스키를 고르더라도 언제나 그 병 안에는 양질의 술이 들어 있다. 나는 풍미 프로필을 보고 고르는 편이지만 때로는 그들의 이야기나 개별 회사가 지지하는 바를 보고 선택하기도 하고, 친구가 우연히 그 증류소에서 일하고 있었기에 사는 경우도 있다. 여기에 나쁜 선택이라는 것은 없다. 나는 언제나 켄터키 버번 위스키를 응원하는데 이 연방의 거주민이 버번 위스키를 가장 오랫동안 만들어온 장본인이기 때문이다. 켄터키에서 대대로 전해져 내려온 역사와 노하우를 온전히 대신할 수 있는 것은 없다. 내가 켄터키 버번 위스키를 찬미하는 것은 내가 켄터키에 뿌리를 두고 있으며 버번의 이야기가 곧 내 삶의 일부이기 때문이다. 내 생각에 버번 위스키 게임에서 나머지 주는 확실히 뒤떨어지고 있다고 본다. 하지만 이 책을 읽는 사람 중에 자신의 고향에서 생산하는 버번 위스키가 마음에 들어서 요리도 해보고 싶은 이가 있다면 꼭 시도해볼 것을 권한다.

# FIRE AND TOAST

## 불과 토스트

> "뱀에게 물렸을 때를 대비해서 항상 위스키 한 병을 휴대하고, 나아가 항상 작은 뱀 한 마리도 들고 다녀야 한다."
>
> W. C. 필즈

세상에 불이 없다면 버번 위스키도 없다. 버번 외에 세상 그 어떤 위스키도 숙성하기 전에 위스키 원액을 담은 통을 태우지 않는다. 불을 다스리는 능력은 인간의 지능을 증명한다. 불은 매혹적이면서 파괴적이다. 우리는 불에 이끌리면서도 동시에 두려워한다. 불은 요리의 기원이다. 불이 음식에 가미하는 풍미는 근본적이다. 나는 언제나 직화 불꽃이 만들어내는 향에 매료되어 왔다. 거뭇하게 그슬린, 그릴에 구운, 태운, 토스트한, 훈제한 등 그 향에 붙는 이름도 다양하다. 이는 마이야르 반응이다. 재와 나무껍질이며, 바비큐와 그릴이다. 이에 피어오르는 갈망은 본능적이다.

그러니 불에 그슬리거나 그릴에 굽는 음식은 당연히 버번 위스키와 더 잘 어울린다는 강점을 타고난 셈이다. 셰프로서도 불과 버번 위스키의 관계성을 알면 알수록 이를 이용해 요리하는 법, 음식 궁합을 찾는 법 그리고 음식과 버번 위스키의 관계가 어떻게 이루어지는지 깊게 이해할 수 있다. 버번 위스키를 만드는 데에는 많은 재료가 들어가지 않는다. 물과 옥수수, 곡물, 효모 정도다. 하지만 세월이 흐르면서 증류와 숙성 공정이 계속해서 진화했고, 이 과정에서 다양한 요소가 버번 위스키의 풍미 발달에 이바지한다. 통을 만드는 나무, 증류기에 쓰이는 구리, 시간에 더해 버번 위스키를 특별하게 만드는 것이 바로 불이다. 불은 버번 위스키의 본질적인 정체성이다.

버번 위스키 제조 중에 불을 가하는 작업은 오크통을 만들고 내부를 태우는 장소인 쿠퍼리지cooperage에서 이루어진다. 대부분의 사람은 방문할 기회가 없는 곳이다.(섭씨 800도까지 온도가 올라가는 곳은 어디든 극도로 주의를 기울여야 한다.) 쿠퍼리지는 관광객용 투어 코스를 제공하지 않고 기념품 가게도 없다. 하지만 증류소, 릭하우스, 곡물이 자라는 밭을 포함해 버번 위스키와 관련된 모든 장소 중에서 내가 가장 즐겨 방문하는 곳은 바로 쿠퍼리지다.

켄터키 주 모헤드에 있는 인디펜던트 스테브 컴퍼니Independent Stave Company의 쿠퍼리지에서는 독자 여러분도 잘 알고 있을 다양한 종류의 버번 위스키에 쓰이는 오크통을 생산한다. 이곳은 주차장에서부터 이미 나무가 불에 타는 냄새가 난다. 오크 널빤지를 태울 때 피어오르는 연기 자욱한 모닥불의 냄새. 너무나 익숙하고 편안해서 그 즉시 뼛속까지 따뜻해지는 기분이 든다. 쿠퍼리지 바닥에 발을 내디디면 그 냄새는 백 배나 더 강렬해진다. 바닐라와 훈제, 그리고 구운 아몬드의 냄새다. 게다가 사방이 너무 시끄러워서 바로 옆에 있는 사람이 하는 말도 잘 들리지 않는다. 피스톤은 일정한 간격으로 증기를 방출한다. 오크통용 링이 콘크리트 바닥에 부딪히면 그 소리가 공장 전체에 울려 퍼진다. 이 아연 도금된 철제 링을 오크통에 박아 넣으면 빈 공간에 진동을 일으키는 드럼 소리가 난다. 열기가 공기를 타고 밀려와 양 볼이 뜨거워진다. 불씨가 파도처럼 부서지며 요정처럼 눈앞에서 떠다닌다. 이 열기는 터져 나오는 불꽃에서 비롯된 것이다. 철저하게 통제되었지만 거친 불꽃이다. 격렬하면서 매혹적이다. 나는 이 오크통을 태우는 광경이라면 몇 시간이고 그대로 선 채 지켜볼 수 있다.

속이 빈 오크통은 아직 뚜껑을 달기 전의 상태로 컨베이어 벨트에 도착한다. 여기에 화염을 분사하면 단 몇 초 만에 통 내부가 전부 활활 타오른다. 증류소마다 버번 위스키에 태운 향을 얼마나 입히고 싶은지 원하는 바가 전부 다르다. 대부분은 기밀 사항이다. 발포용 총구가 할 일을 마치고 나면 지글지글 끓는 오크통을 굴려서 보관용 창고에 옮긴 다음 조립해서 출하하기 전까지 그대로 둔다. 쿠퍼리지 내 보관소에 들어가면 이 공장에는 술이 한 방울도 존재하지 않는다는 사실을 아는데도 버번 위스키의 향이 느껴진다. 갓 태운 오크통의 냄새만으로 우리의 뇌가 마치 오래된 위스키 병이 가득 놓인 공간에 서 있는 것처럼 느끼는 것이다. 바닐라와 캐러멜, 훈제와 향신료의 향이 가득하다. 이 모든 풍미는 이미 화이트 오크 널빤지 속에 잠들어 있던 것으로, 이제 완전히 해방되어 그 향을 흡수할 증류주가 들어오기만을 기다리고 있다.

쿠퍼리지 외부에는 맨눈으로 볼 수 있는 모든 공간에 나뭇더미가 잔뜩 쌓여 있어서 마치 켄터키 태양 아래 공기 건조(풍건) 중인 오크 널빤지로 채워진 하나의 도시 같다. 이 널빤지는 제재소에서 단단한 오크 판자 형태로 제작해 들어오는데, 이때는 아직 휴면 중으로 촉촉한 상태다. 여기서 3개월에서 12개월 동안 자연 건조한 다음 약 30일간 가마에서 다시 건조한다.

그리고 원통형으로 배열한 다음 71도에서 스팀 과정을 거쳐 배가 불룩한 고전적인 오크통 형태로 휘어지게 한다. 총 여섯 개의 금속 고리는 통 모양을 고정시키는 역할을 한다. 대체로 모든 쿠퍼리지에서 이와 동일한 과정을 진행하지만, 구체적인 기법은 쿠퍼리지마다 약간씩 차이가 있다.

인디펜던트 스테이브에서 1시간 조금 넘게 떨어진 곳에 루이빌의 켈빈 쿠퍼리지Kelvin Cooperage가 있다. 자동차 폐차장 옆의 작은 땅에 들어선 곳이다. 크래프트 쿠퍼리지라고도 불릴 만한 곳이지만 그래도 하루에 오크통 약 350개를 생산한다. 폴 매클로플린의 사무실은 작고 별다른 특징이 없는 흰색 벽의 칸막이 구조에 내가 좋아하는 버번 위스키가 가득한 나무 테이블이 하나 놓여 있다. 폴은 스코틀랜드 출신이다. 그의 아버지는 15세에 학교를 그만두고 글래스고에 있는 쿠퍼리지에서 견습생으로 일했다. 폴의 형도 16세부터 같은 일을 시작했다. 폴도 그 이후 얼마 지나지 않아 가족 사업에 합류했다. 그런 다음 폴과 형 케빈은 글래스고의 켈빈 강변에서 함께 쿠퍼리지 사업을 시작했다. 스카치 위스키와 버번 위스키의 관계는 공생적인데, 자사 위스키를 중고 버번 위스키 오크통에서 숙성시키는 스카치 위스키 생산자가 많기 때문이다. 폴이 스코틀랜드에서 켄터키로 향한 것도 그런 이유에서다. 원래 폴 형제는 스카치 위스키 산업을 위해서 중고 오크통을 구입해 수선하는 일을 했다. 그러다 얼마간의 시간이 지나자 차라리 켄터키에서 사업을 시작해 미리 오크통을 수선한 다음에 스코틀랜드에 보내는 것이 더 합리적이라는 판단이 들었다. 그리하여 폴과 케빈은 루이빌에 켈빈 쿠퍼리지를 설립했다. 처음에는 중고 버번 오크통만 취급했다. 하지만 곧 버번 크래프트 위스키 붐이 일면서 아예 오크통을 직접 제작하기 시작했고, 그 이후로 지금까지 하루도 쉬지 않고 오크통을 생산하고 있다.

폴은 오크통을 태울 때 오크 나무로 땐 장작불을 이용한다. 가스불은 사용하지 않는다. 그리고 둥근 오크통용 뚜껑을 만들 때는 정사각형의 나무판 하나를 통째로 원형으로 자른다. 그리고 사방 모서리에서 나온 여분의 나무 조각은 장작불용 연료로 사용한다. 이곳이 대부분의 쿠퍼리지와 또 다른 점은 오크통 내부를 태우기 전에 먼저 굽는toast 과정을 거친다는 것이다. 폴은 오크통을 태우는 대신 구워서 사용하는 와인 산업용 오크통 제작으로 사업을 시작했다. 거기서 익힌 전문 지식을 위스키 오크통에도 적용하는 것이다. 오크통을 태우기 전에 먼저 굽는 과정을 거치면 전체 오크통 생산 과정의 속도가 느려지지만 그래도 폴은 이 굽는 과정이 오크통에서 숙성되는 버번 위스키에 풍미를 더한다고 생각한다. "나무를 천천히 토스트하면 나무의 당분이 활성화되면서 푸르푸랄(향이 강한 알데하이드)이 생성되어 아몬드와 마지팬 향이 납니다." 폴이 설명했다. "그런 다음에 구운 오크통을 다시 태우면 태운 층 아래에 구운 층이 숨어 있기 때문에 시간이 흐를수록 버번 위스키가 두 층 모두를 통과하며 숙성하게 되죠. 그러면 단순히 태워서만 만든 나무로는 얻을 수 없는 뚜렷한 중간층의 향이 버번에 가미됩니다."

잘 태운 오크통의 안쪽을 손가락으로 문질러보면 그을린 오크 나무판에 남아 있는 두꺼운 잔여물이 끈적하고 수지로 가득 차 거의 크림처럼 부드럽게 묻어난다. 죽어서 푸슬푸슬 부서지는 재가 아니다. 기름진 타르 같은 느낌이다. 쉽게 씻기지도 않는다. 이것이 바로 증류기에서 나온 맑은 옥수수 증류액이 릭하우스에서 조용히 수많은 여름과 겨울을 보내며 여러 해 동안 상호작용하는 대상이다. 켄터키 주의 여름은 덥고 겨울은 춥다. 추운 겨울에는 나무가 수축하면서 액체를 흡수한다. 온도가 올라가면 나무가 팽창하면서 액체를 방출한다. 이를 한 사이클 또는 한 계절이라고 한다. 이런 일이 일어날 때마다 액체가 나무, 그리고 나무의 탄 부분과 반응하면서 계절이 지날수록 수색이 점점 더 짙어지고 진해지며 옥수수 증류액에서 버번 위스키로 서서히 변한다. 사이클이 지나갈 때마다 버번 위스키 일부는 증발하면서 천사의 몫이 되고, 남은 액체는 농축된다.

그렇다면 이 과정은 맛에 어떤 영향을 미칠까? 우선 훈제 향과 토스트 향을 가미한다. 그리고 오크의 바닐린 성분을 강화시킨다. 불과 시간은 옥수수의 풍미를 부드럽게 만든다. 오크의 탄 부분은 탄소 필터 역할을 해서 오크통에 스며든 옥수수 증류액의 거친 맛을 제거한다. 그 결과물인 버번 위스키에서는 결코 탄 맛이 나지 않는다. 숙성 과정에서 일어나는 변화를 통해 오크 나무와 불, 옥수수, 물의 제각기 개성적인 맛이 서로 아우러져, 이 모든 특성을 모두 지닌 하나의 황금빛 영약으로 승화된다. 그제야 비로소 버번 위스키라는 이름을 갖게 된다.

## 통장이

# PAUL McLAUGHLIN

**폴 매클로플린**

쿠퍼리지는 버번 위스키의 숨은 영웅이다. 오크 판자를 숙성하고 찌고 굽고 태워서 버번 위스키 오크통으로 만드는 곳이다. 버번 위스키 통은 버번 마케팅이 이루어지는 모든 곳에서 볼 수 있는 상징적인 이미지이지만, 정작 관광객 입장에서는 쿠퍼리지 내부를 볼 기회가 거의 없다. 폴 매클로플린은 아버지가 켈빈 쿠퍼리지를 설립한 스코틀랜드에서 어린 시절을 보낼 때부터 내내 쿠퍼리지 산업에 종사해왔다. 아버지의 산업만큼은 절대 관여하지 않겠다고 맹세했지만 이제는 고인이 된 형제 케빈과 함께 2001년에 쿠퍼리지에 합류했고, 결국 사업체를 켄터키로 옮기기에 이르렀다. 그리고 그들 형제는 이 회사를 크래프트 증류 산업에서 가장 유명한 위스키 오크통 제조업체 중 하나로 키워냈다.

Q: 언제 스카치 위스키를 마시고, 언제 버번 위스키를 마시나요?

A: 보통 나오는 대로 마십니다! 진지하게 말하자면, 위스키의 종류와 상관없이 술을 마실 때 가장 좋아하는 순간은 친구나 고객이 본인의 마음에 와닿은 특정 술을 함께 나누고 싶어서 권해올 때입니다.

Q: 불로 굽거나 태우는 과정은 버번 위스키의 풍미에 어떤 역할을 하나요?

A: 오크통을 태우면 사람들이 좋아하는, 아주 바람직한 미국산 오크 나무의 모든 풍미 프로필이 활성화됩니다. 우리는 아주 특별한 특정 향을 추구합니다. 이 향은 주로 모닥불이나 구운 마시멜로 같다고 표현하는 사람이 많아요. 제가 원하는 쪽은 달콤하게 느껴지는 아몬드 같은 냄새와 마지팬 향입니다. 구운 부분은 풍미를 더하고, 까맣게 태우는 부분은 탄소 필터와 같은 역할을 합니다. 이 두 층이 각각 상호작용을 하면서 증류주에 가장 기초적인 마법을 가미하지요.

Q: 쿠퍼리지 사업은 어떻게 시작하게 되었나요?

A: 1963년에 아버지가 스코틀랜드에서 켈빈 쿠퍼리지 사업을 시작했습니다. 형이 먼저 아버지를 따라 사업에 참여했는데, 그때 저는 기뻐하면서 나는 절대 가족 회사에 들어가지 않을 거라고 다짐했어요. 하지만 여러 해 동안 변호사로 일하면서 쿠퍼리지 산업도 나쁘지 않겠다는 생각이 들었습니다. 그리고 20년이 훌쩍 지난 지금 저는 아직도 여기에 있네요.

Q: 스코틀랜드 음식과 켄터키 음식 중 어느 쪽을 더 좋아하시나요?

A: 많은 사람들처럼 저도 스코틀랜드에서 자라면서 먹었던 음식들, 예를 들자면 아이언 브루Irn-Bru(달콤한 과일 향이 나는 스코틀랜드의 탄산음료 종류 – 옮긴이), 블랙 푸딩, 해기스(잘게 다진 양 내장에 채소와 쇠기름, 향신료 등을 섞어 소시지처럼 만드는 스코틀랜드의 전통 음식. – 옮긴이) 등이 그립습니다. 하지만 운 좋게도 그런 그리움을 충분히 충족시킬 수 있을 만큼 스코틀랜드에 자주 여행을 가고 있어요. 버번 위스키 업계가 번성하고 있는 만큼 루이빌에도 훌륭한 레스토랑이 많아서 여기서도 잘 지내고 있습니다. 하지만 아직 핫 브라운(켄터키 루이빌의 대표 샌드위치 – 옮긴이)이 무슨 맛인지는 잘 모르겠다고 고백해봅니다.

Q: 유럽과 미국 이외의 다른 나라에서도 버번 위스키가 인기를 끌 것이라 생각하나요?

A: 이미 그렇게 되고 있다고 생각합니다. 저는 항상 유럽의 바와 주류 전문점에서 판매하는 제품에 관심을 기울이고 있는데, 버번 위스키의 입지가 확실히 넓어지고 있습니다. 예전에는 유럽에서 널리 판매하는 브랜드가 많지 않았지만 지금은 갈수록 다양한 브랜드가 눈에 띄고 선택의 폭이 넓어지고 있는 것 같아요. 미국에서는 버번 위스키를 많이 생산하고 있으니 지속적인 성장을 위해서는 수출 시장이 필요합니다.

# A HISTORY OF KENTUCKY COOPERAGES

## 켄터키 쿠퍼리지의 역사

나무판자와 철제 또는 나무 링을 이용해 오크통을 만드는 숙련된 장인을 뜻하는 쿠퍼, 즉 통장이에 대한 가장 오래된 묘사는 이집트의 고위 관리인 헤시-라Hesy-Ra의 무덤에 있는 벽화에서 발견된다. 역사학자는 이 그림의 제작 시기를 기원전 2600년경으로 추정한다.

이후로 수천 년간 통장이는 일상 생활에 없어서는 안 될 중요한 존재였다. 로마의 역사가 플리니우스는 갈리아인이 통장이가 제작한 오크통에 음료를 저장했다고 기록했다. 고대 그리스에서도 이와 비슷하게 알코올을 보관하는 용도로 오크통을 사용했다(물론 줄리어스 시저는 전쟁 중에 오크통에 타르를 채워서 투석기로 발사한 것으로 유명하다). 중세 시대의 통장이는 와인 및 맥주 양조업자와 함께 미드와 에일을 저장하는 일을 했는데, 이는 현대의 통장이가 증류사와 함께 버번 위스키가 제대로 숙성되도록 만드는 일을 하는 것과 매우 비슷한 형태다.

통장이는 전문적인 직업으로, 견습생이 어엿한 통장이가 되기까지 7년이 걸리던 미국 식민지 시대 초기부터 항상 그러했다. 오크통 제작은 버번 위스키의 품질에 매우 중요한 역할을 한다. 오크통은 버번 위스키 풍미의 50% 이상, 그리고 색상의 100%를 결정한다.

버번 위스키 오크통을 만들려면 우선 통장이가 나무판을 직접 손으로 기계에 넣어야 하는데, 그러면 오크통 특유의 볼록한 형태가 될 수 있게 특정한 각도의 통판으로 성형이 된다. 이 통판을 금속 링에 넣고 다른 링을 둘러 감싸면 오크통 모양이 굳어진다. 이 통을 유연해지도록 가열하고 풍미를 구현할 수 있도록 내부를 태운다. 이렇게 구우면 캐러멜화 과정이 시작되어 결과적으로 버번 위스키 풍미에 캐러멜과 바닐라, 담배, 훈연 향을 가미하는 요소가 생성된다. 태운 통이 식으면 소작燒灼해서 밀봉한 다음 옆에 구멍을 뚫는다. 증류주 대신 물을 이용해서 새는 곳이 없는지 확인하는 과정까지 거치고 나면 통장이가 이 오크통을 앞으로 머물 집으로 보낸다.

버번 위스키 오크통을 태워야만 했던 이유를 설명하는 명확한 역사적 기록은 없지만 일반적으로 켄터키에서는 예전부터 오크통을 위스키 산업 외에도 여러 가지 용도로 사용했다

고들 인식한다. 생선뿐만 아니라 오일, 보존육 등등 모든 것을 오크통에 담아 운송했다는 것이다. 아마 강을 따라 뉴올리언스 등으로 위스키를 운반하기 위해 오크통에 담을 때, 기존에 통에 담았던 물건의 냄새나 맛을 없애기 위해서 속을 태웠을 가능성이 크다. 이렇게 속을 태운 오크통에 담았던 위스키를 마신 고객이 그 풍미가 뛰어나다는 것을 알게 되고, 그 이후로 시간이 지나 새 오크통을 태워서 사용하는 전통이 생겨난 것이다.

또 다른 설득력 있는 이야기는 나무판을 구부리기 위해 굽는 과정에서 실수로 통판을 잘못 태웠을 수 있다는 것이다. 요즈음의 쿠퍼리지에서는 대체로 나무판이 잘 구부러지게 하려고 찌는 과정을 거치지만 당시에는 직화로 가열했다. 하지만 오크는 아주 단단한 나무이기 때문에 구부러질 정도가 되려면 오랫동안 많은 열에 노출시켜야 한다. 한 일화에 따르면 어떤 부주의한 작업자가 실수로 오크 판자를 태웠다가 그 통판으로 만든 오크통이 버번 위스키에 훨씬 뚜렷하고 기분 좋은 풍미를 불어넣었다고 한다.

쿠퍼리지의 기술은 대체로 대를 이어 이어지는데, 이는 켄터키의 목재 산업과도 밀접한 관련이 있다. 미국산 화이트 오크 나무는 켄터키에서 상업적으로 가장 중요한 오크 목재인데 그것은 대부분이 매년 수백만 달러의 수익을 창출하는 위스키 오크통 생산에 사용되기 때문이다.

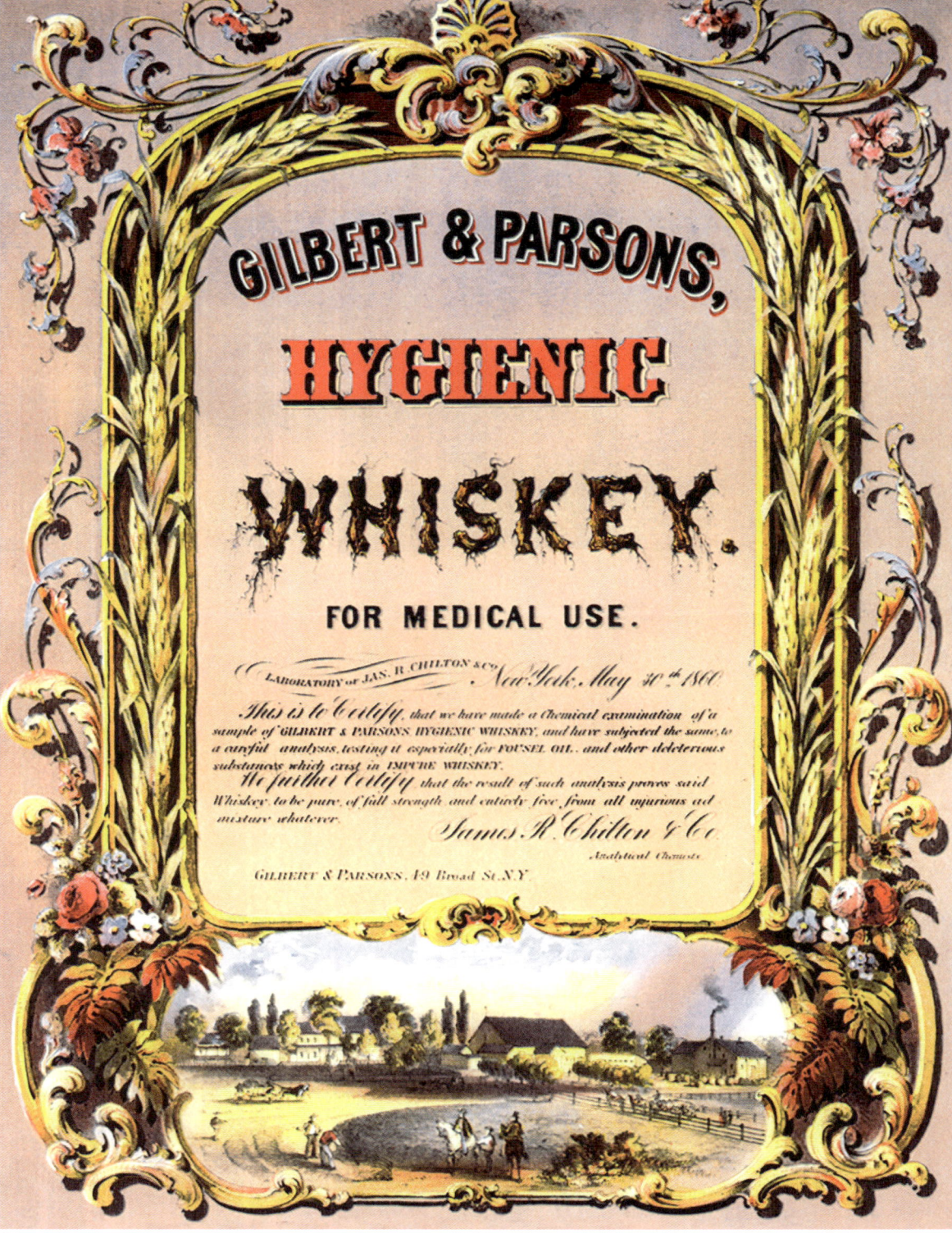

# BOURBON DURING PROHIBITION

## 금주법 시대의 버번 위스키

"문명은 증류와 함께 시작되었다."
윌리엄 포크너

버번 위스키 산업이 급성장하던 초반 시기인 1800년대 중반에는 남편과 아버지, 형제가 술집에서 밤을 새우는 것에 지친 여성들이 중심이 된 또 다른 운동이 시작되었다. 이를 절제 운동 temperance movement이라고 부른다. 당시의 절제 운동은 개신교와 여성 기독교 절제 연합(수잔 B. 앤서니Susan B. Anthony가 지지), 술집 반대 연맹 등 다양한 조직으로 구성되었다. 이 전국적인 운동은 결과적으로 1919년 발의된 금주법이라고도 불리는 볼스테드 법Volstead Act 통과로 이어졌으며, 이 법안은 사람을 '취하게 하는' 주류의 생산과 판매, 운송을 불법으로 규정했다. 이 법안은 미국과 켄터키 주의 위스키 산업 대부분을 파괴했지만 일부 증류소는 의료용 목적의 버번 위스키는 병입할 수 있다는 허가를 받아냈다. 아메리칸 메디시널 스피리츠American Medicinal Spirits, 쉔리 디스틸링 컴퍼니Schenley Distilling Company, 제임스 톰슨 앤 브라더스James Thompson & Brother, 프랭크포트 디스틸링 컴퍼니Frankfort Distilling Company, 브라운포맨Brown-Forman, 그리고 A. Ph. 슈티첼 증류소A. Ph. Stitzel Distillery 등이었다. 또한 합법적인 위스키를 가장해서 건강을 약속하는 내용의 길버트 앤 파슨스Gilbert & Parsons의 광고처럼 '의료용'과 '위생적' 혼합물이 판매되기도 했다

금주법 시행 기간 동안 일부 위스키병에는 '의료용'이라는 라벨이 붙어 있었다.

금주법 시행 기간 동안 경찰과 연방 요원의 감시를 받으며 하수구에 술을 버리고 있다.

금주법은 버번 위스키 산업을 파괴했지만, 대부분의 역사학자는 이 기간 동안 일반 대중이 딱히 금욕적인 삶을 살지는 않았다는 데에 동의한다. 금주법이 시행된 13년간 불법 행위와 대규모 부패, 그리고 미국이 이전에는 경험하지 못했던 조직범죄의 물결이 일어났다. 예를 들어 켄터키 주의 부유층은 의사가 처방한 경우라면 위스키를 살 수 있었다. 포장지에 정부 인장이 찍혀 있어야 하고 도수는 100프루프여야 했지만 그래도 처방전을 기꺼이 써줄 의사가 있으며 고통이 심한 환자라면 10일에 한 번씩 최대 1파인트의 버번 위스키를 손에 넣을 수 있었다.

이렇게 합법적인 판매 방식과 함께 밀주 제조와 밀매 또한 널리 성행했다. 남부 전역에 걸쳐 뒷마당 오두막과 숲속에 숨어든 작은 불법 증류소가 생겨나면서 위스키와 곡물 증류주 제조는 지하 시장으로 들어갔다. 이러한 불법 위스키는 조직범죄 집단에 의해서 시카고나 뉴욕 및 기타 대도시의 다양한 밀주 판매점으로 운송되었다. 이러한 금주법과 관련된 요소는 대체로 낭만적으로 묘사되는 경향이 있는데, 여러 흥미로운 인물이 여기 연관되어 있기 때문이다. 시카고에서 활동하던 변호사인 조지 레무스George Remus는 금주법 시행 당시의 처방 시스템을 이용해 일반 대중에게 술을 제공했다. 증류소와 제약회사를 모두 소유한 전직 약사였던 덕분에 위스키를 반출할 수 있는 허가를 받은 다음, 부하로 하여금 위스키를 훔치게 해서 마치 도난당한 것처럼 보고하고 뒤로는 몰래 여러 판매처에 배포하려는 계략을 세운 것이다. 그의 부와 명성은 너무나 유명해져서 F. 스콧 피츠제럴드의 소설 『위대한 개츠비The Great Gatsby』가 그의 삶을 기반으로 했다는 소문이 퍼지기도 했다.

금주법 시행 기간은 책과 영화를 통해 크게 미화되기는 했지만, 사실 현대 미국 역사상 가장 부패하고 피비린내가 나는 시대였다. 그리고 할리우드의 전설이 된 갱스터와 마피아, 돈세탁업자 세대를 탄생시켰다. 럭키 루치아노Lucky Luciano, 더치 슐츠Dutch Schultz, 마이어 랜스키Meyer Lansky, 버지 시겔Bugsy Siegel, 그리고 전설적인 알 카포네Al Capone와 같은 이름은 금주법의 동의어나 마찬가지다. 그들에 대한 영화와 책이 끝없이 나오는 것 자체가 위스키 산업과 미국에 미친 그들의 영향력이 아직까지도 계속되고 있다는 증거라 할 수 있다. 예를 들어 현존하는 3단계 주류 유통 시스템은 금주법 기간 동안 조직 범죄자들이 고안한 유통 시스템을 모델로 한 것이다.

1933년 12월 5일에 금주법은 마침내 폐지되었다. 이제 버번 위스키 양조업자와 사업가는 무너지고 타락해버린 산업을 재건해야 하는 상황에 놓였다.

# LAPSANG SOUCHONG MANHATTAN

**랍상 소우총 맨해튼**

우리 레스토랑의 음료 담당 매니저 스테이시 스튜어트Stacie Stewart는 여러 해 동안 나와 함께 긴밀하게 협력하며 각기 다른 두 레스토랑의 칵테일을 개발해왔다. 다음은 스테이시가 만든 훈연 향이 감도는 맨해튼으로, 칵테일에 대한 글로벌적인 접근법과 오래도록 기억에 남는 풍미를 향한 그녀의 남다른 애정을 느낄 수 있다.

[분량 1잔]

랍상 소우총 잎차 1/4컵
버번 위스키 283g
올로로소 셰리 14g
바닐라·익스트랙 1/8작은술
장식용 오크통 숙성 체리 1개

딱 맞는 뚜껑이 있는 대형 용기에 찻잎을 계량해서 넣는다. 그다음 버번을 붓는다. 뚜껑을 단단히 닫고 용기를 빠르게 빙빙 돌린 다음 10분간 그대로 두어 재운다. 찻잎과 버번을 이처럼 제한적으로 접촉시키면 차의 훈연 향은 가져오면서 탄닌은 소량만 추출되도록 할 수 있다.

10분 후 대형 계량컵에 고운 체를 올리고 버번을 붓는다. 걸러낸 버번 위스키는 디캔터 또는 병에 담아서 보관한다. 믹싱 글라스에 차 향을 주입한 버번 56g과 셰리, 바닐라를 넣는다. 얼음을 넉넉히 넣고 15~20초간 젓는다. 살짝 희석하면 정말로 맛있어지는 칵테일이다. 체에 걸러서 좋아하는 글라스에 담고 오크통 숙성 체리로 장식한다.

> "투명성이 중요한 시대에 버번 위스키가 지닌 가장 큰 장점이 있다면 제조자의 예술성을 제대로 감상할 수 있다는 것입니다. 우리는 실로 재능 있는 사람들이 위스키를 생산하고 또 자신만의 것으로 만들어내는 모습을 지켜보고 있어요."
>
> **스테이시 스튜어트**

# WHAT GLASS SHOULD I USE TO DRINK BOURBON?

### 버번 위스키를 마실 때 사용해야 할 잔은?

우리 미각의 상당 부분은 실제로 눈앞에 있는 음식이나 음료의 냄새를 얼마나 잘 맡을 수 있는지에 구애된다. 그래서 2001년도에 스코틀랜드 5대 위스키 회사의 블렌딩 장인 여럿이 모여 글랜캐런 크리스탈Glencairn Crystal과 함께 위스키를 시음하고 향을 맡기에 완벽한 잔을 만들기 위해 머리를 맞댔다.

글랜캐런 글라스는 바닥이 둥글고 가운데에서 윗부분으로 갈수록 형태가 가늘어져서 마치 갓 피어난 튤립과 같은 모양을 하고 있으며, 스카치 위스키 협회로부터 공식 승인을 받은 최초의 글라스다. 이 디자인은 글라스 안에 향을 가두는 데에 최적화되어 있어서 음료를 천천히 음미하고 시음할 수 있다. 켄터키 주에 있는 증류소의 시음실을 방문하면 미니어처 크기의 글랜캐런 글라스를 볼 수 있다.

나에게 칵테일을 마시거나 집에서 편안하게 술을 마실 때 어떤 잔을 사용해야 하는지 묻는다면 나는 손에 잡히는 어떤 잔이든 상관없다고 답한다. 버번 위스키를 마시는 데 있어서 잘못된 잔이란 존재하지 않는다. 나는 큼직한 락 글라스에 얼음 몇 개를 넣고 손가락 한 마디 깊이보다 조금 얕은 정도로 버번 위스키를 부어 마시는 것을 선호한다. 하지만 잘게 부순 얼음을 잔뜩 넣은 플라스틱 잔이라 하더라도 똑같이 즐겁게 마신다.

글랜캐런 글라스의 모양은 글라스 바닥에서 향을 포착해서 좁은 목을 따라 올라가 작게 열린 입구를 통해 그 향이 코로 이어지게 한다. 잔을 빙빙 돌린 다음 홀짝 마시기에 완벽한 모양을 갖추고 있다.

# ICE CUBES AND WHISKEY

## 얼음과 위스키

이젠 인정하자. 대부분의 사람들에게 얼음이란 그저 유리잔에 담긴 액체를 차갑게 식히는 역할을 할 뿐이라는 것을. 나 또한 대체로 버번 위스키에 넣는 얼음에 대해서는 크게 신경을 쓰지 않고, 얼음의 순도에 대해 30분씩 토론을 하는 것보다 더 짜증 나는 일도 없으니까. 따라서 지금 어떤 칵테일에 어떤 얼음이 어울리는지에 대해 이야기하려는 것은 아니다. 하지만 얼음은 대부분의 버번 칵테일에 필수적인 요소이기 때문에 아래의 글은 얼음이 왜 그리 매력적인지 알게 되는 데 도움이 될 것이다.

- **작은 사각 얼음:** 가정용 냉동고나 많은 바에서 사용하는 종류인 작은 사각 얼음은 버번 위스키에 사용하기에도 좋다. 작은 사각형 외에도 초승달 모양이나 작고 동그란 모양을 띠기도 하지만 모두 같은 용도로 사용한다. 작은 사각 얼음은 크기가 작아서 빨리 얼고, 음료를 빠르고 차갑게 식혀준다. 하지만 얼음은 크기가 작을수록 빨리 녹기 때문에 위스키를 과하게 희석시킬 수도 있다.
- **큰 사각 얼음과 구체 얼음:** 큼직한 사각 얼음과 구체 얼음은 대형 고무 틀이나 거대한 사각 또는 원형 얼음을 제작하는 정교한 얼음 제조기를 이용해서 만든다. 완전히 얼기

까지는 시간이 더 오래 걸리지만 그만큼 훨씬 천천히 녹는다는 장점이 있다. 더형 락 글라스에 담아 놓으면 아주 근사하다.

- **위스키 스톤:** 위스키 스톤 또는 위스키 록이라고 불리는 깨끗한 천연석(보통 동석)으로 만든 작은 주사위 모양의 물건으로 위스키나 기타 증류주를 차갑게 식히는 용도로 사용한다. 세련된 금속 등으로 만든 위스키 스톤 제품도 계속 등장하고 있다. 가장 큰 장점은 당연히 녹아서 버번 위스키를 희석시킬 일이 없다는 것이다. 하지만 일부 비평가는 돌이나 금속의 미네랄 또는 금속의 함량이 버번 위스키의 기존 풍미에 영향을 미칠 수 있다고 주장한다. 그리고 나처럼 얼음을 씹어 먹길 좋아하는 사람이라면 입안에 든 차가운 덩어리가 돌이라는 사실을 잊어버려 예정에 없던 치과 방문을 해야 할 수 있다.

- **으깬 얼음:** 민트 줄렙이나 버번 슬러시를 마셔본 적이 있다면 아마 같이 나온 잘게 부순 얼음 혹은 깎아낸 얼음 플레이크, 얼음 알갱이를 기억할 것이다. 전용 제빙기를 굳이 구입하고 싶지 않다면 대부분의 바텐더가 하는 것처럼 얼음을 분쇄하는 용도로 제작된 작고 견고한 캔버스 가방인 루이스 백을 이용하자. 일반 얼음을 루이스 백에 넣고 나무 망치나 고기용 망치, 묵직한 팬 등으로 두들기는 것이다.(집에서는 루이스 백 대신 행주 두 개를 이용해도 비슷한 효과를 볼 수 있다.)

얼음 애호가는 얼음의 투명도 또한 중요하게 생각한다. 완전히 투명한 얼음을 만들려면 물을 바글바글 끓여야 하는데 이때 여러 번 바글바글 끓인 다음에 사각형으로 천천히 얼려서 밀폐용기에 옮겨 담으면 예쁜 모양을 유지하면서도 냉동상冷凍傷을 입는 것을 방지할 수 있다. 이렇게 깨끗한 얼음을 만드는 것은 다소 노동 집약적인 과정이지만 수정처럼 맑은 얼음을 감상하는 손님의 표정을 보면 값을 매길 수 없는 보람이 느껴진다.

# FIRE IS ESSENTIAL, BUT SO IS WATER

불은 필수지만, 물도 마찬가지다

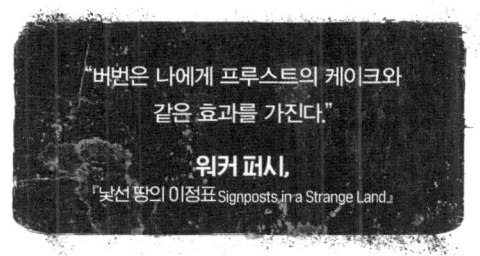

"버번은 나에게 프루스트의 케이크와 같은 효과를 가진다."

워커 퍼시,
『낯선 땅의 이정표 Signposts in a Strange Land』

지리적으로 말하자면 켄터키 지역 대부분과 애팔래치아 산맥, 그 주변의 광대한 토지는 석회암으로 이루어져 있다. 이 석회암 퇴적층을 통해서 스며나오는 물은 보통 경수 또는 석회수라고 불리는 아주 특별한 존재다. pH가 높아서 발효를 촉진하며 탄산칼슘과 탄산마그네슘과 같은 미네랄이 가득하다. 또한 버번에서 금속 맛이 나게 하고 최종 증류주를 변색시킬 가능성이 있는 철분을 포함한 불순물을 걸러낸다.

켄터키의 지질이 석회암이라는 것은 물이 바위를 통과하면서 철분과 기타 불순물이 자연스럽게 걸러져 타고나길 미네랄이 풍부하고 단맛이 나게 된다는 것을 의미한다. 석회수는 켄터키 버번 위스키 전설의 일부이기 때문에 대부분의 증류소 투어를 가면 우리 주의 버번 위스키가 이리도 독특한 이유 중 하나로 석회수를 꼽는 것을 볼 수 있다. 사실이 아닌 것은 아니지만, 대부분의 증류소에서는 부드럽고 일관적인 품질의 상품을 생산하기 위해서 여과 및 역삼투압을 거친 물을 사용한다. 물론 켄터키의 일부 증류소에서는 여전히 천연 수자원을 사용하고 있다. 예를 들어 메이커스 마크Maker's Mark는 증류소 부지 내에 자체 수원과 유역이 존재하고, 버팔로 트레이스Buffalo Trace는 켄터키 강과 프랭크포트의 천연 샘물에서 물을 일부 공급받고 있다. 하지만 루이빌 워터 컴퍼니의 과학자 마크 캠벨이 쓴 글에 따르면 대부분의 증류소는 시에서 자체적으로 처리하여 칼슘 함량과 알칼리도는 여전히 높지만 철분은 제거된 물을 사용한다.

그래서 아무튼, 물은 비토 켄터키의 시골 강물이라는 낭만적인 환경에서 길어오지 않았다 하더라도 중요한 존재인 것만은 틀림없다.

# WHAT'S IN A LABEL?

### 라벨에는 무엇이 적혀 있을까?

버번 위스키의 라벨을 읽는 것은 외국어로 쓰인 코드를 해독하는 것과 같다. 일부는 매우 기술적인 단어이고, 일부는 아주 구식 언어다. 모두 약간의 혼란을 초래한다. 그렇기에 이 장에서는 입문자를 위한 버번 위스키 라벨 읽는 방법을 간단히 소개하고자 한다.

### ABV와 프루프

버번 위스키 병에는 술의 프루프나 ABV가 각각 또는 둘 다 표시되어 있을 수 있다.

ABV(부피 대비 알코올)는 음료의 총 부피 중에서 순수 알코올이 차지하는 비율을 계산하는 데에 사용하는 보편적인 측정 단위다. 병에 이 숫자가 표시되어 있으면 버번 한 잔에 들어 있는 순수 알코올의 양을 가늠할 수 있다. 예를 들어 ABV 40%의 버번 56g에는 순수 알코올이 22g 들어 있다.

프루프는 에탄올 함량을 기준으로 한 술의 강도를 나타낸다. 현재 미국 증류주 병에 표시된 프루프는 단순히 알코올 도수(ABV)에 2를 곱한 값이기 때문에 도수가 40%인 버번 위스키는 80프루프가 된다. 역사적으로 프루프는 알코올의 강도를 측정하는 덜 과학적인 방법이었다. 16세기 영국에서는 알코올 함량이 높은 술에 세금을 더 높게 부과했다. 이를 테스트하기 위해 정부 관리는 해당 술에 화약을 적셔서 불을 붙였다. 불이 붙으면 이 술의 강도가 '증명proof'되는 것이다.

그리고 '배럴 프루프barrel proof'라는 용어가 적혀 있기도 한데, 이는 연방 정부가 규제하는 명칭으로 병에 들어 있는 버번 위스키를 물로 희석하지 않아서 알코올 도수(보통 100프루프 이상)가 숙성용 오크통(배럴)에 넣었을 때와 차이가 최대 ABV 2도 이상 나지 않는다는 의미다.

### "보틀드 인 본드"

1800년대 초반부터 세기말에 이르기까지 한참 버번 붐이 일던 시절을 생각하면 버번 위스키

의 초창기는 분명 흥미진진한 시기였을 것이다. 하지만 너무 낭만적으로 생각하지는 말자. 당시에는 버번의 인기가 높아지면서 캐러멜색소나 나뭇조각, 담배즙, 글리세린 등으로 위장한 저품질 증류주를 만들어 돈을 벌려는 사기꾼과 행상인, 장사치가 들끓었다. 라벨에 적힌 내용과 병 안에 든 내용물이 일치한다고 법적으로 보장할 수도 없었다.

1897년에 제정된 보틀드 인 본드 법은 초기 소비자 보호법 사례 중 하나로, 버번이 미국의 특징적인 증류주로 자리매김하는 데에 기여했다. 병에 연방 정부가 감독하는 보틀드 인 본드 인장이 붙어 있다면 소비자들은 이 제품이 특정 규격을 충족한다는 것을 알 수 있었다. 그 밖에도 이 법안에는 해당 증류주가 미국 내에서 생산되고 연방 정부가 감독하는 창고에서 최소 4년 이상 숙성되어야 한다는 규정, 100프루프로 병입해야 한다는 규정, 한 증류소에서 한 증류사에 의해 한 번의 증류 기간 동안 생산되어야 한다는 규정, 그리고 병에 붙은 라벨에 증류지와 병입지가 명시되어야 한다는 규정 또한 포함되어 있다.

이 법안은 버번 위스키의 품질과 규제에 근본적인 차이를 가져왔다. 그러나 1970년대가

되면서 미국 내의 증류가 합법화되어 더 이상 정부의 승인 도장이 필요하지 않게 되었다. 소비자 또한 국외에서 생산된 블렌디드 위스키의 매력을 알게 되어 보틀드 인 본드 제품의 선호도가 점차 낮아졌다.

하지만 버번 위스키의 연대기는 호황과 불황의 연속으로 이루어져 있기 때문에 1990년대 후반 크래프트 칵테일 붐과 함께 다시 판매량이 늘어나기 시작하자 이 보틀드 인 본드 인장은 다시금 증류소와 고객 도두에게 탐나는 존재가 되었다.

## 숙성 기간

숙성 기간은 병에 들어간 버번 위스키 중에서 '가장 어린' 버번의 숙성 기간을 나타낸다.(다만 싱글 배럴 또는 보틀드 인 본드 제품의 경우에는 병입된 모든 버번 위스키의 숙성 기간이 동일하다.) 숙성 기간이 4년 이하인 버번 위스키의 경우에는 반드시 라벨에 해당 숙성 기간을 표기해야 한다. 4년 이상의 경우에는 숙성 기간 표기를 자율적으로 선택할 수 있으므로 기재된 제품도 있고 없는 제품도 있다. 따라서 병에 숙성 기간이 표시되어 있지 않다고 해서 품질이 떨어지는 버번 위스키라는 뜻은 아니다. 다만 으크통에서 4년간 숙성한 버번과 6~7년 숙성한 버번을 섞은 블렌디드 버번 위스키일 가능성이 있다.

## 증류주 공장 번호

증류주 공장 번호(또는 DSP 번호/DSPN)는 버번 위스키 병에 있는 정보 중 가장 이해하기 어려운 축에 속하지만, 간단하게 설명하자면 이 번호는 버번 위스키에 부과하는 세금의 역사와 관련되어 있다.

남북 전쟁의 자금 조달을 준비하던 에이브러햄 링컨Abraham Lincoln 대통령은 주세를 다시 부과하기로 했다. 이때 과세 대상인 주류의 양을 어떻게 측정할 것인지에 대한 논쟁이 벌어졌다. 버번 위스키는 오크통에서 숙성되는 동안 어느 정도 증발하기 때문에 증류기에서 막 꺼낸 내용물의 부피를 기준으로 세금을 부과한다면 증류소는 결국 허공으로 사라지는 버번 위스키에 대해 세금을 내는 셈이 된다.

정부는 그에 대한 해결책으로 보세 창고를 만들었다. 이곳이 본질적으로 증류소가 세금을 부과하기 전까지 정부의 감시하에 일정 기간 동안(처음에는 1년) 증류주를 숙성시키는 릭하우스rickhouse가 되었다. 이 재고를 관리하기 위해 연방 정부는 세금 부과용으로 주 내의 지역을 구분하기 시작했다. 금주법 시행 이전까지는 켄터키 서부의 1번 구역부터 시작하여 가장 먼 남쪽에 자리한 8번 구역에 이르기까지 주 전역에 걸쳐 총 8개의 구역이 존재했다. 그리고 각 지역 내의 모든 증류소와 그 안에 있는 증류기를 '증류주 공장'으로 등록하여 번호를 매겼다.(한 교육구 내의 학교에 순서대로 번호를 매기는 것과 같은 개념이라고 보면 된다.) 처음에는 번호 체계가 매우 단순했지만, 금주법 시행과 증류소 인수 및 합병 등 문화적으로 큰 발달이 이루어지면서 수년에 걸쳐 많은 변화가 있었다. 결과적으로 켄터키 주는 1990년대에 구역 세제를 폐지하고 주 전체에 걸쳐서 새롭게 증류소와 증류기를 기록하고 점검하는 방식을 채택했다.

즉 오늘날에도 이 시스템이 유지되는 것은 남북 전쟁 시대와 마찬가지로, 세금을 관리하기 위해서다. 켄터키에서 가장 유명한 브랜드의 DSP 번호는 다음과 같다.

포 로즈FOUR ROSES 증류소: DSP-KY-8, DSP-KY-62
헤븐 힐HEAVEN HILL 증류소: DSP-KY-1, DSP-KY-31
메이커스 마크MAKER'S MARK 증류소: DSP-KY-44
슈티첼-웰러STITZEL-WELLER 증류소: DSP-KY-16
우드포드 리저브WOODFORD RESERVE 증류소: DSP-KY-52

## "켄터키 스트레이트 버번"

이 라벨 명칭의 뜻은 간단하다. 버번 위스키는 미국 어디에서나 만들 수 있지만 오직 켄터키에서 생산된 버번 위스키에만 '켄터키 스트레이트 버번'이라는 라벨을 붙일 수 있다는 것이다. 내 소견으로는 현재로서 미국에서 가장 뛰어난 버번 위스키는 이것이라고 본다. 물론 텍사스나 콜로라도, 유타, 버지니아 등 멀리 떨어진 다른 주에도 버번 위스키 증류소가 있고 꽤나 양질의 버번 위스키를 만들기 시작한 곳도 많다. 다만 켄터키 주가 운 좋게 200년 먼저 시작했을 뿐이다.

## 비규제 용어

하나의 제품이 버번 위스키로 분류되어 선반에 올라가려면 증류사가 지켜야 할 수많은 법적인 규정이 존재하지만, 병에 기재된 용어 중에는 연방 정부에서 딱히 규제하지 않는 것도 있다. 이런 용어는 마케팅을 위해서 사용하는 설명문에 가깝다.

예를 들어서 '소량 생산'이라는 표현은 연방 정부의 규제를 받지 않는다. 생산자가 버번 위스키를 2통 만들건 2만 통 만들건 그와 상관없이 병에는 소량 생산이라고 표시할 수 있다. 마찬가지로 '천연'이나 '수제', '빈티지' 같은 용어도 규제를 받지 않는다. 버번 소비자는 병에 담긴 내용물이 여러 통을 섞은 것이 아니라 하나의 버번 오크통에서 나온 것이라는 뜻의 '싱글 배럴'이라는 명칭도 연방 정부의 감독을 받고 있을 것으로 생각하지만 사실 그 또한 그렇지 않다.

증류소 투어

# THE I-65 SOUTH CORRIDOR

**I-65 남쪽 구간**

아마 켄터키에서 참가할 수 있는 주요 버번 위스키 투어 중에 가장 인기 있는 경로가 여기일 것이다. 버번 위스키의 가장 역사적인 랜드마크와 새로운 랜드마크를 모두 둘러볼 수 있다. 켄터키의 증류소는 여기저기 흩어져 있기 때문에 방문하려면 장시간 운전을 해야 한다. 각 증류소에 머무는 시간이 얼마나 되느냐에 따라 하루에 두 곳만 방문할 수도 있고 이 루트에 있는 모든 증류소를 방문한다는 야심 찬 계획을 세울 수도 있다. 선택은 전적으로 본인에게 달렸다.

일단 루이빌에서 출발하여 I-65 남쪽 방면 고속도로를 타고 가다가 바드스타운으로 향하는 구불구불한 시골길을 따라 내려가자. 버번 위스키 시음 일정을 계획하고 있다면 아침 식사를 든든하게 먹어야 하니 밸리 스테이션을 따라서 잠시 우회해 크리스티스 카페Christi's Café에 들러 주크박스에서 돌리 파튼이 노래를 부르는 동안 푸짐한 치킨 프라이드 스테이크를 해치우자. 그런 다음 부른 배를 두드리며 베른하임 수목원Bernheim Arboretum과 연습림演習林 외곽에 자리한 클레르몽으로 나아가다 깔끔한 검은색 릭하우스

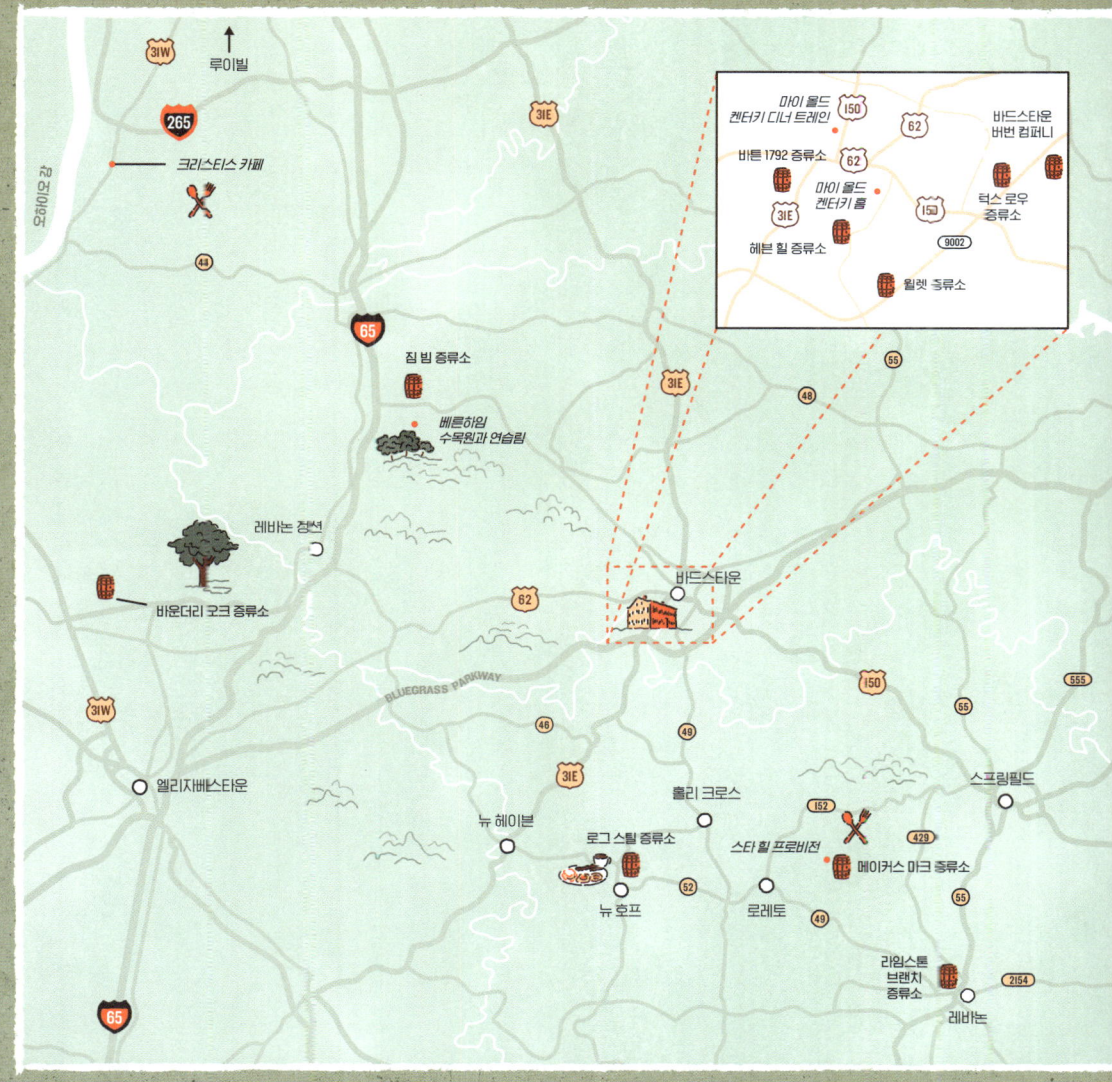

를 지나 작은 시골길을 따라 올라가면 버번 위스키 업계에서 제일 역사적인 가문 중 하나를 이룩한 수석 증류사 프레드 노에와 그 윗세대 증류사의 고향인 **짐 빔 증류소**JIM BEAM DISTILLERY 본사가 나온다. 넓은 대지 곳곳에 길게 굽이치는 길이 뻗어 있고, 보일러에서 올라오는 증기 기둥에서 익어가는 옥수수의 달콤한 향이 짙게 퍼진다.

그런 다음 I-65을 따라 남쪽으로 내려가면 버번 위스키의 심장부에 다다른다. 미국에서 가장 멋진 작은 마을로 손꼽히는 켄터키 주의 바드스타운이다. 한때는 버지니아였던 땅을 1788년에 할당받아 마을을 세운 윌리엄과 데이비드 바드의 이름을 딴 바드스타운은 매년 9월이면 세계에서 가장 크고 시끄럽고 떠들썩한 버번 위스키 축제가 열리는 곳이다. 버번 위스키 애호가라면 반드시 들러야 할 오스카 게츠 위스키 역사 박물관이 바로 여기에 있다. 그리고 뒤이어 나올 켄터키 최고의 버번 위스키 증류소들을 연이어 방문하지 않고서는 1마일도 제대로 걸을 수 없는 곳이기도 하다.

노아스 밀Noah's Mill과 윌렛 포트 스틸 리저브Willett Pot Still Reserve 등 유명한 버번 위스키를 생산하는 **윌렛 증류소WILLETT DISTILLERY**부터 시작하자. 여기서는 윌렛 증류소의 수석 증류사인 드류 쿨스빈을 마주치게 될 수도 있는데, 그러면 우리를 목가적인 증류소 내부와 소박한 릭하우스로 안내해줄 것이다. 이곳의 바에서는 세계적인 수준의 칵테일과 최고의 음식을 오후 내내 즐길 수 있으니 절대 놓치지 말자.

여기서 차로 조금만 달리면 현재까지도 진행 중인, 버번 위스키의 역사에서 가장 유서 깊고 중요한 증류소 중 하나인 **헤븐 힐 증류소HEAVEN HILL DISTILLERY**에 닿는다. 1935년에 설립된 헤븐 힐은 시장에서 가장 맛있는 버번 위스키를 여럿 생산하는 수석 증류사 코너 오드리스콜이 관리하고 있다. 마치 삼투압처럼 모조리 흡수하고 싶은 역사가 깃든 곳이니 꼭 여기서 시간을 보내길 바란다.

버번 위스키는 대형 브랜드가 지배하지만 오늘날에는 크래프트 증류소가 업계를 뒤흔들고 있으며, 그중 최고의 증류소 일부가 바드스타운에 자리하고 있다. 그 대표적인 예가 100년된 오크 나무 아래에 자리한 **바운더리 오크 증류소BOUNDARY OAK DISTILLERY**인데, 여기서는 자연적으로 흐르는 샘물을 이용해 버번 위스키를 증류한다. **라임스톤 브랜치 증류소LIMESTONE BRANCH DISTILLERY**는 크래프트 증류주 운동의 선두에 선 곳이다. 이 회사의 소유주는 짐 빔의 혈통을 잇고 있는 만큼 버번 위스키를 제대로 잘 이해하고 있으며, 이곳의 옐로스톤 셀렉트Yellowstone Select 버번 위스키는 전국 상점에서 순식간에 품절될 정도로 인기가 많다.

**럭스 로우 증류소LUX ROW DISTILLERS**는 완전히 새롭게 등장한 증류소처럼 보이지만 사실 에즈라 브룩스Ezra Brooks와 데이비드 니콜슨David Nicholson 같은 라벨과 함께 긴 역사를 지닌 곳이다. 버번 붐이 일어나면서 원래 다른 회사의 라벨을 위해 버번 위스키를 대신 생산하는 계약 증류 작업만 하던 회사들도 본인만의 시설을 열어야겠다고 결심했는데, 그 덕에 우리도 이제 훨씬 뛰어난 결과물을 다양하게 맛볼 수 있게 되었다. **로그스 틸 증류소LOG STILL DISTILLERY**는 전통, 그리고 증류소가 할 수 있는 작업이란 무엇인가에 대한 현대적인 비전이 결합된 특별한 곳으로 아름다운 레스토랑고 아침을 제공하는 숙소, 음악 공연을 위한 원형 극장, 그리고 남부다운 따뜻한 환대가 어우러진다. 크래프트 증류소의 새로운 물결과는 대조적인 모습을 보이는 곳으로는 1879년에 설립되어 바드스타운에서 가장 오래된 증류소인 **바튼 1792 증류소**BARTON 1792 DISTILLERY가 있다. 원래 시간이 흐를수록 지식 또한 함께 쌓이기 마련인데 바튼의 고품질 호밀 버번 위스키가 계속해서 상을 타는 데에도 다 이유가 있으니 전통이 더욱 풍성해지도록 허용하는 곳에서는 어떤 결과물이 나오는지 직접 확인해보자. 이 모든 증류소는 동일한 규칙에 따라 버번 위스키를 생산하면서도 제각기 다른 전통과 유산을 지키고 있으니 모두 직접 살펴보는 것이 좋다. 그리고 바드스타운에 머무르는 동안에는 마이 올드 켄터키 디너 트레인My Old Kentucky Dinner Train에서 식사하는 걸 고려해보자. 관광객을 위한 상투적인 덫에 덜컥 걸리기엔 너무 힙한 사람이라 할지라도, 하루 종일 버번 위스키를 시음한 후라면 움직이는 기차에서 멋진 저녁 식사를 하는 것보다 즐거운 일은 없을 것이다.

조금 험난한 길을 벗어나면 **바드스타운 버번 컴퍼니**BARDSTOWN BOURBON COMPANY라는 흥미로운 곳을 찾아볼 수도 있다. 현대적인 계약 증류소로 자체 라벨은 없지만 세계 최고의 버번 위스키 병이 들어가는 증류액을 생산하는 곳이다. 효율적이면서도 세련되고 맛있는 제품을 만들어낸다. 이것이 바로 버번 위스키 증류소의 미래일지도 모른다.

I-65를 따라 더 남쪽으로 내려가면 구불구불한 시골길을 지나게 되는데, 여기서는 언덕을 지날 때 길 한가운데에 정차한 채로 야생 칠면조가 길을 건너는 모습을 가만히 지켜봐야 할 수도 있다. 그러다보면 버번 위스키의 메카 중 하나인 **메이커스 마크 증류소** MAKER'S MARK DISTILLERY에 다다르게 된다. 시간은 천천히 흐르고 대화는 더욱 친근하며 곳곳에 깃든 버번 위스키의 역사가 빛나는 곳이다. 천천히 걸으며 건축물을 감상하고 스타 힐 프로비전Star Hill Provisions에서 식사를 즐기자. 천사들의 손길이 지나간 듯한 꿈결 같은 풍경 속에서 오후 나절이 꿈처럼 흘러갈 것이다.

# BACON CORN PONE
# WITH BOURBON ONION JAM

버번 양파잼을 곁들인 베이컨 옥수수 폰

옥수수 폰pone은 마음 내키는 형태로 만드는 팬케이크처럼 구워서 완성하는 일종의 콘브레드다. 이 레시피의 필수 요소는 바로 태운 숯의 풍미다. 살짝 가미하면 기분 좋은 훈제 향이 강렬하게 나는데 마치 버번 위스키의 풍미 그 자체와 같다. 물론 너무 과하면 불쾌해지겠지만. 짭짤한 팬케이크 반죽을 바삭바삭 노릇하게 튀기면 속에 콕콕 박힌 훈제 향 베이컨과 그 위에 올린 버번 향 잼과의 완벽히 균형 잡힌 풍미를 음미할 수 있다.

[분량 약 5cm 지름의 팬케이크 8~10장]

- 다진 베이컨 3줄 분량
- 옥수숫가루 3/4컵
- 밀가루 1/4컵
- 베이킹 파우더 1과 1/2작은술
- 베이킹 소다 1/4작은술
- 버터밀크 1/2컵
- 설탕 1작은술
- 코셔 소금 1/4작은술
- 서빙용 버번 양파잼(이어지는 레시피 참조)

대형 팬을 센 불에 올리고 베이컨을 넣는다. 자주 뒤적이며 바삭바삭해질 때까지 3~5분간 볶는다. 볶은 베이컨을 건져서 종이 타월에 얹어 기름기를 제거한다. 팬에 배어나온 베이컨 기름은 그대로 두고 반죽을 만드는 동안 약불에 은근히 둔다.

대형 볼에 옥수숫가루와 밀가루, 베이킹 파우더, 베이킹 소다를 넣고 포크로 잘 섞는다. 버터밀크와 설탕, 소금을 넣고 다시 골고루 섞는다. 익힌 베이컨을 넣고 접듯이 섞는다.

베이컨 기름 팬의 불을 중간 불로 높인다. 기름이 달궈지면 반죽을 약 2큰술 떠서 넣는다. 아마 한 번에 옥수수 폰 4개 정도를 구울 수 있을 것이다. 아주 살짝 거뭇해질 정도로 한 면당 2~3분씩 굽는다. 구운 옥수수 폰을 꺼내서 종이 타월에 얹어 기름기를 제거한다.(굽는 시간이 오래 걸리면 베이킹 시트에 옮겨 담아 나머지 반죽을 굽는 동안 따뜻한 오븐에 보관한다.) 나머지 반죽으로 같은 과정을 반복한다.

옥수수 폰에 버번 양파잼을 조금씩 얹어서 따뜻하게 낸다.

# BOURBON ONION JAM
## 버번 양파잼

천천히 캐러멜화한 양파의 흙 내음 감도는 단맛과 뚝뚝 떨어지는 감칠맛은 천천히 시럽처럼 졸인 버번의 특징과 거울처럼 맞물린다. 내게 오직 이 잼만 있다 해도 살아갈 수 있을 정도다. 두 배로 만들어서 베이컨 옥수수 폰(맞은 편 레시피)에서 치즈 플레이트에 이르기까지 모든 요리에 곁들이거나 버거 또는 피자의 토핑으로 활용해보자.

[분량 1컵]

| 깍둑 썬 달콤한 양파 680g | 간장 1/4컵 |
| 올리브 오일 2작은술 | 사과 식초 2큰술 |
| 버번 위스키 1컵 | 코셔 소금 1과 1/2작은술 |
| 메이플 시럽 1/4컵 | 레드 페퍼 플레이크 1/2작은술 |

중형 냄비에 올리브 오일을 두르고 중간 불에 올린다. 양파를 넣고 나무 주걱으로 자주 휘저으면서 양파가 반투명해지고 캐러멜화되기 시작할 때까지 약 12분간 볶는다. 버번과 메이플 시럽, 간장, 식초를 넣는다. 바닥에 눌어붙은 파편을 긁어내고 잘 휘저으면서 걸쭉해질 때까지 약 25분간 익힌다.

소금과 레드 페퍼 플레이크를 넣고 수분이 거의 날아갈 때까지 약 5분간 익힌다. 완성한 양파잼은 유리병에 담아서 실온으로 식힌 다음 뚜껑을 닫아 냉장고에서 2주간 보관할 수 있다.

# FRIED HALLOUMI CHEESE
# WITH SPICED BOURBON HONEY

매콤한 버번 꿀을 곁들인 할루미 치즈 튀김

할루미는 일반적으로 숙성을 시키지 않은 염소젖 또는 양젖 치즈로 녹는점이 높아서 뜨거운 열에 지져도 형태가 잘 유지된다. 짭짤하지만 맛은 살짝 밋밋하다. 여기에 버번 위스키를 가미하면 치즈의 짭짤한 맛과 이 레시피에서 추가한 매콤달콤한 꿀과도 조화로운 풍미가 만들어진다. 분량보다 버번 위스키를 많이 넣어도 좋다. 많이 넣으면 넣을수록 좋기 때문이다.

[분량 간식 4인분 또는 전채 2인분]

**버번 꿀 재료**
꿀 6큰술
버번 위스키 1/2컵을 1/4로 졸인 것(77쪽 참조)
생 레몬 즙 1과 1/2작은술
훈제 파프리카 가루 1/8작은술
코셔 소금과 검은 후추 갓 간 것

**치즈 재료**
사워도우 빵 2장(각각 8등분으로 깍둑 썬 것)
1.3cm 두께로 저민 할루미 치즈 225g(약 8장)
올리브 오일 2작은술
생 타임 1작은술

먼저 버번 꿀을 만들자. 소형 볼에 꿀과 졸인 버번, 레몬 즙, 파프리카 가루를 넣고 소금과 후추로 간을 맞춘 다음 포크로 잘 섞는다.

대형 볼에 할루미 치즈를 넣고 절반 분량의 버번 꿀을 붓는다. 잘 섞어서 약 1시간 정도 절인다.

대형 팬에 올리브 오일 1작은술을 두르고 센 불에 올려서 달군다. 빵을 올리고 1분간 굽고 접시에 담는다.

팬에 나머지 올리브 오일 1작은술을 두른다. 할루미 치즈를 버번 꿀에서 건져서 꿀을 살짝 털어낸 다음 종이 타월 등으로 두드려 물기를 제거한다. 팬에 할루미 치즈를 넣고 바닥이 예쁘게 노릇노릇해질 때까지 약 1분간 구운 다음 뒤집어서 반대쪽도 캐러멜화될 때까지 1분 더 굽는다.

구운 빵에 구운 할루미 치즈를 얹고 남은 버번 꿀을 두른다. 타임을 얹어서 바로 낸다.

# ROASTED FENNEL AND
# BOURBON-BURNT ORANGE SALAD

### 구운 펜넬과 버번에 구운 오렌지 샐러드

펜넬은 특유의 화사하고 신선한 아니스 향으로 유명하지만 화끈하게 구우면 완전히 다른 정체성을 갖게 된다. 천천히 구운 향이 아니스를 단맛으로 변화시킨다. 그리고 캐러멜화된 오렌지를 버번이 지배하게 된다. 질감이 풍부하고 푸짐하면서도 펜넬 타불리의 화사한 매력이 검게 그슬린 향과 훌륭한 균형을 이루는 샐러드다.

[분량 2인분]

- 펜넬 2통
- 오렌지 3개
- 곱게 다진 플럼 토마토 1개 분량
- 다진 마늘 2쪽 분량
- 곱게 다진 생 민트 1/2컵
- 잘게 부순 페타 치즈 85g
- 올리브 오일 2큰술
- 버번 위스키 2큰술
- 생 레몬 즙 1큰술
- 코셔 소금과 검은 후추 갓 간 것
- 오렌지 제스트 1개 분량
- 쿠민 가루 1/4작은술
- 설탕 1과 1/2작은술

오븐을 200℃로 예열한다.

펜넬은 긴 줄기만 잘라내 따로 둔다. 구근은 심을 따라 길게 반으로 자른 다음 날카로운 과도로 심을 잘라내어 버린다. 반으로 자른 펜넬을 각각 똑같은 크기로 4등분해 썬다. 볼에 펜넬과 올리브 오일 1과 1/2큰술, 소금, 후추를 넣어서 골고루 섞는다. 시트 팬에 펜넬을 한 층으로 깔고 오븐에서 가장자리가 갈색이 되고 부드러워질 때까지 25분간 굽는다.

그동안 펜넬 윗동에서 잎을 잘라내 곱게 다진다. 약 1/2컵 정도가 필요하다. 펜넬 줄기도 곱게 다진다. 약 1컵 정도가 필요하다. 볼에 다진 펜넬 잎과 줄기, 토마토, 민트, 마늘, 레몬 즙, 오렌지 제스트, 쿠민을 넣는다. 골고루 잘 섞은 다음 소금과 후추로 간한다. 먹기 전까지 따로 둔다.

《 다음 장에 계속 》

구운 펜넬을 오븐에서 꺼내 실온에서 한 김 식힌다.

오렌지를 둥글게 슬라이스하고 껍질과 속껍질을 제거한다. 접시에 오렌지 슬라이스를 담고 위에 설탕을 뿌린다.

대형 팬에 나머지 올리브 오일 1/2큰술을 두르고 센 불에 올려서 달군다. 팬에 오렌지의 설탕을 뿌린 부분이 아래로 가도록 넣고 바닥이 캐러멜화될 때까지 약 3분간 굽고 불을 끈다. 팬에 버번을 붓고 바닥에 눌어붙은 파편이 녹아나오도록 1분간 기다린다.

접시 2개를 준비해 구운 오렌지 슬라이스를 캐러멜화된 부분이 위로 오도록 나눠 담고 구운 펜넬과 펜넬 토마토 혼합물을 얹는다. 잘게 부순 페타 치즈를 뿌려 마무리한다. 바로 낸다.

## 버번 졸이는 법

버번 위스키를 빠르고 안전하게 졸이려면 딱 맞는 뚜껑이 있는 대형(약 4L들이) 냄비가 필요하다(소량만 졸인다면 역시 딱 맞는 뚜껑이 있고 가장자리 높이가 높은 소형 또는 중형 냄비를 사용한다). 먼저 냄비에 버번 위스키 2컵을 붓고 센 불에 올린다. 버번 위스키는 에탄올 때문에 쉽게 불이 붙으므로 얼굴이나 손을 냄비 상단에 가까이 가져가지 않도록 주의한다. 버번 위스키에 불이 붙으면 중약불로 불을 줄이고 냄비 뚜껑을 닫는다. 산소가 차단되어서 불길이 잦아들 것이다. 수 초 후에 뚜껑을 열면 산소가 공급되어 불길이 다시 치솟을 텐데, 이때는 불길이 그래도 훨씬 작아진 상태라 쉽게 제어할 수 있다. 냄비 뚜껑을 절반만 닫고 버번 위스키가 반으로 줄어들 때까지 졸인다. 이 시점이면 이미 에탄올은 거의 날아간 상태라 알코올은 최소한만 남고 버번 위스키의 풍미가 농축된 액체가 완성될 것이다. 졸인 버번 위스키는 유리병이나 기존 위스키 병에 담아서 실온에 수 개월간 보관할 수 있다.

# BEEF TARTARE ON BURNT OAK PLANKS

## 불에 태운 오크 판자에 올린 소고기 타르타르

내 레스토랑 610 매그놀리아에서 이와 비슷한 메뉴를 10여 년 이상 선보이고 있다. 프랑스식 타르타르가 아니라 미소와 참깨를 듬뿍 넣어 감칠맛이 두드러지는 타르타르다. 소고기에 풍미를 더하기 위해서 필요한 오크 나무판은 구하기가 그리 어렵지 않다. 어떤 철물점에 가도 어지간하면 판매하는데 따로 주문하면 원하는 크기로 잘라주기도 한다. 나무를 태우고 타르타르를 태운 나무판에 바로 올려서 제공하는 이 추가 과정이 이 요리를 더욱 특별하게 만든다. 우아하고 향기로운 풍미가 내부를 활활 태워 버번 위스키를 숙성시키는 오크통을 떠올리게 한다. 포크를 나무판에 가져다 댈 때마다 은은한 태운 오크 향이 타르타르에 섞여서 한 입마다 풍미를 더해줄 것이다.

[분량 전채 2인분]

양념장 재료
- 버번 위스키 1/2컵을 2큰술로 졸인 것(77쪽 참조)
- 짙은 색 미소 된장 1큰술
- 케첩 2큰술
- 볶은 참기름 1과 1/2작은술
- 사과 식초 1큰술
- 간장 1과 1/2작은술
- 황설탕 1과 1/2작은술
- 파프리카 가루 1/4작은술

타르타르 재료
- 소고기(필레 미뇽* 또는 홍두깨살) 170g
- 곱게 다진 샬롯 1큰술
- 버번 위스키 1작은술
- 곱게 다진 생 차이브 2큰술
- 버번 소금(이어지는 레시피 참조)
- 장식용 올리브 오일

필요한 도구
- 각 15cm 크기의 사각형 오크 나무판 2개

먼저 양념장을 만들자. 소형 볼에 양념장 재료를 모두 넣고 잘 섞는다.

그다음 타르타르를 만든다. 소고기를 결 반대 방향으로 얇게 저민 다음 곱게 다진다. 볼에 다진 소고기를 넣고 샬롯과 양념장을 넣어 잘 섞는다. 냉장고에서 20분간 재운다.

* 프랑스어로 '부드럽고 작고 사랑스러운 조각'이라는 뜻으로, 소의 안심 중에서도 가장 연하고 고급스러운 부위를 가리킨다.

천에 버번을 묻혀서 오크 나무판을 잘 문질러 닦는다. 가스 버너에 센 불을 켜거나 그릴을 센 불로 달군다. 집게로 나무판을 잡고 평평한 한쪽 부분을 불 위에 직화로 바로 얹어서 전체적으로 고르게 타게 한다. 이때 시간이 좀 걸릴 수 있지만 천천히 여유를 가지고 해야 한다. 잘 태운 나무판은 탄 부분이 위로 오도록 시트 팬에 얹어서 내기 전까지 한 김 식힌다. 타르타르를 낼 때에는 나무판이 실온이어야 한다.

지름 7.5cm 크기의 원형 틀을 태운 나무판 위에 얹고 그 안에 소고기 타르타르를 얇게 한 층 깐다. 나머지 나무판도 같은 과정을 반복한다. 차이브를 뿌려서 장식한다. 내기 직전에 버번 소금과 올리브 오일을 조금씩 뿌린다.

# BOURBON SALT

## 버번 소금

버번 소금은 만드는 법이 얼마나 간단한지, 그리고 버번 위스키가 천일염에 얼마나 깊은 풍미를 불어넣는지 알게 되면 누구나 놀랄 레시피다. 매일 사용하고 싶은 소금이 될 수도 있다. 스테이크에서 샐러드, 심지어 아이스크림에 이르기까지 강렬한 맛을 더한다.

[분량 1컵]

버번 위스키 2와 1/2컵        굵은 천일염 1컵

오븐을 90℃로 예열하고 시트 팬에 유산지를 깔아둔다.

중형 냄비에 버번 위스키를 넣고 중간 불에 올려서 뭉근하게 데운다(77쪽 참조). 양이 반으로 줄어들 때까지 약 10분간 익힌다. 냄비에 소금을 넣고 버번 위스키가 거의 사라질 때까지 5분 더 뭉근하게 익힌다.

축축해진 소금을 유산지를 깔아둔 팬에 얇게 한 층으로 깐다. 오븐에 넣고 소금이 타지 않도록 약 1시간 정도 굽고 꺼내어 실온에서 식힌다. 밀폐용기에 옮겨 담으면 실온에서 1개월간 보관할 수 있다.

# BONE-IN PORK CHOPS IN BOURBON MARINADE WITH BOURBON WHOLE-GRAIN MUSTARD SAUCE

## 버번에 재운 통뼈 폭찹과 버번 홀그레인 머스터드 소스

---

버번 위스키를 양념장에 넣으면 고기에 풍미를 더할 뿐만 아니라 부드럽게 만드는 두 가지 측면에서 아주 유용하다. 다음 레시피는 양념장에도 버번 위스키를 넣고 돼지고기에 버번 위스키로 풍미를 강화한 날카로운 맛의 머스터드 소스를 가미해서 풍미를 두 배로 높였다. 두 버번 위스키는 서로 다른 효과를 구현한다. 하나는 양념장 속에서 은은한 뒷맛을 남기며 사라지고, 다른 하나는 코 앞에서 찌르는 듯한 향을 낸다.

[분량 메인 2인분]

**양념장 재료**
- 버번 위스키 1컵을 1/4컵으로 졸인 것(77쪽 참조)
- 다진 마늘 2쪽 분량
- 우스터 소스 1큰술
- 간장 2큰술
- 황설탕 1큰술

**폭찹 재료**
- 폭찹 2개(각 340g)
- 반으로 자른 표고버섯 1컵
- 굵게 다진 샬롯 1개 분량
- 방울양배추 잎 1컵
- 다진 마늘 2쪽 분량
- 무염 버터 2큰술
- 올리브 오일 1큰술

**버번 홀그레인 머스터드 소스 재료**
- 버번 위스키 1/2컵
- 헤비 크림 1/4컵
- 홀그레인 머스터드 3큰술
- 닭 육수 1컵
- 코셔 소금과 검은 후추 갓 간 것

오븐을 175℃로 예열한다.

먼저 양념장을 만들자. 대형 지퍼백에 양념장 재료를 모두 넣고 잘 섞는다. 지퍼백을 밀봉해서 흔들어 잘 섞은 다음 폭찹을 넣는다. 다시 지퍼백의 공기를 최대한 빼내면서 밀봉한다. 지퍼백 째로 접시에 담아서 냉장고에 넣고 최소 10시간에서 최대 하룻밤 정도 재운다.

《 다음 장에 계속 》

익히기 전 재운 폭찹을 지퍼백에서 꺼내어 종이 타월로 두드려 물기를 제거한다. 지퍼백에 든 양념장은 버린다.

대형 팬에 올리브 오일을 두르고 중강 불에 올려 달군다. 오일이 뜨거워지면 폭찹을 넣고 앞뒤로 고루 노릇노릇해질 때까지 한 면당 4분씩 굽는다. 구운 폭찹을 시트 팬에 바로 올린다. 오븐에 넣어 다 익었지만 가운데 부분은 아직 촉촉함이 남아 있는 상태가 될 때까지 10~12분간 굽는다.

그동안 폭찹을 구웠던 팬을 종이 타월로 깨끗하게 닦아 다시 중강 불에 올린다. 버터를 넣고 보글보글 거품이 일기 시작하면 버섯과 마늘, 샬롯을 넣어 2분간 볶는다. 방울양배추 잎을 넣고 1분 더 익힌다. 팬의 모든 채소를 건져서 폭찹 시트 팬에 넣는다.

마지막으로 버번 홀그레인 머스터드 소스를 만들자. 대형 팬을 다시 센 불에 올린다. 버번 위스키를 부어서 팬에 붙은 파편을 긁어낸다. 버번 위스키가 거의 사라질 때까지 바글바글 끓이면서 캐러멜화된 파편들이 함께 잘 섞이도록 휘젓는다. 육수를 붓고 전체 양이 3분의 1로 줄어들 때까지 3분간 바글바글 끓인다. 크림을 붓고 2분 더 끓인 다음 불에서 내리고 머스터드를 넣어 잘 섞는다. 소금과 후추로 간한다.

접시에 폭찹을 옮겨 담고 그 위에 채소를 얹는다. 폭찹 주변에 소스를 둘러서 바로 낸다.

# CHARRED RIB EYE STEAK
# WITH BOURBON-SOY BUTTER

잘 구운 립아이 스테이크와 버번 간장 버터

소고기와 버번 위스키, 간장은 나에게 있어 본질적인 풍미다. 이 레시피에서는 스테이크를 살짝 거뭇해지도록 구워서 훈연 향을 냈다. 간장은 진한 맛과 짠맛을 더한다. 버번은 숙성된 풍미와 캐러멜 향을 더한다. 그리고 버터는 이 세 가지 맛의 조화를 이뤄내는 역할을 한다. 양념 버터가 따뜻하게 그슬린 스테이크 껍질 위에서 녹아내리면 이 세 가지 풍미의 조화가 순수하면서도 숭고한 맛을 구현한다.

[분량 메인 2인분]

**버번 간장 버터 재료**
그레이터로 간 마늘 3쪽 분량
실온의 부드러운 무염 버터 450g
볶은 참기름 1큰술
버번 위스키 1컵
간장 1/4컵
설탕 3큰술

**스테이크 재료**
립아이 스테이크 1개(400g)
껍질을 벗긴 마늘 6쪽
정제 버터 2큰술
코셔 소금과 검은 후추 갓 간 것
마무리용 생 홀스래디시

버번 간장 버터를 만들기 위해 소형 냄비에 버번을 넣고 중간 불에 올려서 반으로 줄어들 때까지 뭉근하게 익힌다. 간장과 설탕, 참기름, 마늘을 넣는다. 다시 한소끔 끓인 다음 소형 볼에 옮겨 담아서 따뜻한 정도가 될 때까지 한 김 식힌다.

대형 볼에 버터를 담는다. 따뜻한 버번 혼합물을 조금씩 부으면서 버터와 함께 거품기로 잘 섞는다. 전부 잘 섞이면 뚜껑이 있는 용기에 옮겨 담거나 지름 4cm 크기의 원통형으로 빚어서 랩으로 잘 싼다. 사용하기 전까지 냉장고에 넣어서 최소 1시간 이상 차갑게 식힌다. 그리고 반드시 먹기 전 냉장고에서 미리 꺼내 실온 상태로 되돌린다.

스테이크에 소금과 후추를 뿌려 충분히 간한다. 무쇠 팬을 중강 불에 올려 달군 다음 정제 버터를 넣는다. 스테이크를 올리고 아랫부분이 노릇노릇해질 때까지 4분간 굽는다. 집게로 스테이크를 세워서 옆면도 노릇노릇하게 지진 다음 돌리기를 반복해 가장자리도 전체적으로 모두 노릇해지도록 한다. 다시 뒤집어서 마지막 면도 4분간 굽는다.

스테이크 팬에 마늘을 넣는다. 미디엄 레어 기준으로 스테이크에 정제 버터와 마늘을 끼얹어 가면서 3~6분간 더 굽는다(미디엄은 한 면당 2분씩 더 굽는다. 이 스테이크는 웰던으로 굽는 것은 추천하지 않는다). 스테이크를 꺼내서 도마에 옮겨 놓고 2분간 휴지한다. 마늘도 팬에서 꺼낸다. 이때 마늘 겉은 노릇하지만 속은 부드러운 상태여야 한다.

스테이크를 썰어서 따뜻하게 데운 접시에 담는다. 익힌 마늘을 옆에 담고 버번 간장 버터를 1큰술 정도 분량으로 썰어서 스테이크 위에 얹는다. 내기 직전에 생 홀스래디시를 스테이크 위에서 갈아 뿌린다. 이때 버터가 스테이크 위에서 살짝 녹아야 하는데, 고기가 충분히 따뜻하지 않으면 접시째로 120℃의 오븐에 3분간 넣어 데운 후 바로 낸다.

남은 버번 간장 버터는 냉장고에서 1개월간 보관할 수 있다. 스테이크와 구운 채소, 달걀프라이에 곁들여 먹으면 잘 어울린다.

# CORN AND LEATHER
## 옥수수와 가죽

켄터키나Kentuckiana(켄터키+린디애나) 지역의 토지는 대체로 상품용 작물 재배에 이상적인 평평하고 비옥한 토양을 제공한다. 인디애나와 오하이오, 켄터키의 고속도로를 따라 운전하다 보면 끝없이 펼쳐진 옥수수·콩, 밀 농장을 볼 수 있다. 원래 켄터키에는 담배 농장이 많았지만 지금은 그렇지 않다. 이제는 눈으로 보이는 모든 곳이 끝도 없이 널리 뻗어나가는 옥수수밭으로 이루어져 있을 뿐이다. 단조로운 정글이다. 햇빛을 갈망하는 곳이다. 이 옥수수는 사료용이어서, 대부분은 돼지와 닭에게 주는 먹이로 쓰인다. 그리고 일부는 연료용 에탄올을 만드는 데에 사용된다. 그리고 그중에서도 가장 질이 좋은 옥수수만이 버번 위스키를 만드는 데에 쓰인다.

사료용 옥수수는 우리가 아는 달콤한 옥수수와는 다른 품종이다. 농산물 직판장에서 볼 수 있는 밝은 노란색에 달콤한 알맹이가 가득 찬 그 옥수수가 아니다. 사료용 옥수수는 질기고 딱딱하다. 수확한 후에 이삭에서 알맹이를 떼어내 가을과 겨울 내내 곡식 저장고에 보관한다. 이 알맹이는 질감이 꼭 가죽 같아서 입에 쏙 넣으면 마치 자갈이 굴러다니는 느낌이 난다. 전분 함량도 높아서 깨물어보면 달콤한 옥수수의 크리미한 우유 같은 맛이 아니라 옥수숫가루의 독특한 맛이 느껴진다. 포장을 뜯은 마른 그리츠(조리용으로 사용하는 굵게 빻은 옥수숫가루 – 옮긴이)를 한 줌 쥐어서 입에 넣어보자. 그러면 갓 수확한 사료용 옥수수가 어떤 맛일지 알 수 있다.

켄터키 주 베르사유에는 버번 위스키 산업을 위해서 특별히 재배하는 비GMO(유전자 변형) 옥수수밭이 있다. 나무 하나 없는 평평한 땅이다. 한여름이면 견디기 힘들 정도로 덥고 내리쬐는 햇볕은 귀가 멍해질 정도다. 하지만 그런 온도 정도는 홉피 헨튼Hoppy Henton에게 전혀 문제가 되지 않는다. 그는 담배와 가축을 기르던 증조할아버지가 시작한 농장을 물려받아 운영하고 있다. 그도 직접 담배와 밀을 기르고 가축을 기른다. 하지만 1990년대 중반부터는 주로 옥수수 재배에 집중하고 있다.

옥수수는 아주 빽빽하게 줄지어 심기 때문에 그 사이사이를 걸어다니는 건 거의 불가능에 가깝다. 홉피는 옥수수 하나하나를 전부 기적이라고 부른다. 그가 설명하길 각 옥수숫대의 꼭대기에 있는 옥수수염이 꽃가루를 방출하면 그 아래에 있는 옥수수의 수염에 가서 붙는다고 한다. 수염 각 한 줄기당 알갱이 하나를 담당한다. 만일 알갱이 하나가 비어 있는 옥수수가 있다면 그것은 꽃가루 한 알이 제대로 수염에 달라붙지 못한 것이다. 떨어진 꽃가루는 아주 잔잔한 공기의 흐름에 따라 이동해 옥수수수염을 수분시킨다. 베르사유가 자리한 계곡에는 바람이 많이 불지 않기 때문에 옥수수 줄기가 서로 가까이 있을수록 꽃가루가 암술을 수분시킬 가능성이 높아진다. 홉피의 옥수수밭 한가운데는 빽빽하고 어둡다. 움직임은커녕 공기도 거의 없고, 옥수수 줄기의 잎은 칼날처럼 날카롭다. 하지만 홉피는 작물의 상태를 확인하기 위해 이 안쪽까지 들어간다. "작물의 상태는 가장자리 땅만으론 판단할 수 없어요"라면서.

홉피의 농장에는 대부분 디캘브DeKalb 또는 파이어니어Pioneer 종자를 심지만 새로운 품종을 재배하는 실험용 땅도 따로 관리하고 있다. 그가 기르는 옥수수는 대부분 버번 위스키를 만드는 용도로 쓰인다. 옥수수를 건조한 다음 제분해서 효모와 함께 발효시켜 매시를 만든 후 증류하면 이후 버번 위스키로 승화될 옥수수 위스키가 완성된다. 그는 4월이 되면 에이커당 옥수수 약 3만 그루를 심고 9월 중순에 이를 수확한다. 수확한 옥수수는 수분 함량이 약 14%가 되도록 1주간 건조한다. 일부는 바로 증류소로 운반하지만 버번 위스키는 1년 내내 생산하기 때문에 나머지는 필요할 때까지 곡물 저장고에 보관한다. 이곳 저장고에는 건조한 옥수수를 최대 3만 부셸(곡물이나 과일 등의 부피를 재는 미국식 단위로 옥수수 1부셸은 약 25kg에 해당한다. - 옮긴이)까지 보관할 수 있다.

대부분의 농부가 그러하듯이 홉피도 조용하면서 자신감 넘치는 사람으로서 농사일의 기복을 모두 겪어본 적이 있다. 그는 어려웠던 시절을 찬찬히 더듬는다. 내가 동의할 수 없는 질문을 던질 때마다 그는 허튼소리 말라고 일갈한다. 유기농 옥수수로 만든 버번 위스키가 더 맛있을지 물어봤을 때도 마찬가지였다. 그는 마치 거대한 옥수수 줄기처럼 똑바로 당당하게 서 있는 사람이다. 손은 크고 튼튼하며 울퉁불퉁한 손가락은 마치 손바닥에 옥수수를 붙여놓은 것처럼 보인다. 현대적인 농사 기술과 기계에는 영 관심이 없는 옛날 사람이지만 그럼에도 자신이 재배하는 비GMO, 즉 유전자 변형을 하지 않은 옥수수를 옹호하는 데에는 재빠르게 대처한다. 그는 일단 증류 과정을 거치고 나면 최종 결과물을 유전자 변형 옥수수로 만든 것인지 아닌지 구분할 방법이 없다고 말한다. "저에게 있어서는 그저 진실성에 관한 문제일 뿐이에요. 그들은 제가 기른 자그마한 작물을 제가 팔 수 있는 것보다 수천 배 더 가치 있는 것으로 만들어주죠." 홉피가 말했다. 여기서 '그들'이란 미국 전역의 가장 멋지고 트렌디한 바와 레스토랑으로 배송되는 탐나는 버번 위스키 병을 생산하는 버번 위스키 산업을 의미한다.

홉피는 그가 기른 옥수수와 가게에서 판매하는 버번 위스키 병, 그리고 켄터키에 자리한 그의 토지가 서로 긴밀하게 이어져 있다는 사실에 자부심을 느낀다. 나 또한 패션프루트 젤이나 식물성 슈럽(17세기에 영국계서 유행한 과일 리큐어의 한 종류 - 옮긴이) 등을 넣은 버번 칵테일을 마시는 흥겨운 사람들로 가득 찬 현대적인 도시 속의 최신식 스피크이지 바(금주법 시대 당시 비밀스럽게 운영하던 술집. 지금은 레트로한 인테리어 혹은 클래식한 콘셉트의 바를 뜻한다. - 옮긴이)에 있을 때 그런 생각을 자주 한다. 버번 위스키 병을 응시하면 켄터키의 들판을 떠올리게 하는 익숙한 황갈빛 액체가 눈에 들어오고, 농부에서 증류사, 바텐더와 애호가에 이르기까지 그 액체가 지나온 여정과 거쳐온 사람들을 생각하며 감탄하게 된다. 그 모든 여정은 옥수수 알갱이 한 알에서 시작된다. 그런 생각이 들면 나는 자주 홉피를 떠올린다. 버번을 얼마나 많이 마시는지 물어봤을 때 돌아온 그의 대답을 떠올린다. "언제나 한 잔, 가끔은 두 잔, 그리고 세 잔 이상은 절대 마시지 않죠." 나는 그가 농장 가운데를 천천히, 하지만 힘차게 걸어가 옥수수를 가꾸어 증류될 운명을 타고난, 완벽한 노란색 작물로 잘 자라나도록 돌보는 모습을 생각한다.

그렇다면 옥수수는 정확히 어떤 여정을 거치는 것일까? 버번의 풍미를 조사할 때마다 항상 신비롭게 느껴지는 부분은 바로 이 옥수수 낱알이 버번으로 승화되는 과정이다. 옥수수를 발효한 다음 증류를 거쳐 증류기에서 나오는 투명한 알코올은 화이트 독 또는 화이트 라이트닝, 또는 문샤인이라고 부른다. 이 숙성 전의 증류액은 너무나 달콤해서 이가 욱신거릴 정도다. 알록달록한 고깔 모양 캔디가 떠오르면서도 불덩이가 몸속을 총알처럼 뚫고 지나가는 기분이 든다. 실로 순수하고 향기롭기 그지없어 증류액이 품은 옥수수의 향과 맛을 모두 느낄 수 있다. 사료용 옥수수에 함유된 모든 전분이 알코올로 전환되어서 독특한 옥수수 풍미를 지닌 도수 높은 액체가 된 것이다. 하지만 이것은 버번이 아니다. 심지어 위스키도 아니다. 숙성 과정을 거치면 이 옥수수 풍미가 변화한다. 그 결과물인 갈색 버번 위스키에서는 화이트 독과는 전혀 다른 맛이 난다. 옥수수 풍미가 부드러워지고 사라지면서 내가 명확하게 낱낱이 구분할 수 없는 무언가로 변화한다. 어쩌면 내가 사랑하는 버번 위스키의 말린 과일 풍미나 가죽 향, 건초 향, 말린 잔디 향은 옥수수가 변화한 것일 수 있다. 아니면 한 모금씩 삼킬 때마다 언저리에서 느껴지는 부드럽고 달콤한 향이 옥수수의 정체일 수도 있다. 하지만 수년간 오크통에서 숙성한 이후에 예전의 옥수수 풍미가 정확히 어떤 것으로 변화했는지 콕 집어내는 것은 불가능하다. 버번 위스키에는 말린 과일과 단맛이 느껴지는 동시에 쓴맛과 깊은 맛을 선사하는 풍미가 있다. 나는 이 맛을 오로지 '과일 가죽'이라고밖에 표현할 수 없다. 마치 옥수수가 어두운 색의 달콤한 과일로 가득 찬 가죽으로 환생한 것 같은 느낌이다. 홉피는 버번 위스키를 만드는 데 들어가는 변수가 너무 많아서 옥수수 풍미가 정확히 어떻게 변하는지 명확히 말할 수는 없다고 말한다. "호밀은 스파이시한 풍미를 냅니다. 보리는 전분 느낌이 있지만 단맛이 조금 더 강하죠. 그 어떤 것을 오크통에 넣는다 해도 갈색으로 변하는 것은 마찬가지예요. 마법의 비결은 바로 옥수수라고 할 수 있죠." 그가 말했다.

버번 위스키에 대해서는 아직 설명할 수 없는 것이 많다. 뒷마당에 숨긴 증류기는 이제 최신 과학 기술과 수백만 달러를 들여서 만든 증류소로 발전했지만 그래도 여전히 그 속에는 미스터리와 로맨스가 남아 있다. 위스키 업계에서는 그저 저렴한 위스키가 필요했던 시절에 우연히 풍부하게 구할 수 있었던 전분 함량이 높은 작물이 옥수수였기 때문에 위스키에 쓰이기 좋았던 것뿐이라고 말하는 사람도 있다. 옥수수가 물이나 효모에 비해서 버번 위스키 생산 과정에 중요한 역할을 하지는 않는다는 것이다. 하지만 그와 동시에 켄터키 평원을 걸으면서 역사의 흐름이 믿을 수 없을 만큼 교차하며 버번 위스키가 탄생하게 된 바로 그 장소에서 과거의 모습을 그림처럼 겹쳐 보는 사람도 존재한다. 옥수수가 있었던 것은 당연하고, 당시 바로 이곳 켄터키에서 자라나던 오크 나무 또한 우연히도 오크통 제조에 완벽한 조건을 갖추고 있었으며, 석회질이 풍부한 물과 뜨거운 여름, 차가운 겨울, 그리고 천천히 흘러가는 배를 띄워서 뉴올리언스까지 위스키를 운반하기 제격인 데다 미시시피까지 이어지는 오하이오 강까지, 그 모든 요소가 이 한곳에 모여 있다. 이것이 마법이 아니라면 대체 무엇일 수 있을까.

# WHY CORN IS USED IN BOURBON

## 버번 위스키에 옥수수가 들어가는 이유

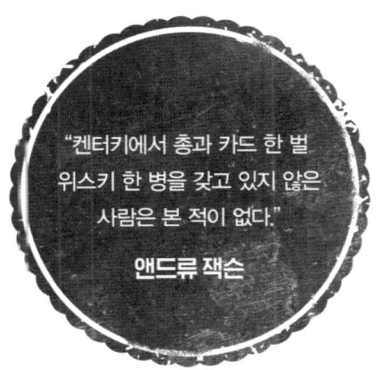

"켄터키에서 총과 카드 한 벌 위스키 한 병을 갖고 있지 않은 사람은 본 적이 없다."

앤드류 잭슨

켄터키는 미국 옥수수 벨트의 일부로 토양 자체에 영양분이 풍부하고 강우량이 잘 분포되어 있으며 독특한 지형 덕에 옥수수가 특히 잘 자란다. 이 지역에 원래 거주하던 사람은 체로키 Cherokee와 피쿠아 쇼니Piqua Shawnee를 포함한 아메리카 원주민 부족으로, 옥수수를 작물로 숭배하는 숙련된 농부이자 경작자였다. 이들은 초록 옥수수 축제(Green Corn Ceremony, 옥수수의 첫 수확을 앞두고 열던 아메리카 원주민 부족의 축제 - 옮긴이)를 통해 풍성한 수확을 기원하고 옥수수를 기념하는 행사를 열었다.

켄터키에 정착한 유럽 출신 농부는 결국 옥수수를 식사뿐만 아니라 증류주의 재료로도 사용하게 되었다. 농부들이 켄터키에 처음 정착했을 때는 추후 버번 위스키로 사용될 재료들에 대한 규정이 따로 없었다. 당시 이 지역에서 저렴하고 풍성하게 판매하던 작물이 옥수수였기 때문에 잔뜩 심은 다음 수확 후에 남은 것은 비수기에도 판매해서 돈을 벌 수 있도록 증류하여 술로 만드는 것이 합리적인 선택이었다.

하지만 그런 관행이 전적으로 필요에 의해서만 개발된 것은 아니다. 밀과 보리, 사과, 당근 등 기본적으로 무엇이든 증류기에서 발효할 수 있는 것은 일단 위스키로 만들었다는 점을 기억하자. 옥수수는 전분 함량이 높기 때문에 익히고 나면 당 함량이 높은 매시로 변한다. 매시의 당분이 높을수록 발효 과정에서 알코올이 더 많이 생성된다. 그리고 옥수수는 미국 위스키에 주로 사용되는 밀과 보리, 호밀의 거친 맛을 다독이는 달콤하고 부드러운 풍미를 구현한다. 오늘날에도 위스키 초보자는 호밀 위스키나 캐나다산 위스키보다 버번 위스키를 선호한다. 지금도 버번 위스키는 1800년대에 그랬던 것처럼 매력적인 술이다.

역사가 마이클 비치에 따르면 올드 오스카 페퍼 증류소에서 옥수수를 많이 사용한 위스키 매시 빌을 제일 먼저 완벽하게 조율한 최초의 증류사 중 한 명이 바로 제임스 C. 크로James C. Crow다. 그의 레시피는 수많은 사람들이 모방할 정도로 성공적이었고 그 덕분에 켄터키의 옥수수 기반 위스키가 인기를 끌기 시작했다. 1909년 윌리엄 태프트 대통령은 버번 위스키의 매시 빌은 반드시 옥수수가 주를 이루어야 한다고 규정하는 '태프트 판결Taft Decision'을 내렸고 1935년에는 미국 연방 규정집의 일부인 '증류주 정체성 표준Standards of Identity for Distilled Spirits'에서 버번 위스키의 매시 빌은 옥수수가 51% 이상을 차지해야 한다고 규정했다.

현재 켄터키 주에서는 버번 산업을 위해 약 2천만 부셸의 옥수수를 분쇄하고 발효하고 증류하는 것으로 추정되고 있다. 이는 가축 사료나 에탄올 연료, 그리고 당연히 식탁에 오르는 식재료용을 포함해 켄터키 주의 다른 어떤 산업보다도 버번 위스키에 많은 옥수수가 사용되고 있다는 뜻이기도 하다.

# BEYOND CORN: WHEAT, RYE, BARLEY, AND MALT

## 옥수수 외의 곡물: 밀, 호밀, 보리, 맥아

미국 위스키 역사를 통틀어 위스키 제조에 사용된 주된 곡물은 옥수수와 밀, 호밀, 보리 이렇게 네 가지다. 버번 위스키의 경우 법적으로 최소 51%가 옥수수여야 한다는 점은 이미 알고 있는 바지만, 그렇다면 매시 빌의 나머지 비율에는 무엇이 들어갈까? 만일 여러분이 100% 옥수수 위스키를 맛본 적이 있다면 매시 빌의 대부분이 옥수수라 한들 꼭 더 맛있고 끝까지 질리지 않게 마실 수 있는 것만은 아니라는 점을 알고 있을 것이다. 버번 위스키에는 옥수수가 가진 달콤한 맛과 균형을 잡아줄 스파이시함과 구조, 쓴맛이 필요하다. 각 곡물은 버번에 각자의 역할을 더하고, 소비자는 자신이 가장 좋아하는 맛을 선택한다. 다음은 버번 위스키에 옥수수와 함께 사용되는 곡물에 대한 기본적인 정보다.

### 밀

버번이 부드럽다는 표현을 들어본 적이 있다면? 그건 아마 밀이 많이 들어갔기 때문일 것이다. 대부분의 버번 매시 빌에는 이미 밀이 약간 들어가 있지만 그 비율을 높이면 버번에 특유의 풍미가 가미된다. 꿀과 바닐라, 말린 베리, 향신료, 그리그 토피 풍미 등이 가득한 밀 위스키는 대체로 부드럽고 매끄러우며 그윽한 느낌이다.

### 호밀

밀이 부드러움의 대명사라면 호밀은 버번에 향신료의 풍미를 더한다. 호밀이 주를 이루는 버번 위스키와 일반 위스키에서는 정말 사랑스러운 후추 향과 담배 향, 구운 견과류 향이 느껴지는 경향이 있다. 사실 호밀은 매우 인기가 좋은 풍미이기 때문에 많은 버번 증류소에서는 100% 호밀 위스키를 만들려는 시도를 활발하게 하고 있다. 호밀 위스키는 버번 위스키가 아니지만 버번 위스키 애호가 중에는 옥수수 재배가 시작되기 전의 미국에서 널리 쓰였던 호밀 위스키의 짜릿한 향신료 풍미를 즐기는 사람이 많다.

## 보리와 맥아

보리, 특히 맥아 보리는 버번에 흙 향기를 더한다. 기술적으로는 곡물이기 때문에 '곡물'의 특징인 밀 향이 느껴질 수 있고 황설탕과 훈연, 초콜릿 풍미도 존재할 수 있다. 보리는 버번 위스키 레시피에는 전통적으로 많이 쓰이는 편이 아니었지만 시대가 변하면서 소비자의 취향도 변화했다. 덕분에 지금은 보리 함량이 높은 매시 빌로 버번을 만드는 실험적인 사례가 늘어나고 있다. 맥아 보리는 보리가 효소를 생산하도록 해서 훨씬 더 발효에 적합한 상태가 되도록 만든 것이다. 또한 위스키 애호가에게 인기 있는 것으로 입증된 고소한 견과류 풍미를 버번 위스키에 더하는 역할을 한다.

수십 년간 매시 빌은 이 세 가지 곡물에 옥수수를 조합한 형태로 구성되어 왔고, 버번 위스키의 매시 빌은 51% 이상이 옥수수여야 한다. 하지만 2019년에 주류담배세금무역국이 위스키 매시 빌에 첨가할 수 있는 곡물의 종류를 추가로 허용한다는 결정을 내렸다. 여기에는 '곡물과 아마란스, 메밀, 퀴노아와 같은 유사 곡물의 씨앗'이 포함된다.

이러한 규칙이 생기면서 위스키 증류소에 새로운 혁신의 세계가 열렸다. 예를 들어 테네시 주 내슈빌에 자리한 커세어Corsair 증류소는 퀴노아와 맥아 보리를 사용한 퀴노아 위스키를 출시했다. 일리노이 주 시카고의 코발KOVAL은 싱글 배럴 귀리 위스키를 선보였다. 그리고 버팔로 트레이스는 많은 사람들이 손에 넣으려고 애쓰는 콜로넬 E. H. 테일로Colonel E. H. Taylor '아마란스 그레인 오브 더 갓Amaranth Grain of the Gods' 스트레이트 켄터키 버번 위스키를 세상에 공개했다.

# BOULEVARDIER

## 불바디에

불바디에는 버번계에서 가장 고전적인 칵테일이고, 가장 고전적인 바텐더를 꼽는다면 단테 위트 주니어Dante Wheat Jr.가 될 것이다. 그는 정확하면서도 예술성이 넘치는 칵테일을 만들어 내는 바텐더다.

[분량 1잔]

위티드 위스키 35g  
(34쪽 참조)  
스위트 베르무트 21g  
(카르파노 안티카 포뮬러 추천)  
캄파리 21g  
오렌지 껍질 1개

믹싱 글라스에 위티드 버번과 스위트 베르무트, 캄파리를 넣고 잘 섞는다. 얼음을 추가하고 글라스가 차가워질 때까지 젓는다. 체에 걸러서 큼직한 사각형 얼음을 넣은 더블 올드패션드 글라스에 담는다. 오렌지 껍질을 글라스 위에서 비틀어 향을 낸 다음 올려서 장식한다.

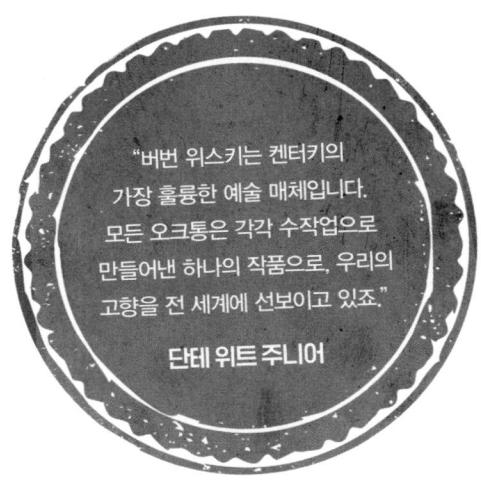

"버번 위스키는 켄터키의 가장 훌륭한 예술 매체입니다. 모든 오크통은 각각 수작업으로 만들어낸 하나의 작품으로, 우리의 고향을 전 세계에 선보이고 있죠."

**단테 위트 주니어**

# THE NAMES BEHIND THE LABELS

## 라벨 뒤에 숨은 이들

주류 판매점에서 버번 위스키 코너를 지나다 보면 다른 어떤 술보다도 특히 버번 브랜드에서 역사적 인물의 이름을 따오는 경우가 많음을 알 수 있다. 이 사람들은 누구일까? 대체 버번 위스키와는 어떤 관련이 있을까? 이들을 살펴보면 버번 위스키와 켄터키의 역사에 대해 많은 것을 알 수 있다. 이 유명한 이름들은 버번 위스키 산업의 창시자로, 이들 인생의 수많은 사소한 부분들은 역사 속으로 사라졌어도 그 정신만큼은 그들의 유산이 담긴 병 속에서 아직 살아 숨 쉬고 있다.

### 앨버트 B. 블랜튼

앨버트 B. 블랜튼 대령은 1897년 버팔로 트레이스가 아직 조지 T. 스태그 증류소였을 때 합류했다. 이후 1921년에 증류소 대표로 승진했고 금주법 기간 동안 '의료용 위스키' 인가를 취득해 사업을 유지하는 데에 기여했다. 그는 대공황과 제2차 세계대전이라는 거친 파도를 헤치며 증류소라는 배를 모는 선장이 되었고, 역경 속에서도 창의성과 독창성을 발휘한 그의 모습은 많은 현대의 증류사에게도 영감을 주었다. 그러니 버팔로 트레이스의 프리미엄 싱글 배럴 버번 위스키에 그의 이름이 붙은 것도 놀랄 일이 아니다.

### 엘머 T. 리

엘머 T. 리는 앨버트 B. 블랜튼이 대표로 있던 시절에 버팔로 트레이스에서 근무했지만 처음부터 과정이 그리 녹록하진 않았다. 그가 처음 증류소에 지원했을 때 블랜튼이 직접 지금은 채용 계획이 없다고 전할 정도였으니까. 하지만 리는 제2차 세계 대전 참전 용사였고 공학 학위를 가지고 있었기 때문에 결국 유지보수 기술자 자리를 얻어낼 수 있었다. 그리고 공장 기술자와 공장 관리자를 포함한 다양한 직책을 거쳐서 마침내 증류소의 초대 수석 증류사가 될 수 있었다. 결과적으로 1984년에는 싱글 배럴 버번을 시장에 선보인 최초의 증류사가 되었다.

### E. H. 테일러

에드먼드 헤인즈 테일러 대령은 우리가 알고 있는 버번 위스키의 현대화를 이끈 원동력이었다. 구리 발효 탱크와 연속식 증류기, 현대식 릭하우스를 대중화했으며 1897년 보틀드 인 본드 법(59쪽 참조)의 가장 강력한 지지자 중 한 명으로 주류 산업에서 소비자 보호를 위한 최초의 시도에 함께했다.

### 패피 반 윙클

'고가의 버번 위스키'라고 하면 아마 패피 반 윙클(2013년에는 버팔로 트레이스 증류소에서 10만 달러어치의 위스키를 도난당한 악명 높은 '패피게이트' 사건이 일어나기도 했다)을 떠올리는 사람이 많을 것이다. 바로 그 패피의 주인공인 줄리안 P. 반 윙클 시니어는 위티드 위스키의 개척자로 미국 토종 증류주의 뛰어난 풍미와 질감, 특징을 열정적으로 추구했다.

### 엘리야 크레이그

엘리야 크레이그는 미국 버번 위스키를 발명한 것으로 알려진 침례교 목사다. 그는 1789년에 최초로 내부를 태운 새 오크통에 위스키를 숙성시킨 장본인이다. 우연히 발생한 화재 때문에 오크통이 그을리면서 그 통에 담았던 위스키의 맛에 영향을 미친 것이라고 주장하는 사람도 있다. 그 외에도 원래 설탕을 보관했던 오크통의 내부를 태운 다음 위스키를 넣어서 보관했더니 그을림 덕분에 맛이 아주 좋아져서 영감을 받았을 것이라고 말하는 사람도 있다. 어느 쪽이든 그는 평생 오크통을 태우는 과정을 완벽하게 완성시키는 것에 매진했으며, 지금도 이 과정은 버번 위스키 생산의 필수적인 요소가 되고 있다.

## 네이선 '니어스트' 그린

그린은 잭 다니엘스 증류소에 취업해서 이곳 최초의 수석 증류사이자 미국 역사상 최초의 아프리카계 미국인 수석 증류사가 되었다. 그린은 태어날 때부터 노예였으며 남북 전쟁 이후에 비로소 해방되었다. 그는 자신의 증류 기술을 본인의 이름을 붙인 테네시 위스키 증류소의 설립자인 잭 다니엘에게 전수했다. 그리고 잭 다니엘스 증류소를 소유하고 있는 브라운포맨 사는 2017년 8월에 그린을 잭 다니엘스의 초대 수석 증류사로 공식 인정하고 회사의 웹사이트에 그의 정보를 추가했다.

## 에반 윌리엄스

에반 윌리엄스는 웨일스 출신 이민자로 루이빌 시의원과 이 도시 최초의 항만 관리자를 지냈다. 1783년에 그가 오하이오 강변에 켄터키 최초의 상업용 증류소를 설립한 것으로 알려져 있다. 당시의 기록은 제대로 관리되지 않았기 때문에 이 사실의 진위 여부에 대한 논란은 존재하지만 윌리엄스가 거침없는 리더이자 기업가로 버번 위스키의 부흥에 중요한 역할을 했다는 점에는 의심의 여지가 없다.

## 배질 헤이든

메러디스 배질 헤이든 시니어는 자신의 이름을 딴 버번 위스키가 두 개나 있기로 유명하다. 영국의 부유한 가톨릭 가문의 후손인 배질은 1785년에 메릴랜드에서 온 가족을 이끌고 현재의 켄터키 주 넬슨 카운티로 이주했고, 땅을 기부해서 연방 최초의 가톨릭 교회를 세웠다. 1885년에 그의 손자 레이먼드 B. 헤이든Raymond B. Hayden이 넬슨 카운티에 증류소를 설립하고 할아버지의 이름을 따서 올드 그랜드 대드Old Grand-Dad라는 이름을 붙였다. 올드 그랜드 대드 라벨에는 여전히 배질 헤이든의 초상화가 그려져 있다. 1992년에는 짐 빔Jim Beam이 1780년대에 같은 이름으로 통했던 매시 빌과 비슷한 레시피를 이용한 버번 위스키를 소량 생산한 다음 배질 헤이든스Basil Hayden's라는 이름을 붙여 출시했다.

## J. W. 단트

조셉 워싱턴 단트는 1820년 켄터키 주 로레토의 농장에서 태어났다. 그는 16살이 된 1836년에 자신의 증류소를 연 대장장이였다. 최초로 통나무 증류법을 이용한 사업용 증류소로 이름을 알렸는데, 통나무 증류법이란 속이 빈 나무줄기와 구리 파이프를 이용해 버번 위스키를 만드는 방식이다. 현대의 J. W. 단트 버번 위스키는 비록 통나무 증류법으로 생산하지는 않지만 그 독창적이었던 단트의 정신만큼은 아직까지 생생하게 남아 있다.

## 존 E. 피츠제럴드

존 E. 피츠제럴드의 전설과 가계는 켄터키 최고의 버번 제조업자들을 서로 이어주는 복잡한 하나의 설화와도 같다. 샐리 반 윙클 캠벨Sally Van Winkle Campbell의 『하지만 언제나 훌륭한 버번But Always Fine Bourbon』을 포함한 많은 책에서 그의 이야기를 확인할 수 있다. 기본적으로 존 피츠제럴드는 세계 최고의 버번을 추구하는 비범한 증류사였다. 슈티첼 웰러 증류소는 존 E.를 기리는 브랜드를 생산하여 올드 피츠제럴드Old Fitzgerald라는 이름을 붙였다. 이 브랜드는 이후 줄리안 P.('패피') 반 윙클 시니어에게 넘어가면서 최초의 위대한 위티드 버번 위스키로 자리 잡았다. 슈티첼 웰러는 올드 피츠제럴드 외에도 W. L. 웰러W. L. Weller, 패피 반 윙클, 레벨 옐Rebel Yell 등의 브랜드를 여럿 만들어냈다. 오늘날에는 이들 브랜드가 모두 수많은 손을 거쳐 여러 증류소에서 생산되고 있지만, 하나도 빠짐없이 현대 버번의 위대한 선조 중 한 명인 존 E. 피츠제럴드에 근본을 두고 있다.

## 짐 빔

제임스 뷰어가드 빔 대령은 남북 전쟁 말기인 1864년에 태어났다. 그리고 금주법이 시행되기 전까지 아버지에게서 물려받은 올드 텁 증류소를 운영했다. 금주법이 폐지된 이후에는 머피, 바버 앤 컴퍼니 증류소를 인수해 '제임스 B. 빔 대령Colonel James B. Beam'이라는 라벨을 붙인 위스키를 생산했다. 그리고 1950년대에 그의 아들인 T. 제레미아 빔T. Jeremiah Beam이 아버지를 기리며 짐 빔 브랜드를 출시했다. 이후로 지금까지 세계에서 가장 유명한 버번 라벨로 자리 잡고 있다.

## 셰프

# LAWRENCE WEEKS

#### 로런스 위크스

루이빌과 뉴올리언스는 오하이오 강과 미시시피 강을 통해 버번의 역사적인 인연을 끈끈하게 이어오고 있다. 로런스 위크스의 케이준 크레올 요리를 맛보면 요리에도 이러한 인연이 존재한다는 것을 알게 된다. 로런스는 루이빌에서 자랐지만 미국 남부 전역을 여행하면서 남부 요리계의 내로라하는 최정상 셰프들 아래에서 요리를 배웠다. 지금은 인생의 빛나는 순간을 맞이해 루이빌의 노스 오브 버번 North of Bourbon 에서 그동안 탐구해온 루이지애나 음식을 루이빌이라는 렌즈를 통해 훌륭하게 선보이고 있다.

Q: 버번 위스키를 마실 때 가장 잘 어울리는 음식은 무엇인가요?

A: 저는 보통 이 질문에 대한 대답은 비밀에 부치기 때문에 이건 내부 고발에 속하겠지만요, 제가 제일 좋아하는 조합은 아무것도 섞지 않은 버번 위스키를 그대로 잔에 따른 다음 잘게 썬 브라운슈바이크 소시지(부드러운 질감의 독일 전통 훈제 돼지고기 소시지의 일종 - 옮긴이) 몇 조각과 크래커, 머스터드, 피클 등 좋아하는 음식을 약간씩 곁들이는 것입니다. 버번 위스키의 달콤함과 훈연 향이 이런 스타일의 샤퀴테리와 완벽하게 어우러진다고 생각합니다.

Q: 레스토랑 이름에 '버번'이 들어가 있어요. 메뉴를 만들 때 버번 위스키의 풍미를 얼마나 고려하는 편인가요?

A: 버번 위스키는 레스토랑 콘셉트에 맞춘 칵테일 프로그램과 우리가 제공하는 300종 이상의 버번 위스키 목록을 결정하는 데에 더 많이 고려하는 편입니다. 음식에 재료로 넣기보다는, 제가 생각하기에 버번과 잘 어울리는 음식을 요리하고 있지요.

Q: 버번 위스키로 요리하는 것을 좋아하는 이유가 있다면요?

A: 개인적으로 버번을 요리의 여러 단계에 넣을 수 있다는 점이 마음에 드는데, 넣는 시점에 따라서 각기 다른 풍미를 드러내거든요. 오래 익히면 단맛이 나고, 날것 그대로인 상태로 넣으면 맵싸하면서도 날카로운 맛이 살아나죠.

Q: 켄터키와 뉴올리언스 사이에는 확실하게 버번 위스키로 인한 인연이 있어요. 음식에도 이러한 연관성이 있을까요?

A: 켄터키와 뉴올리언스 사이의 연관성은 강을 따라 이어지는 무역로의 영향을 받으면서 형성되었지요. 그 결과 프랑스와 독일, 아일랜드, 아프리카계 미국인 등 다양한 문화가 혼합된 지역이 생겨났죠. 뉴올리언스에서도 켄터키와 비슷한 음식을 많이 찾아볼 수 있지만 그래도 보존식을 만드는 전통만큼은 예외입니다. 여기 날씨는 피클을 만들어 발효시키는 데에 적합하지 않거든요.

Q: 어린 시절을 루이빌에서 보냈죠. 버번 위스키 문화는 자라면서 자연스럽게 익히게 되었나요? 버번 위스키를 처음 맛본 것은 몇 살 때였나요?

A: 저는 버번 위스키를 중요하게 생각하는 가정 환경에서 자랐습니다. 아버지가 렉싱턴에서 태어난 후 뉴욕에서 거주했기 때문에, 켄터키를 떠나있는 동안에도 버번 위스키의 존재가 곧 고향에 돌아온 듯한 따뜻한 기분을 느끼게 해주었을 거라 생각해요. 어렸을 때 버번과 콜라의 향을 맡고 바닐라 향과 달달한 냄새가 참 좋다고 여겼던 기억이 납니다. 버번 위스키를 언제 처음 마셔봤는지 밝힐 수는 없어요. 자백하면 불리해질 테니 묵비권을 요청합니다… 하지만 그때 저도 마시긴 했어요.

# THE PROPER WAY TO TASTE BOURBON

**버번을 맛보는 올바른 방법**

"무엇이든 너무 과해서 좋을 것은 없지만, 좋은 위스키는 아무리 많이 마셔도 부족하다."

**마크 트웨인**

간단하게 말하자면 버번을 맛보는 데 딱히 정해진 방법은 없다. 버번 위스키의 향과 맛을 원하는 대로 즐기면서 다른 사람의 의견에 휘둘리지만 않도록 하자. 하지만 제대로 테이스팅하는 법을 익히고 싶다면 훨씬 즐거운 경험을 위해 지키면 좋을 몇 가지 규칙이 존재하기는 한다. 위스키는 와인이 아니기 때문에 와인 테이스팅에 쓰이는 대부분의 방법을 여기에 적용할 수는 없다. 버번 위스키 잔 바로 위에 코를 대고 향을 맡으면 곤란한데, 알코올 때문에 콧구멍이 타는 듯한 느낌을 받을 수 있기 때문이다. 기억하자, 버번 위스키는 80~100프루프 이상으로 알코올 도수가 높을 수 있으며 그 증기를 냉큼 들이마시면 숨이 턱 막힐 수 있다. 나는 잔을 가볍게 돌리듯이 흔들면서 잔 가장자리에서 15~20cm 이상 떨어진 곳에서 향을 맡곤 한다. 코끝에서 향이 감돌도록 하는 것이 중요하다.

    버번 위스키의 향을 맡는 또 다른 좋은 방법은 글랜캐런 글라스(52쪽 참조) 같은 유리잔에 버번 위스키를 소량 붓는 것이다. 그리고 잔을 여러 번 둥글게 돌린 다음 버번 위스키를 다시 따라낸다. 이제 잔에 코를 가까이 가져간 다음 다른 손으로 유리잔과 얼굴을 함께 감싸 쥔다. 그런 다음 숨을 깊게 들이마시면 버번 위스키가 글라스에 남긴 잔향을 제대로 음미할 수 있

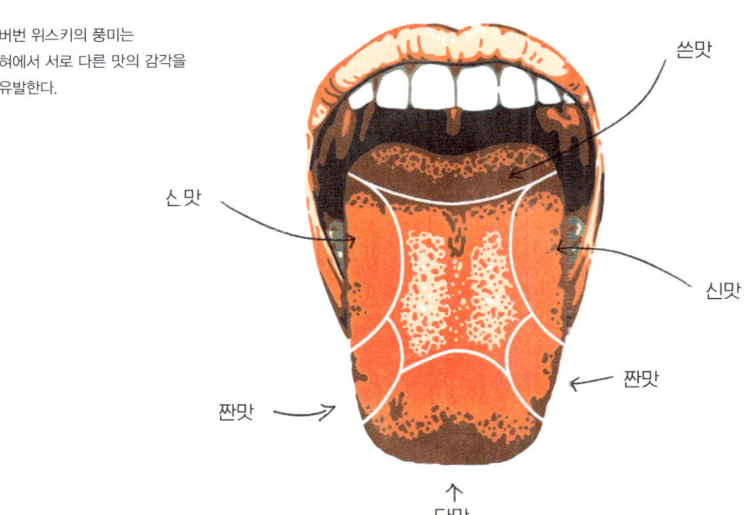

버번 위스키의 풍미는 혀에서 서로 다른 맛의 감각을 유발한다.

쓴맛
쓴맛
신맛
짠맛
짠맛
단맛

다. 눈을 감고 그 향을 구분해보자. 버터스카치, 담배, 어쩌면 시나몬도 살짝, 그리고 이건 아마 말린 무화과 향일지도? 상당히 재미있는 연습 방법이고 여러 번 연습할수록 향을 더 잘 구분할 수 있게 된다.

　이제 맛을 보자. 작게 한 모금을 입에 넣고 입안에서 굴린 다음 삼킨다. 이건 주로 내가 입안을 단련시키기 위해서 하는 행동이다. 하루 중 처음으로 버번 위스키를 맛볼 때 보통 첫 모금은 입에 충격만 주기에 떫은맛만 남는다. 정말 중요한 것은 두 번째 모금이다. 입안에서 빙빙 굴렸다가 천천히 삼키고 그냥 숨을 내쉬면서 입맛을 쩝쩝 다셔보자.(이것을 켄터키 츄Kentucky Chew라고 한다.)

　가끔은 입안을 버번 위스키로 여러 번 헹궈야 켄터키 허그Kentucky Hug, 즉 위스키를 마셨을 때 입안에서 느껴지는 감각이 살아나 비로소 버번 위스키의 질감이 와닿는 경우가 있다. 이때는 주로 혀의 옆부분이 기분 좋게 따끔거린다. 또는 혀끝이 버번 위스키의 당분에 반응하는 것을 느낄 수 있다. 떫은맛으로 혀가 마르는 듯한 느낌을 받기도 한다. 머금었다가 삼킨 후에도 오랫동안 가죽 향이 남아 있을 수 있다. 이러한 감각을 기록하고 서로 다른 버번 위스키가 혀에 어떤 느낌으로 다가오는지 경험하면 재미있는 테이스팅 연습이 된다.

　마지막으로 기억해야 할 점은 버번 위스키는 알코올 함량이 높다는 것이다. 대부분의 사람들은 버번 위스키를 몇 잔 이상 마시면 미각을 잃어버리고 취하게 된다. 그러면 이제 펜을 내려놓고 기록은 뒤로 미룬 다음 그저 버번 위스키를 즐기기만 하면 된다.

# WHAT IS MOONSHINE, AND IS IT RELATED TO BOURBON?

문샤인이란 무엇이고 버번과는 어떤 관계일까?

문샤인Moonshine은 밀주라는 뜻으로 남부 전역의 불법 뒷마당 증류소와 차고에서 생산된다. 밀주는 '숙성하지 않은(그리고 전통적으로 과세가 부과되지 않은) 위스키'라고 설명할 수 있다. 규제를 거치지 않는 제품이기 때문에 과일에서 사탕수수, 감자까지 무엇으로든 증류해서 만들 수 있다. 미국 독립전쟁 당시 새롭게 설립된 미국 정부는 전쟁 비용을 충당하기 위해서 증류주에 세금을 부과했고, 그로 인해 지하 위스키 시장이 성장했다. 정부 규제를 피해 유럽을 떠나왔던 아일랜드와 영국의 이민자 위스키 제조업자들은 이 새로운 세금 제도에 반발했고, 일부는 황야 깊은 곳에 증류기를 숨기고 위스키를 생산하기 시작했다.

문샤인은 원래 위스키 세계에서 꾸준하지만 미미한 존재로, 대부분 법망을 피하고자 조직화되지 않은 뒷마당 무법자들로 이루어져 있었다. 하지만 금주법이 등장하고 하룻밤 새 상황이 바뀌었다. 밀주 판매점과 개인 소비자 모두에게 공급하기 위해 문샤인 제조가 폭발적으로 증가한 것이다. 이 밀주들은 비밀리에 만들어진 뒤 현지 경찰을 따돌리기 위해 개조된 차에 실려 대도시의 밀주 판매점으로 운반되었고, 보통 달이 휘영청 뜬 한밤중 조용한 시간에 이동했다. 때로는 생산자들이 이익을 더 많이 내기 위해서 곡물 대신 설탕을 주원료로 사용하는 등 생산 과정을 간소화하기도 했다. 이 기간에 납으로 오염된 자동차 라디에이터를 알코올을 증류하는 콘덴서로 사용한 밀주 제조업자 때문에 납 중독 사례가 발생하기도 했다. 또한 일부 증류소는 부주의하거나 완전히 부도덕하게 나와서 메탄올(목초액이라고도 함)을 첨가한 술을 판매하기도 했는데 이 물질은 섭취량에 따라 시신경 손상을 일으키거나 심하면 사망에 이르게 할 수도 있었다.(달빛moonshine에 실명된다는 말의 어원이 바로 여기서 비롯되었다.)

금주법이 폐지되고 합법적인 위스키를 시장에 쉽게 공급할 수 있게 되자 문샤인의 인기

켄터키 주 캣렛츠버그 법원에서 1928년 단속 당시 압수된 밀주 증류기를 들고 있는 세무사와 보안관 들.

는 급격하게 떨어졌다. 하지만 그럼에도 세금을 내지 않고 상품을 팔고 싶어 하는 문샤인 제조자는 지금까지도 여전히 존재하고 있다. 버번과 달리 문샤인에는 그 안에 무엇이 들어가야 하는지 혹은 어떤 방식으로 생산해야 하는지에 대한 연방 규정이 존재하지 않는다. 따라서 어디서 구입하느냐에 따라 아주 다른 물건을 손에 넣게 된다.

    오늘날 문샤인의 전설은 합법적으로 판매 중인, 다채롭고 상상력 넘치는 제품 속에서 같이 살아 숨 쉬고 있다. 사과파이에서 복숭아 차에 이르기까지 다양한 풍미의 맑은 증류주가 주류 판매점의 진열대에 놓여 있으며, 때로는 '문샤인'을 더 수제 제품처럼 보이게 하려고 메이슨 병(주로 음식 보존용으로 쓰이던 유리로 만드는 항아리 또는 병. – 옮긴이)에 담아 판매하기도 한다. 이런 증류주는 더 이상 밀주가 아니니까 문샤인이라고 부르면 안 된다고 주장하는 사람도 있지만 그래봤자 친구들과 가볍게 말다툼하는 정도의 문제다. 사실 켄터키와 테네시, 그리고 그 너머의 오지에는 여전히 작지만 번성 중인 밀주 문화가 공존 중이다. 찾기는 어려울 수 있지만 좋은 술이라면 구해볼 만한 가치가 있기 마련이다. 한번은 수수 문샤인을 마신 적이 있는데, 나는 지금까지도 이 맛을 제대로 표현하려면 이름을 '선샤인'으로 바꿔야 한다고 주장하고 있다!

**증류소 투어**

# LOUISVILLE
# CITY LIMITS

**루이빌 시 경계**

버번 증류소라고 하면 풍파에 깎여나간 릭하우스가 늘어선 광활한 구릉지대, 농가 속에 있는 테이스팅 룸, 울창한 녹색 숲을 배경으로 뻗은 시골길이 떠오를 것이다. 켄터키 교외에 자리한 대부분의 증류소는 묘사한 모습 그대로이지만, 버번 위스키 투어의 인기가 높아지면서 루이빌 시내 중심부에도 도시형 증류소가 점점 더 많이 생겨나고 있다. 사실 이 투어에 포함된 대부분의 증류소는 루이빌 시내의 동쪽에서 서쪽까지 도보로 이동할 수 있는 거리 내에 있다.

먼저 루이빌의 부처타운 지역에 자리한 **코퍼 앤 킹스**COPPER & KINGS 증류소에서 하루를 시작해보자. 이곳에서 실제로 버번을 증류하지는 않지만 여기서 생산하는 진과 브랜디도 대부분 버번 위스키 오크통에서 숙성해 마무리하기 때문에 버번의 향이 감돈다. 버번 풍미를 가미한 맥주와 진, 시럽, 심지어 간장에 이르기까지 버번 위스키 오크통을 활용하는 온갖 제품을 갖추고 있어 버번 트렌드의 최고봉이라고 할 수 있다(144쪽 참조).

루이빌의 트렌디한 누루 지역을 거닐다 보면 세련된 건축 양식과 최고의 루프탑 바를 갖춘 현대적인 시설인 **래빗 홀 증류소**RABBIT HOLE DISTILLER에서 최첨단 버번을 만날 수 있다. 잘 숙성된 버번 위스키의 향은 언제나 부드럽게 가공된 가죽을 떠올리게 하는 만큼 이 투어에서 반드시 들러야 할 곳 중 하나는 클레이튼 앤 크럼이 될 텐데, 딱히 펼

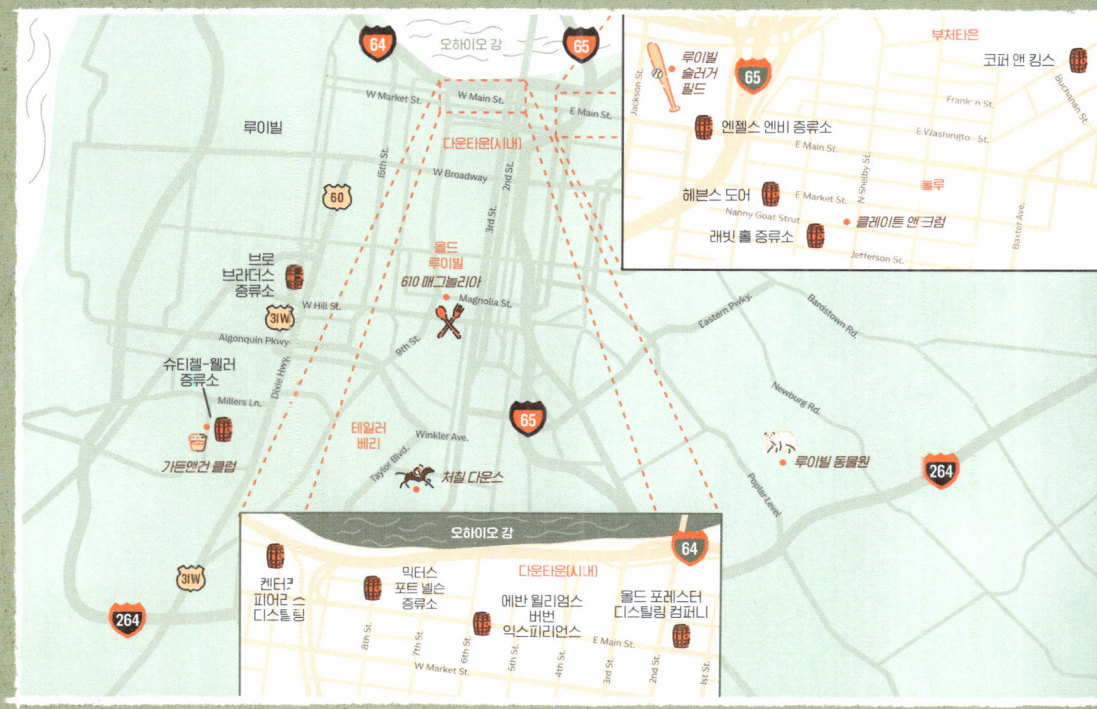

요하지는 않지만 너무나도 갖고 싶은 다양한 가죽 제품을 만드는 곳이다. 그중에서도 귀한 버번을 어디에나 가지고 다닐 수 있도록 가죽으로 감싼 유리병 플라스크가 일품이다. 여기서 조금만 더 걸으면 인근에 새로 생긴 증류주 공장인 헤븐스 도어HEAVEN'S DOOR에 도착하는데, 전설적인 시인 밥 딜런Bob Dylan의 노래에서 이름을 따와 병을 예술 작품으로 승화하는 특징이 있다.

다음 목적지는 버번 위스키를 중고 포트 와인 오크통에서 숙성시키는 기래 지향적 브랜드인 엔젤스 엔비 증류소ANGEL'S ENVY DISTILLERY다. 여기에서는 투어나 칵테일 클래스를 듣거나, 시가를 피우며 슬러거 필드 스타디움에서 마이너 리그 야구팀의 홈런을 구경할 수 있다. 루이빌에서 이보다 더 훌륭한 시간을 보내기란 불가능하다. 여기에서 웨스트 메인 스트리트에 새로 지어진, 버번 위스키 전통을 충실하게 지키는 올드 포레스터 디스틸링 컴퍼니OLD FORESTER DISTILLING CO.에 방문할 수도 있다. 건물은 현대적이고 첨단 기술의 자부심을 자랑하지만 사실 올드 포레스터 디스틸링 컴퍼니는 1870년에 조지 개빈 브라운이 설립한 회사로 역사상 가장 믿음직한 맛을 내는 버번을 생산하고 있다. 루이빌의 술집에서 현지인처럼 술을 주문하고 싶다면 바텐더에게 올 포Ol' Fo와 물을 달라고 하자. 그러면 이 거리에서 신임을 제대로 얻을 수 있을 것이다.

이 시점에 배가 고파온다면 시내에도 훌륭한 식당이 많이 있기는 하지만, 나는 오후에 버번을 마시면 항상 프라이드 치킨이 먹고 싶어지기 때문에 그럴 때는 인디스Indi's보다 더 좋은 곳이 없다. 주유소 옆에 위치해 있고 방탄유리로 둘러싸인 이 식당은 대체로 포장 전문이지만 맛은 항상 일품으로, 삶은 녹색 채소와 수제 핫소스를 함께 주문하는 것을 잊지 말자.

시내 도보 투어를 할 때 필수는 아니나 버번 위스키를 일부 증류하고는 있기 때문에 방문할 만한 가치가 있는 장소가 두 곳 더 있다. 웨스트 메인 스트리트의 향수를 불러일으키는 건물 모퉁이에는 **믹터스 포트 넬슨 증류소 MICHTER'S FORT NELSON DISTILLERY**가 자리하고 있다. 투어와 시음 코스, 루이빌 시내 최고의 증류주 바를 제공한다. 여기서 돌을 던지면 맞을 만한 거리에 있는 **에반 윌리엄스 버번 익스피리언스EVAN WILLIAMS BOURBON EXPERIENCE**는 도심에서 버번 위스키를 체험한다는 경험을 실현시킨 선구자라 할 수 있다. 버번 위스키가 어떻게 시골에서 도심으로 진화해왔는지 알려주는 교육 과정과 같은 투어를 제공한다.

조금 더 서쪽으로 걸어가면 창고 지역 근처의 평범한 건물에 자리한 **켄터키 피어리스 디스틸링KENTUCKY PEERLESS DISTILLING**에 닿는데, 이곳은 관광객으로 붐비는 분위기와는 거리가 멀다. 화려하거나 현대적이거나 심지어 편리하지도 않지만 만드는 속도보다 빠르게 품절되는, 끝내주는 버번과 호밀 위스키를 만드는 곳이다.

그 외에도 걸어서 갈 수 있는 거리는 아니지만 방문할 만한 가치가 있는 곳들이 몇 군데 더 있다. 딕시 고속도로를 타고 조금만 가면 훌륭한 버번 위스키를 생산하는 **브로 브라더스 증류소BROUGH BROTHERS DISTILLERY**가 나온다. 주에서 최초로 흑인이 소유한 버번 위스키 증류소가 된 브로 브라더스는 버번 위스키 세계의 다양성이 가진 밝은 미래를 상징하기도 한다.

이 모든 시음을 마치고 나면 나는 보통 잘 만들어진 칵테일을 마실 준비가 되어 있는 상태가 된다. 쉬벨리에 있는 **슈티첼-웰러 증류소STITZEL-WELLER DISTILLERY**의 가든 앤 건 클럽으로 가서 남부식 간식과 칵테일을 즐겨보자. 슈티첼-웰러는 유서 깊은 역사를 가지고 있으며 투어를 통해 그 모든 것을 확인할 수 있다. 여러 번 소유주가 바뀌었지만 그럼에도 여전히 훌륭한 버번 위스키를 만드는 증류소로, 이 전설적인 장소가 건재한다는 것은 위스키 업계에서도 아주 중요한 일이다.

긴 하루였으니, 이 시점에서 두 가지 선택이 가능하다. 피자를 포장해 와서 먹고 푹 쉬거나 아니면 루이빌의 진정한 미식 체험을 계속 즐기는 것이다. 슈티첼-웰러에서 멀지 않은 곳에 켄터키 최고의 진미만을 모아 담은 메뉴들을 제공하는 **610 매그놀리아610 Magnolia**라는 나의 대표 레스토랑이 있다. 내가 있을 때 온다면 포옹으로 반겨 드리리.

# DISTILLERY CATS

## 증류소 고양이

2014년, 우드포드 리저브에서 가장 사랑받는 직원 중 한 명이 세상을 떠나고 말았다. 그의 이름은 1812년 이곳의 원조 증류사였던 엘리야 페퍼Elijah Pepper에서 따온 엘리야로, 바로 스무 살의 오렌지색 얼룩무늬 고양이였다. 이 전직 길고양이가 증류소 부지에 들어온 것은 1996년으로 그 이후 곧 증류소의 고양이 홍보대사 역할을 맡게 되었다.

그가 죽은 후 켄터키에서 트위터(현 엑스) 해시태그 #엘리야를기억해RememberElijah가 입소문을 타기 시작했다. 엘리야는 단순한 반려동물이 아니었다. 직원과 손님 모두에게 증류소 체험의 중요한 일부가 되어주었던 존재였다. 애도의 물결 속에서 많은 사람들이 댓글로 켄터키 주의 버번 위스키 산업에서 역사적으로 중요한(비록 눈에 띄지는 않지만) 역할을 해온 다른 증류소 고양이들에 대한 이야기를 공유해주었다.

어떤 종류의 농산물을 보관하는 동안에 당연히 해충과 유해한 동물이 생겨나기 마련이다. 증류소 고양이는 쥐의 개체수를 조절하는 데에 도움을 주기 위해 '고용된' 존재로 위스키를 위한 쥐잡이 고양이라고 생각하면 되는데, 스코틀랜드의 증류사는 아직도 이들을 실제로 쥐잡이라고 부른다. 그러나 증류소가 산업화되면서 곡물을 지켜야 하는 역할이 줄어들었고, 지금의 증류소 고양이는 대체로 쥐잡이보다 마스코트의 역할을 수행하게 된 셈이다.

이 범주에 속하는 고양이 중에 유명 인사가 있다면 다음과 같다. 캐슬 앤 키의 벨크로 넥타이 모양 얼룩무늬 고양이 릭 키, 루이빌에 있는 켄터키 피어리스 디스틸링의 라이, 뉴 리프 디스틸링에 자리 잡은 전직 쥐잡이 고양이인 주니푸르와 릭, 인디애나폴리스의 호텔 탱고 증류소에서 노닥거리는 덩치 큰 15kg짜리 고양이 패티 등이다.

# WARM GOAT CHEESE DIP
# WITH BOURBON-SOAKED CHERRIES

### 버번에 절인 체리를 곁들인 따뜻한 염소 치즈 딥

맛있는 딥을 사랑하지 않는 사람이 있을까? 날카로운 맛의 염소 치즈도 표면이 보글보글 끓으면서 살짝 그을릴 때까지 구우면 부드러워진다. 그리고 버번 위스키에 재운 체리를 듬뿍 올리는 것이다. 새콤달콤하면서 훈연 향이 감도는 이 딥은 훌륭한 첫 번째 코스 요리로, 꼭 골드러시(189쪽)를 함께 곁들여달라고 외쳐본다.

[분량 4~6인분]

**딥 재료**
- 염소 치즈 225g
- 사워크림 56g
- 버번 위스키 1과 1/2작은술
- 코셔 소금과 검은 후추 갓 간 것
- 무염 버터 1/2큰술
- 버번 위스키 3/4컵
- 발사믹 식초 1과 1/2작은술
- 설탕 1과 1/2큰술

**체리 버번 절임 재료**
- 말린 체리 1컵
- 생 타임 1/2작은술

서빙용 크래커, 치즈 스트로, 얇게 저민 사과, 래디시, 썰어서 구운 사워도우 빵(선택 사항)

오븐을 180℃로 예열한다. 먼저 딥을 만들자. 중형 볼에 염소 치즈와 사워크림, 버번 위스키를 넣고 소금과 후추로 간한 뒤 골고루 잘 섞는다. 오븐용 얕은 그릇에 넣고 오븐에서 18분간 굽는다. 오븐을 브로일러 모드로 바꾸고 윗면이 살짝 노릇해질 때까지 2분 더 굽는다.

염소 치즈 딥을 굽는 동안 버번에 재운 체리를 만든다. 소형 냄비에 버터를 넣고 중약불에 올려서 거품이 일 때까지 따뜻하게 데운다. 말린 체리를 넣고 천천히 1분간 가열한다. 버번 위스키와 설탕, 식초를 넣고 잘 섞는다. 버번 위스키가 졸아들고 전체적으로 시럽 같은 상태가 될 때까지 약 8분간 익힌다. 타임을 넣고 염소 치즈 딥이 완성되기 전까지 따뜻하게 보관한다.

염소 치즈 딥을 오븐에서 꺼낸 다음 위에 버번에 절인 체리를 붓고 크래커나 치즈 스트로, 얇게 저민 사과와 래디시, 구운 사워도우 빵 등을 곁들여 낸다.

# CORN, AVOCADO, AND PEACH SALAD WITH BOURBON-SESAME VINAIGRETTE

## 버번 참깨 비네그레트를 가미한 옥수수 아보카도 복숭아 샐러드

버번 위스키를 요리에 사용할 때는 풍미를 여러 가지 방향으로 활용할 수 있다. 오래 숙성한 버번 위스키는 그슬린 풍미와 짝지어서 단맛과 진한 풍미를 더욱 두드러지게 할 수 있다. 또는 5년 이하의 버번 위스키에서 일반적으로 느껴지는 더 가벼운 밀짚이나 발효한 옥수수, 식물성 채소의 향 등을 조명할 수도 있다. 이런 풍미는 자연에서 온 단맛이 풍성한 신선한 여름 식재료와 아름다우리만치 잘 어우러진다. 다음은 화사하고 즙이 가득한 여름 샐러드에 어린 버번 위스키 향이 감도는 가볍고 크리미한 드레싱을 가미한 것이다.

[분량 2인분]

- 껍질을 벗긴 옥수수 2대
- 씨를 제거하고 송송 썬 복숭아 2개 분량
- 씨를 제거하고 송송 썬 아보카도 1개 분량
- 삶아서 물기를 제거한 병아리콩 3/4컵
- 잘게 뜯은 생 타이 바질 잎 1/2컵
- 아루굴라 2컵
- 식용유 1과 1/2컵
- 버번 참깨 비네그레트(이어지는 레시피 참조) 1과 1/4컵
- 코셔 소금과 검은 후추 갓 간 것

소형 냄비에 식용유를 넣고 조리용 온도계로 측정해 160℃가 될 때까지 가열한다. 병아리콩을 넣어 노릇노릇하고 바삭바삭해질 때까지 6분간 튀긴다. 그물국자로 건져서 종이 타월을 깐 접시에 얹어 기름기를 제거한다. 소금과 후추로 간한다.

날카로운 칼로 옥수수에서 낱알만 잘라내 대형 볼에 담는다. 복숭아와 아보카도를 넣고 바질과 아루굴라까지 넣은 다음 골고루 버무린다. 비네그레트를 붓고 소금과 후추로 간한 다음 다시 조심스럽게 버무려 샐러드를 만든다.

접시 2개에 샐러드를 나눠 담고 바삭하게 튀긴 병아리콩을 뿌린 다음 여분의 비네그레트를 약간 두른다. 바로 낸다.

# BOURBON-SESAME VINAIGRETTE
## 버번 참깨 비네그레트

타히니의 크리미함이 버번 위스키의 단맛을 두드러지게 만들어 벨벳처럼 부드러운 맛이 특징인 드레싱으로, 버번 위스키를 요리에 어디까지 다채롭게 활용할 수 있는지 몸소 보여주는 레시피다.

[분량 3/4컵]

꿀 1작은술
올리브 오일 2큰술
버번 위스키 1/2컵
타히니 1/4컵
생 레몬 즙 3큰술, 필요 시 여분
코셔 소금과 검은 후추 갓 간 것

소형 냄비에 버번 위스키를 넣고 센 불에 올려서 3큰술로 줄어들 때까지 3~4분간 바글바글 끓인다. 소형 볼에 졸인 버번 위스키를 옮겨 담고 타히니와 레몬 즙, 올리브 오일, 꿀을 넣어 거품기로 잘 휘저어 섞는다. 맛을 보고 소금과 후추, 여분의 레몬 즙으로 간을 맞춘다. 밀폐용기에 옮겨 담아 냉장고에서 3주간 보관할 수 있다. 사용하기 전에 거품기로 다시 한 번 잘 섞어 쓰자.

# CHILLED CORN AND BOURBON SOUP

## 차가운 옥수수 버번 수프

버번 위스키는 말린 옥수수를 발효해서 만든다. 옥수수의 제철은 한여름인데, 끈적한 7월의 저녁을 서늘하게 식혀주는 티에는 차가운 수프만 한 것이 없다. 버번 위스키의 숙성된 풍미 속에서 옥수수 본연의 맛을 찾아내 이들이 얼마나 아름답게 서로 어우러지는지 음미할 수 있는 메뉴다.

[분량 전채 4인분]

| | |
|---|---|
| 껍질을 제거한 옥수수 4대 | 버번 위스키 1컵 |
| 다진 양파 1/4컵 | 버터밀크 1/4컵 |
| 껍질을 벗긴 마늘 1쪽 | 채수 4컵 |
| 무염 버터 2큰술 | 코셔 소금과 갓 간 검은 후추 적당량 |
| 헤비 크림 1/4컵 | 장식용 곱게 송송 썬 실파 1대 분량 |
| 올리브 오일 적당량 | |

가스 버너를 센 불로 켠다. 집게로 옥수수를 잡고 직화로 그슬릴 때까지 2분간 굽는다.(또는 오븐을 260℃로 예열한 뒤 옥수수를 철망에 바로 얹어 8분간 노릇하게 굽는다.) 꺼내서 수 분간 식힌 다음 옥수수에서 낟알만 잘라내 볼에 담고 깎아낸 대는 2개만 남긴다. 낟알은 따로 둔다.

냄비에 채수와 남긴 옥수숫대를 넣는다. 불에 올려서 15분간 뭉근하게 익힌 다음 체에 걸러 옥수수 채수를 만든다. 옥수숫대는 버린다.

다른 냄비에 버터를 넣고 중간 불에 올려서 녹인다. 거품이 일기 시작하면 양파와 마늘을 넣고 숨이 죽을 때까지 3분간 흥는다. 버번 위스키를 넣고 바닥에 붙은 파편을 스패츌러로 잘 긁어낸 다음 버번 위스키가 졸아들 때까지 5분간 뭉근하게 익힌다. 옥수수 낟알을 넣고 5분간 볶은 다음 옥수수 채수를 붓고 20분간 뭉근하게 익힌다.

《 다음 장에 계속 》

버터밀크와 크림을 넣고 5분간 뭉근하게 익힌다. 불에서 내리고 수프를 실온으로 식힌다.

믹서기에 수프를 붓고 강 모드로 갈거나 냄비에 바로 블렌더를 넣어 곱게 간다. 체에 걸러서 덩어리를 제거한다. 소금과 후추로 간한 다음 덮개를 씌우지 않은 채로 냉장고에 넣어서 최소 3시간 이상 차갑게 식힌다.

그릇에 차가운 수프를 담고 올리브 오일, 검은 후추 갓 간 것, 다진 실파를 뿌려서 장식해 낸다.

# WATERMELON, MINT, FETA, AND FRIED PEANUT SALAD

## 수박과 민트, 페타, 튀긴 땅콩 샐러드

루이빌에서는 1년에 한 번 컨터키 더비 기간에 민트 줄렙을 마신다. 나는 칵테일을 그다지 좋아하지 않지만 버번과 민트의 조합은 좋아하는데, 샐러드로 만들기 아주 좋다. 수박을 넣어서 단맛을, 페타 치즈로 짠맛을 가미하고 바삭바삭하게 튀긴 땅콩으로 질감이 살아 있는 고소함을 더해 모든 풍미들의 조화를 이뤄보자. 사이드 메뉴 또는 첫 번째 코스로 내기 좋다.

[분량 사이드 8인분]

깍둑 썬 수박 8컵  
다진 생 민트 1컵  
잘게 부순 페타 치즈 21g  
무염 땅콩 1컵  
참깨 2큰술  
올리브 오일 1큰술  

버번 위스키 1큰술  
간장 2작은술  
생 레몬 즙 1작은술  
버번 소금 1/4작은술(80쪽)  
설탕 1과 1/2작은술  

대형 볼에 수박을 담는다. 민트와 페타 치즈, 참깨, 올리브 오일, 레몬 즙을 넣고 조심스럽게 골고루 버무린다.

소테 팬에 땅콩을 넣고 중간 불에 올려서 약 2분간 가볍게 볶는다. 설탕과 버번 위스키, 간장을 넣고 팬을 세차게 흔들어서 잘 섞는다. 이렇게 하면 수분이 빠르게 날아갈 것이다. 수분이 거의 날아가면 땅콩을 접시에 옮겨 담고 실온으로 식힌다.

개별 접시에 수박 샐러드를 골고루 나눠 담고 땅콩을 얹는다. 버번 소금을 가볍게 뿌린 뒤 바로 낸다.

# BOURBON-CURED SALMON SALAD

버번 절임 연어 샐러드

술은 생선을 아주 효과적으로 절일 수 있는 재료다. 여기서는 버번이 연어의 기름진 맛을 다독이면서 훈제의 풍미를 더하는 역할을 한다. 은은한 맛이기는 하나 사실 버번이 들어갔다고 모든 음식이 팔에 잔뜩 문신을 한 팔씨름 장사가 음식을 눈앞에 쾅 내려놓는 느낌이 되어야 하는 것은 아니다. 버번도 부드럽고 우아하면서 미묘한 풍미를 낼 수 있다. 거의 눈에 띄지 않을 정도의 풍미로 여전히 음식에 큰 역할을 한다.

    이 레시피 또한 다른 수제 생선 절임처럼 완성까지 여러 날이 걸리기 때문에 미리 계획을 세워서 진행하는 것이 좋다.

[분량 4인분]

| 연어 재료 | 샐러드 재료 |
|---|---|
| 껍질을 제거한 연어 필레 450g(설명 참조) | 껍질과 씨를 제거하고 반으로 자른 생 리치 8개 분량 |
| 버번 위스키 2큰술 | 민들레 잎 1단 |
| 코셔 소금 1/2컵 | 얇게 저민 래디시 4개 분량 |
| 설탕 1/4컵 | 잎만 분리한 엔다이브 2개 분량 |
| 커피 가루 1큰술 | 버번 비네그레트 적당량 |
| 검은 후추 갓 간 것 1작은술 | 코셔 소금과 검은 후추 갓 간 것 적당량 |

연어는 구입해서 집에 가져오자마자 포장을 제거한 뒤 종이 타월로 두드려 물기를 제거한다.

중형 볼에 소금과 설탕, 버번 위스키, 커피, 후추를 넣고 골고루 잘 섞는다.

연어와 딱 맞는 크기의 도기 또는 유리 베이킹 그릇을 작업대에 놓는다. 소금 혼합물을 절반만 그릇에 붓는다. 그 위에 연어를 얹는다. 나머지 소금 혼합물을 연어 위에 다시 붓는다. 랩을 생선에 바로 밀착하여 씌운다. 다른 베이킹 그릇이나 작은 접시 여러 개처럼 묵직한 물건을 그 위에 얹는다. 냉장고에 넣어 3일간 보관한다.

《 다음 장에 계속 》

3일 후 절인 연어를 꺼내서 소금 혼합물을 긁어내고 흐르는 찬물에 1분간 헹군다. 깨끗한 접시에 종이 타월을 여러 장 깐다. 연어를 얹고 덮개를 씌우지 않은 채로 냉장고에 넣어 24시간 동안 보관한다. 다음 날 샐러드를 만들기 직전에 절인 연어를 얇게 24장 저민다. 남은 연어는 밀폐용기에 담아 냉장고에서 3일간 보관할 수 있다.

대형 볼에 민들레 잎과 래디시, 엔다이브, 리치를 넣고 잘 섞는다. 비네그레트를 약간 두르고 소금과 후추로 간한다. 접시 4개에 샐러드를 나눠 담는다. 버번 절임 연어를 6장씩 얹고 여분의 비네그레트를 전체적으로 두른다. 바로 낸다.

**NOTE**  가능하면 고르게 절일 수 있도록 연어의 머리 쪽에 가까운 두꺼운 필레를 고른다. 등뼈는 가게에 부탁해서 미리 제거해달라고 하는 것이 좋다.

# BOURBON VINAIGRETTE
## 버번 비네그레트

내가 제일 좋아하는 드레싱이라 집에서 만드는 거의 모든 샐러드에 사용하고 있다. 특유의 위스키 향이 두드러지는 고전적인 비네그레트로 차가운 채소, 날것으로 먹는 채소와 잘 어울린다.

[분량 1컵]

| | |
|---|---|
| 올리브 오일 3/4컵 | 사과 식초 2큰술 |
| 메이플 시럽 1큰술 | 검은 후추 갓 간 것 1/2작은술 |
| 버번 위스키 1/4컵 | 코셔 소금 1/4작은술 |

소형 냄비에 버번 위스키를 넣고 중간 불에 올려서 한소끔 끓인다. 버번 위스키가 2큰술로 줄어들 때까지 3~4분간 바글바글 끓인다. 졸인 버번을 소형 볼에 옮겨 담는다. 올리브 오일과 식초, 메이플 시럽, 후추, 소금을 넣고 거품기로 잘 섞는다. 뚜껑이 있는 용기에 담아 냉장고에서 7일간 보관할 수 있다. 사용하기 직전에 거품기로 다시 한 번 잘 섞는다.

# CORN DOG WITH BOURBON MUSTARD

## 버번 머스터드를 곁들인 핫도그

오랜 역사로 빛나는, 축제 마당에서 사랑받는 고전 메뉴에 버번 위스키를 가미한 머스터드를 곁들였다. 핫도그에 케첩을 발라서 먹는 사람도 있다고는 하지만 내 생각에 그건 이미 완벽한 음식에 구태여 소스를 추가하는 느낌이다.

[분량 4인분]

핫도그용 소시지 4개
달걀 1개(대)
튀김용 옥수수 오일 약 2L
버터밀크 1과 1/4컵
녹인 무염 버터 2큰술
옥수수가루 1컵
밀가루 1컵

설탕 3큰술
베이킹 파우더 1큰술
코셔 소금 1/2작은술
서빙용 버번 머스터드(130p 참조)

필요한 도구
일회용 나무젓가락 2쌍

묵직한 냄비에 옥수수 오일을 두르고 센 불에 올린 뒤 조리용 온도계로 측정해 190℃가 될 때까지 가열한다.

젓가락을 분리해서 소시지 높이의 반 정도 들어가도록 소시지에 하나씩 꽂는다.

대형 볼에 달걀을 깨트려 넣고 버터밀크와 옥수숫가루, 밀가루, 설탕, 녹인 버터, 베이킹 파우더, 소금을 넣고 잘 섞는다. 10분간 휴지해 반죽을 완성한다.

소시지를 반죽에 담갔다가 꺼내서 여분의 반죽을 털어내고 뜨거운 오일에 넣어 반죽이 부풀어 올라 노릇노릇해질 때까지 3~4분간 튀긴다. 핫도그를 꺼내서 종이 타월을 깐 접시에 얹어 기름기를 제거한다.

버번 머스터드를 둘러서 바로 낸다.

# BOURBON MUSTARD
## 버번 머스터드

버번 위스키를 섞어서 풍미를 강화한 허니 머스터드의 일종이다. 옐로우 머스터드의 날카로운 맛을 부드럽게 다듬어주는 아주 간단한 비법이라고 할 수 있다.

[분량 1/4컵]

버번 위스키 1/2컵을 2큰술로 졸인 것(77쪽 참조)  우스터 소스 약간
옐로우 머스터드 1/4컵  검은 후추 갓 간 것 1꼬집
꿀 1작은술

소형 볼에 모든 재료를 넣고 거품기로 잘 섞는다. 바로 내거나 밀폐용기에 넣어 냉장고에서 2주간 보관할 수 있다.

# ROASTED SWEET POTATO
# WITH BOURBON-MISO BUTTER

### 버번 미소 버터를 얹은 군고구마

나는 버번 위스키에 채소를 짝지을 때면 버번 위스키의 단맛에 정면으로 맞설 수 있으면서도 그 녹아내리는 듯한 느낌까지 잡아낼 수 있는 질감과 흙 내음을 지닌 채소를 고르려고 노력한다. 정답은 간단하다. 궁극의 채소, 바로 군고구마다.

[분량 사이드 2인분]

고구마 2개  
로즈메리 2줄기  
버번 미소 버터(다음 장 참조) 1/2컵  
옥수수 오일 1/2컵  

올리브 오일 2작은술  
굵은 소금 1큰술  
레드 페퍼 플레이크 1/4작은술  

오븐을 200℃로 예열한다.

고구마에 올리브 오일을 문질러 바른 다음 소금을 골고루 뿌린다. 알루미늄 포일을 크게 뜯어서 고구마마다 한 장씩 둘러 단단히 감싼다. 시트 팬에 포일에 감싼 고구마를 담고 속이 부드러워질 때까지 오븐에 약 45분간 굽는다. 시트 팬을 오븐에서 꺼낸 다음 5분 정도 기다렸다가 포일을 제거한다.

그동안 소형 냄비에 옥수수 오일을 넣고 센 불에 올려서 조리용 온도계로 측정하면 190℃가 될 때까지 가열한다. 로즈메리 줄기에서 잎을 떼어낸다. 뜨거운 오일에 로즈메리 잎을 넣고 바삭해질 때까지 40초간 튀긴다. 바로 그물국자로 건져서 종이 타월에 얹어 기름기를 제거한다.

접시 또는 도마에 뜨거운 고구마를 얹는다. 날카로운 과도로 세로로 길게 칼집을 넣는다. 양손으로 양쪽을 가볍게 아래로 눌러서 가운데가 벌어져 속살이 보이도록 한다. 버번 미소 버터를 한 덩어리 얹는다. 튀긴 로즈메리와 레드 페퍼 플레이크를 뿌려서 장식한다. 고구마는 아직 뜨겁고, 버터가 다 녹지 않았을 때 바로 낸다.

# BOURBON-MISO BUTTER
## 버번 미소 버터

군고구마에 두르는 용도로 만든 버터지만 구운 리크에서 조개찜에 이르기까지 어디에든 잘 어울린다. 무엇과 함께 먹으면 맛있을지 자유롭게 실험해보자. 버터는 냉장고에서 4주간 보관할 수 있으니 얼마든지 많이 만들어도 좋다.

[분량 1과 1/2컵]

다진 마늘 2쪽 분량  
레몬 제스트 1개 분량  
실온의 부드러운 무염 버터 1컵  
진한 미소 2큰술  

볶은 참기름 1과 1/2작은술  
버번 위스키 6큰술  
황설탕 2큰술  

먼저 소형 냄비에 버번 위스키를 넣고 중간 불에 올려서 양이 절반이 될 때까지 졸인다. 미소와 황설탕, 참기름, 마늘, 레몬 제스트를 넣고 다시 한소끔 끓인다. 소형 볼에 옮겨 담고 살짝 만지면 따뜻한 정도가 될 때까지 한 김 식힌다.

대형 볼에 버터를 넣는다. 따뜻한 상태의 버번 혼합물을 조금씩 넣으면서 거품기로 버터와 함께 잘 섞는다. 모두 골고루 잘 섞이면 뚜껑이 있는 용기에 옮겨 담거나 지름 4cm 크기의 원통형으로 빚어서 랩으로 잘 싼다. 사용하기 전 냉장고에 넣어 최소 1시간 정도 차갑게 식히고, 먹기 직전에는 반드시 미리 꺼내어 실온에서 말랑해진 상태로 되돌려야 한다. 이 버터는 냉장고에서 4주간 보관할 수 있다.

# BOURBON COFFEE-GLAZED HAM STEAK WITH FRIED APPLES

—

### 버번 커피 글레이즈 햄 스테이크와 구운 사과

아침에 버번 위스키를 마시는 건 좋지 않은 선택일 수 있지만, 만약 햄에 버번 커피 글레이즈를 바른다면 아침에도 저녁에도 마음껏 먹을 수 있다. 잠들어 있던 입맛을 깨우는 아침 식사다. 달걀 프라이를 곁들이면 완벽한 식사가 된다.

[분량 2인분]

햄 스테이크* 340g
껍질과 심을 제거하고 웨지로 8등분한 사과 1개 분량
돼지 지방 또는 무염 버터 3작은술
달걀 2개(대)
꿀 2큰술

버번 위스키 1큰술
드립 커피 2작은술
사과 식초 1작은술
코셔 소금과 검은 후추 갓 간 것 적당량

대형 무쇠팬에 돼지 지방 1과 1/2작은술을 넣고 중강불에 올린다. 햄 스테이크와 사과를 올리고 살짝 노릇해질 때까지 5분간 익힌다. 사과를 먼저 꺼내서 접시에 옮겨 담고 햄은 그대로 팬에 둔다.

그동안 소형 볼에 꿀과 버번 위스키, 커피, 식초를 넣고 잘 섞어 커피 글레이즈를 만든다. 햄 팬에 커피 글레이즈를 붓는다. 3~4분간 글레이즈를 졸인다. 햄 스테이크를 뒤집어서 글레이즈가 골고루 입혀질 때까지 2분 더 익힌다.

다른 소형 팬에 나머지 돼지 지방 1과 1/2작은술을 넣고 불에 올려 녹인다. 달걀을 깨트려 팬에 넣고 약 2분간 서니 사이드업으로 프라이한다. 소금과 후추로 간한다.

햄을 반으로 잘라 접시 2개에 나누어 담는다. 달걀 프라이를 하나씩 얹는다. 팬에 남은 커피 글레이즈를 떠서 두른다. 소금과 후추로 간한 뒤 바로 낸다.

* 돼지 다리로 만든 햄을 스테이크처럼 넓고 두껍게 썰어낸 것. 여기에선 가운데 뼈가 들어 있는 본-인bone-in 햄을 사용했다.-옮긴이

# OAK AND SPICE

## 오크와 향신료

버번 위스키에는 오크통에서 얼마만큼의 기간 동안 숙성했는지를 알려주는 숙성 연도가 표시되어 있다. 그 기간은 4년 정도로 짧을 수도 있고, 20년까지 길 수도 있다. 버번 위스키 한 모금을 마시기 위해 그만큼 긴 기간을 기다려야 하는 것이다. 하지만 버번 위스키를 숙성시키는 오크통을 만들 때 사용하는 화이트 오크 나무의 나이는 그보다 훨씬 더 많다.

오크 나무는 빨리 자라지 않는다. 그늘에서도 잘 버틴다. 꾸준한 속도로 하늘을 향해 곧고 강하게 뻗어 올라간다. 50년 만에 다 자라서 잘라낼 수 있는 나무도 있지만, 완전히 성숙하기까지 70~80년이 걸리는 나무도 있다. 거의 사람의 일생과 맞먹는 시간이다. 버번 위스키 한 잔을 코 아래로 가져와 가볍게 돌리면서 오크통이 술에 불어넣은 바닐라와 향신료의 향을 맡는 것은 수십 년을 거친 햇빛과 흙, 비와 인내의 향을 느끼는 것과 같다.

켄터키 주의 그레이블 스위치에는 테일러 가족이 소유한 오크 나무 농장이 있다. 어느 날 스콧 테일러가 나를 ATV에 태우고 농장 안을 구석구석까지 안내했다. 스콧은 1700년대 후반부터 이 혹독한 대지를 가꿔온 클리프턴과 바바라 테일러 부부의 아들이다. 그리고 켄터키의 벌목꾼 장인이자 막 태어난 듯 조슈 테일러의 아버지이기도 하다. 이 업계는 인내심을 요구하기 때문에 테일러 가족에게는 세대가 이어지는 것이 아주 중요하다. 우리 레스토랑에서는 매일 밤 음식을 만들어낸다. 즉각적인 만족을 추구한다. 그리고 나와 함께 일하는 농부들은 수개월이라는 시간의 틀 안에서 세상을 본다. 버번 위스키를 만드는 사람은 십여 년이라는 시간의 틀 안에서 생각한다. 하지만 오크 나무를 키우고 판매하는 가문은 세대를 고려한다.

ATV가 진흙탕 언덕을 오르내리고 개울 근처를 지날 때면 양손으로 손잡이를 단단히 잡아야 했다. 나뭇가지가 순식간에 내 얼굴을 철썩 때리고 지나갔다. 스콧은 칠면조 진드기와 주먹만 한 크기의 거미를 주의하라고 말했다. 절대 전통적인 의미의 농장이 아니었다. 나무가 일렬로 나란히 줄지어 심어진 땅은 존재하지 않았다. 야생 그 자체의 서식지였다. 자세히 보니 포플러 나무와 호두 나무, 레드 오크 나무도 자라고 있었다. 이곳에서 사슴과 거북이, 노래하는 새들이 함께 살아간다. 일반인의 눈에는 그저 야생 숲으로 보일 뿐이다. 하지만 실은 매우 섬세한 관리하에 자라는 중인데 크리스 윌은 이를 재생 농법이라고 부른다.

크리스 윌은 산림 관리인 컨설턴트다. 화이트 오크 나무 숲을 책임감 있게 재생하는 방법을 임업인에게 가르치는 일을 하는 1인 기업이다. 그는 목재 산업과 제재소, 그리고 대학에서 일했다. 그리고 지금은 테일러 가족과 수년간 함께 일하면서 나무 농장 컨설팅을 하고 있다. 그들이 작업하는 과정에 대한 설명을 들으면 참으로 단순해 보이지만 동시에 그 안에 수많은 것들이 들어 있다는 게 실감이 난다. "우리는 화이트 오크 나무를 잘 관리해서 한 나무를 대체할 다른 나무가 제대로 자라고 있다는 사실을 확인했을 때만 나무를 벱니다. 야생을 관리하고 있죠." 크리스가 말했다.

나무는 빛을 두고 경쟁한다. 이들에게 숲은 생존을 위한 잔인한 경쟁의 장이다. 예를 들어서 참꽃단풍 나무Red maple는 그늘에서도 잘 견디기 때문에 나뭇가지 아래에서도 잘 자란다. 하지만 어린 화이트 오크 나무는 그렇지 않다. 스콧의 작업은 대부분 이 나무 그늘을 관리하는 것으로 이루어져 있다. 빽빽한 단풍 나무 그늘은 어린 화이트 오크 나무 묘목의 생존 가능성을 낮출 수 있다. 어두운 나무 그늘 아래는 한낮이라 하더라도 짙은 상층의 나뭇잎 사이로 조금의 햇빛도 통과하지 못한다. 덕분에 대지는 축축하다. 시냇물 주변에서는 백악기의 연체 동물과 수생생물의 화석을 찾아볼 수 있다. 공기는 시원하면서 동시에 습하다. 스콧은 야생에 대한 이야기를 많이 하는데, 나무 농장을 하는 사람치고는 묘한 일이다. 그가 올빼미가 새끼를 돌보기 위해 둥지를 튼 아까시 나무를 가리켰다. 또한 그는 밤에 숲을 돌아다니는 늑대 무리가 지나간 흔적 역시 찾아냈다. 스콧에게는 이 숲이 야생 동식물에게 안전한 안식처가 되는 것이 매우 중요한 일이다. 나는 곧 테일러 가족의 이 생계 수단이 엄밀히 말해 상업적인 수단이지만은 않다는 사실을 깨달았다. 그들은 이 땅을 진심으로 돌보고 있다. 여러 세대 전에는 삼림 지역에서 생활하는 것이 쉽지 않았다. 병원도 학교도 없었다. 모든 나무 주변에 위험이 도사리고 있었다. 당시 인간의 평균 수명은 35세 정도였다. 오늘도 스콧은 무거운 나뭇가지가 떨어지면 맞아서 즉사할 수도 있다고 나에게 경고했다.

내가 화이트 오크 숲에서 본 장면은 다소 비현실적이었다. 거대한 나무줄기가 하늘로 곧게 뻗어 있었다. 1에이커당 40~60그루의 나무가 8m 간격으로 심겨 햇빛에 반짝반짝 빛났다. 토양은 바싹 말라 건조했고, 남향이라 햇빛도 충분히 들었다. 스콧은 좋은 오크 나무에 대해 설명했다. 키가 크고 곧으면서 가지와 옹이가 없어야 한다. 그의 목표는 나무 전체 부피의 30~40% 크기의 수관을 가지도록 이들을 키우는 것이다. 이상적인 지름은 43cm에서 70cm다. 버번 위스키 통은 가지가 많지 않은 나무 아랫부분으로만 만들고 남은 건 목재로 판매한다. 나는 버번 위스키 산업과 목재 산업 중에서 어느 쪽이 더 수익이 좋은지 물었다.

"목재 가격이 워낙 비싸서 이 나무들을 다 팔면 큰돈을 벌 수 있겠지만, 우리는 그런 걸 원하지 않아요." 스콧이 말했다. 남북 전쟁 이후에 바로 그런 일이 일어났다가 토양을 망치고 말았기 때문이다. "대부분의 재생은 뿌리에서 이루어지기 때문에 나무를 베기 전 뿌리에서 움이 틀 때까지 충분히 기다려야 합니다. 그리고 오크 나무는 스무 해가 족히 지나기 전까지는 싹을 틔우지 않아요." 그는 나무 꼭대기 부분을 가리켰다. "저 수관 형태를 보세요. 빈틈과 구멍이 있어서 빛이 여과되며 묘목이 튼튼한 뿌리를 내리기에 적합한 환경을 만들고 있죠."

버번 위스키가 직면하기 시작한 문제 중 하나는 앞으로 오크통을 어떻게 충분히 공급할 수 있는가이다. 버번 위스키의 인기가 높아지면서 오크통 수요가 급증했는데, 이는 곧 화이트 오크 나무 수요의 증가다. 법적으로 내부를 태운 오크통은 오직 단 한 번만 버번 위스키 생산에 사용할 수 있다. 하지만 나무는 버번 위스키의 소비가 증가한 것 따위에 신경 쓰지 않는다. 나무가 충분히 성장하려면 시간이 걸린다. 화이트 오크 이니셔티브 등의 단체가 출범하는 등 가장 똑똑한 사람들이 모여서 이 문제에 대한 인식을 높이고 해결책을 찾기 위해 노력하고 있지만 아직 명확한 답은 없다.

문제는 버번 오크통에 쓸 수 있는 건 오직 특정 화이트 오크 품종뿐이라는 사실이다. 이들은 화이트 오크 나무가 자라기에 적합한 기후인 오자크 산맥에서 애팔래치아 산맥, 일리노이 주와 테네시 주에 이르는 중서부 지역에서만 자란다. 너무 북쪽에서 자란 나무의 목재는 쉽게 부서지고, 너무 남쪽에서 자란 나무는 다공성이 과하다. 쿠퍼리지에서는 자작 나무나 히코리 나무, 포플러 나무 등 다른 나무로도 오크통을 만드는 실험을 해보았지만 성공적이지 않았다. 화이트 오크 나무는 밀도와 견고함, 풍미 면에서 완벽한 삼위일체를 이룬다. 오크 나무 목재는 타일로시스tyloses라고 알려진 세포 구조가 방수 기능을 하기에 오크통에서 액체가 새어나오지 않는다. 로마인은 이 사실을 이미 알고 있어서 오크 나무를 이용해 배를 건설했다.

테일러 부부는 숲의 개간지에 화이트 오크 나무를 위한 새로운 서식지를 마련할 계획을 세우고 있다. 개간지에서 자라는 묘목은 키가 모두 내 무릎에 채 미치지 못했다. 크리스 윌은 우리가 아직 상상할 수 없는 것에 열정을 쏟고 있었다. "우리는 위기가 닥칠 때까지 기다릴 수 없어요. 숲이 충분히 재생되지 않고 있어요. 이 나무들은 균사체와 토양 발달, 그리고 많은 영양분을 필요로 합니다. 이 지역에 적응한 상태죠. 이곳은 기후가 좋고 강수량도 적당하며 토양은 지질학적으로 잘 발달해 있어요. 사계절이 매우 중요합니다. 이곳의 미생물 시스템은 조화를 잘 이루고 있고요."

나는 키가 겨우 3피트밖에 되지 않는 오크 나무 묘목과 조우했다. 너무나 연약하고 사방에 노출되어 있어서 맨손으로도 쑥 뽑아낼 수 있는 싹이나 다름없었다. 농부의 도움 없이 이 묘목이 성숙한 오크 나무가 될 가능성은 매우 낮다. 나는 이 숲이 생존을 위한 경쟁의 장이라는 것을 이해했다. 스콧 테일러는 몸을 숙여 묘목을 쓰다듬으며 말했다. "우리 손녀가 이 나무를 베게 되겠죠."

# THE FLAVORS IN WHITE OAK

화이트 오크의 풍미

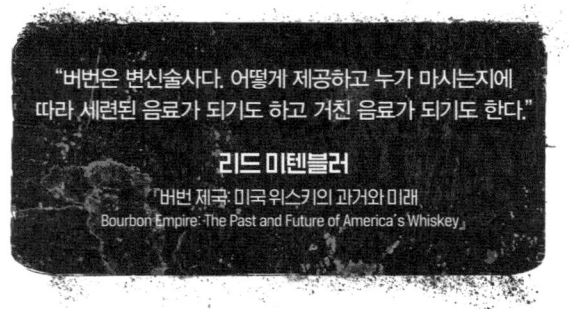

"버번은 변신술사다. 어떻게 제공하고 누가 마시는지에 따라 세련된 음료가 되기도 하고 거친 음료가 되기도 한다."

**리드 미텐블러**

『버번 제국: 미국 위스키의 과거와 미래』
Bourbon Empire: The Past and Future of America's Whiskey

까맣게 태운 화이트 오크 나무는 버번 위스키에 독특한 풍미를 불어넣는다. 이 나무에는 리그난이라는 화합물이 함유되어 있는데, 이것이 분해되어 바닐린으로 변하면서 버번 위스키만의 도저히 거부할 수 없는 특성을 만들어낸다. 이름에서 알 수 있듯이 바닐린은 바닐라의 풍미와 비슷하지만 목재 자체에서도 캐러멜과 버터스카치, 구운 코코넛 같은 추가적인 풍미가 우러난다. 일부 전문가는 태운 화이트 오크 나무의 맛이 크렘 브륄레와 같다고 주장한다. 시간이 지나면서 유제놀이나 나무의 리그난과 같은 화학 물질 또한 방출되며 풍미에 기여한다. 화이트 오크 나무를 굽거나 태우는 과정에서 셀룰로오스가 캐러멜화되며 생성되는 또 다른 중요한 화학 물질로 푸르푸랄이 있다. 푸르푸랄은 흔히 버터스카치와 캐러멜, 구운 아몬드 등으로 묘사되는 풍미를 만들어낸다. 버번 위스키는 흔히들 생각하는 것과 달리 단맛이 나는 술이 아니다. 버번 위스키에는 당분이 들어 있지 않다. 하지만 버번 위스키가 지니고 있는 바닐라나 캐러멜, 말린 과일과 같은 풍미는 우리가 마시면서 달콤하다고 느끼는 종류의 맛이다. 이 모든 풍미가 화이트 오크에 이미 들어 있기 때문에 버번 위스키 숙성용으로 가장 선호하는 목재가 되는 것이다.

# STRAIGHT BOURBON VS. BLENDED BOURBON

## 스트레이트 버번 vs. 블렌디드 버번

'스트레이트 버번'을 간단히 말하자면 병 속의 버번 위스키가 태운 새 오크통에서 최소 2년간 숙성 기간을 거쳤다는 것을 의미한다. 병에 숙성 기간이 표시되어 있을 수도 있지만 그 숙성 기간은 반드시 병에 들어간 모든 버번 위스키 중에서 가장 숙성 기간이 짧았던 것을 기준으로 삼아야 한다. 스트레이트 버번 위스키에는 법적으로 어떠한 색소나 향료도 첨가할 수 없다. 고급 버번 위스키가 대부분의 시장을 지배하는 지금 같은 시대에는 다소 당연하게 느껴지는 명칭이지만, 버번 위스키를 양조하던 초창기에는 숙성한 버번 위스키의 색과 맛을 흉내내기 위해 첨가물을 많이 넣곤 했기 때문에 이런 규정이 필요했다.

'블렌디드'는 버번 위스키 세계에서 종종 좋지 않은 단어로 간주되곤 했다. 주류담배세금무역국(TTB)에 따르면 법적으로 '블렌디드 버번'은 스트레이트 버번 위스키를 51%만 포함해야 하며 버번이라고 불리기 위한 법적인 요건에 따라 매시 빌의 옥수수 함량 또한 51%여야 한다.

그렇다면 블렌디드 버번의 나머지 49%는 무엇으로 구성되어 있을까? 이 부분은 증류소에 따라 달라진다. 일부 회사는 이것을 허점으로 이용해서 제품의 나머지 49%를 값싼 첨가물이나 인공 색소로 채우지만 대부분의 미국 버번 위스키 증류소는 이 허용량을 활용해 정말로 맛있는 블렌디드 버번 위스키를 완성한다.

이것은 블렌디드 위스키blended whiskey라고 칭하는 범주와 헷갈려서는 안 되는데, 미국에서 생산하는 블렌디드 위스키에는 위스키를 반드시 부피 기준으로 20% 이상 사용해야 한다. 나머지는 곡물 중성 증류주로 채울 수 있다. 이 중에는 현대 증류업 세상에서는 거의 의미가 없는 낡은 구식 법률과 라벨링 시스템을 기반으로 하는 제품도 꽤 있다. 아직까지 스트레이트 버번 위스키만 마시길 고집하는 순수주의자도 있지만 버번 위스키에 대한 수요가 급증하면서 시장에 등장하는 고품질 블렌디드 버번 위스키의 수도 급격하게 증가할 것으로 모두들 예측한다.

# BARRELS AFTER BOURBON

## 버번 양조 이후의 오크통

숙성 과정이 끝나면 오크통에서 버번 위스키를 따라내 병입 공장으로 보낸다. 그러고 나서 오크통은 어떻게 될까? 오크통이 그 역할을 다했으니 수명이 끝났다고 생각할 수도 있겠지만 그건 현실과는 거리가 멀다. 기사용된 오크통도 쓰임새가 있고 다양한 방식으로 활용된다.

오크통의 속은 비어 있는 상태이지만 여러 해 동안의 숙성 기간을 거치고 나면 위스키 일부가 오크 나무판에 스며들어 있을 수밖에 없다. 빈 통에는 미량의 증류주가 남아 있게 되고, 버번 위스키의 숙성 기간이 길면 길수록 나무에 남은 버번 위스키의 풍미는 더 강렬해진다. 그런 덕분에 브라운포맨이 시행하는 오크통 헹굼 과정이 점점 더 널리 활용되고 있는데, 이는 숙성이 끝난 버번 오크통에 물을 반 정도 채운 다음 최소 3주 이상 그대로 두어서 나무 섬유에 스며든 위스키를 추출하는 것이다.

이런 과정이 존재한다는 것은 숙성 후의 버번 위스키 오크통에도 풍미가 많이 남아 있다는 의미다. 그리고 버번의 인기가 높아지면서 버번 오크통에 자신들이 생산하는 제품을 넣어서 '완성'하는 식으로 버번 위스키와 오크의 풍미를 여러 액체에 주입하는 회사도 급격하게 증가했다.

버번 오크통의 가장 역사적이면서 잘 알려진 활용법은 스카치 위스키를 숙성하는 것이다. 스카치 위스키를 숙성하는 데에 사용되는 오크통은 십중팔구 원래 버번 위스키나 테네시 위스키를 숙성했던 것이다. 매년 수천 개의 빈 오크통이 스코틀랜드로 운송되며 스카치 위스키와 버번 위스키 사이에 유기적이고 공생적인 관계를 형성한다. 최근에는 중고 버번 위스키 오크통을 이용해서 맥주를 숙성하는 추세도 확인되고 있다. 주로 어두운 색의 맛이 진한 스타우트나 포터 맥주가 여기 적용된다. 구스 아일랜드의 그렉 홀이 처음 이 방식을 대중화한 이후로 그 기세가 식을 줄을 모르고 있다.

그 외에도 버번 오크통을 활용하는 흥미로운 방법으로 다음과 같은 것이 있다.

- 타바스코Tabasco는 자사의 핫소스 제품에 특유의 오크 향과 감칠맛을 더하기 위해

1900년대 초반부터 위스키 통에 고추 매시를 숙성해왔다. 타바스코 사의 창고에는 언제나 고추 매시를 숙성 중인 위스키 오크통이 7만 개 이상 보관되어 있다.

- 블루그래스Bluegrass 乙장은 켄터키에서 재배한 비GMO 통대두와 경질 적색 겨울 밀, 석회암으로 여과한 샘물을 이용해 소량으로 양조해 만든다. 이때 버번 위스키 오크통을 재사용해서 대두 매시를 발효 숙성시킨다. 그러면 훈연 향과 더불어 단맛에 은은한 탄닌 풍미가 감도는 간장이 완성된다.
- 루이빌의 굿 포크스 커피Good Folks Coffee는 랜드마크 버번 위스키 브랜드인 패피 반 윙클과 제휴해서 과테말라산 싱글 오리진 커피를 패피 반 윙클의 버번 위스키 오크통에서 숙성시켜 패피 앤 컴퍼니 버번 배럴 에이지드 커피를 만들었다.
- 패피 앤 컴퍼니Pappy & Company는 버번 위스키 오크통을 재사용해서 숙성한 핫소스와 메이플 시럽을 생산하고 있다. 둘 다 오크통에서 완성하는 과정에서 생성된 독특한 풍미를 선보인다.
- 버몬트에 기반을 둔 브랜드인 루나목Runamok은 최초로 버번 위스키 오크통에서 숙성

한 메이플 시럽을 출시한 회사 중 하나다. 출시 첫날부터 베스트셀러가 되었다.

- 오크통은 식용 제품을 만드는 것은 물론 미적인 아름다움을 제공하는 데에도 사용된다. 버번 위스키 오크통의 나무판을 이용해 벽과 바, 의자, 쟁반 등 길고 얇은 나무 조각으로 만들어낼 수 있는 모든 인테리어 디자인 요소를 생산하는 사업 또한 활발하게 이루어지고 있다.

중고 버번 위스키 오크통에 대한 수요가 증가하면서 오래 묵은 버번 위스키 오크통의 가격이 여러 해에 걸쳐 크게 상승하고 있다. 그래서 오히려 가장 초기부터 활용되던 최고의 버번 위스키 오크통 장식은 되려 찾아보기 힘들어졌다. 좋아하는 버번 위스키 한 잔을 올려놓을 수 있는 식탁 말이다.

# CLASSIC OLD-FASHIONED

## 클래식 올드 패션드

2022년, 켄터키 주 루이빌에서 칵테일 생태계에 지각 변동을 가져왔던 멋진 인물 마리 잔Marie Zahn이 이 땅에서의 짧고도 강렬했던 생애를 마감했다. 다음은 그녀가 나를 위해 처음으로 만들어줬던 클래식 올드 패션드의 레시피다.

[분량 1잔]

버번 위스키 35g  비터스 6방울
심플 시럽 1큰술  장식용 오렌지 껍질 1개(소)

대형 락 글라스에 큼직한 사각 얼음 하나를 넣는다. 버번과 심플 시럽, 비터스를 넣는다. 오렌지 껍질을 잔 위에서 한 번 비튼 다음 잔에 넣어 즐긴다.

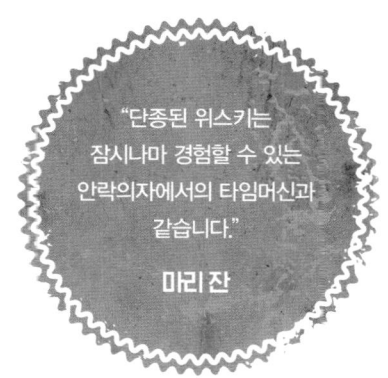

"단종된 위스키는 잠시나마 경험할 수 있는 안락의자에서의 타임머신과 같습니다."

마리 잔

# WOMEN AND WHISKEY

## 여성과 위스키

버번 위스키는 남성적인 술이라는 인식이 있고, 지난 수십 년간의 영화와 광고는 이러한 인식을 강화하는 역할을 했다. 하지만 버번 위스키는 모두를 위한 술이다. 물론 미국에서도 켄터키 이외의 지역에서는 이러한 면모를 아직 따라잡지 못한 것으로 보인다. 『위스키 우먼Whiskey Women』의 저자 프레드 미닉Fred Minnick에 따르면 오늘날 위스키를 마시는 여성은 약 37%로 15%에 불과했던 1990년대에 비해 두 배 이상 늘었다. 또한 미닉은 버번 위스키의 인기가 모든 분야에서 급락했던 시기인 1970년대와 80년대를 위스키를 마시는 여성에겐 '잃어버린 10년'이었다고 설명한다.

맛의 측면에서 봤을 때도 어딘가 훈연 향이 나는 타는 듯한 강렬한 맛은 남성적이고, 꽃 향은 여성적이라는 잘못된 인식이 항상 존재한 덕분에 위스키는 남성이, 와인은 여성이 마시는 술이라는 이미지가 강하다. 나는 이러한 인식이 성차별적일뿐만 아니라 정확하지도 않다고 생각한다. 또한 모든 버번 위스키에서 훈연 향이 난다는 통념도 마찬가지다. 대부분 버번 위스키의 주된 향은 태운 훈연 향과 담배 향이지만 과일과 꽃향기 또한 부차적이어도 확실하게 존재한다. 어느 정도 숙성을 거친 양질의 버번 위스키는 다크 체리에서 무화과까지 다양하게 묘사할 수 있는 과일 가죽(과일을 퓌레로 만들어 건조시켜 판자 모양으로 만든 것 – 옮긴이)의 풍미를 가지고 있다. 많은 버번 위스키에서 은은한 유칼립투스 향과 시나몬, 너트메그, 올스파이스 향을 가볍게 느낄 수 있다. 이 중요한 풍미의 특징은 설탕과 연기 바로 뒤에 숨어 있다. 아주 유혹적이고 미묘하면서도 복합적이다. 이것을 여성적이라고 할 수 없다면 그 어떤 것이 여성적일 수 있을까?

## 증류사

# ELIZABETH McCALL

**엘리자베스 맥콜**

우드포드 리저브의 수석 증류사 엘리자베스 맥콜은 대를 이어 위스키 산업에서 일하고 있다. 루이빌대학교에서 석사 학위를 받았고 2009년부터 브라운포맨 R&D팀에서 일하는 중이다. 어머니의 발자취를 따라 감각 전문가로 시작해 품질 부서에서 일했다. 최근에는 우드포드 리저브 브랜드 혁신과 신제품 개발에 중점을 두고 있다. 또한 버번 위스키 테이스팅을 통해 감각 방법론에 대한 강의를 하고 있다. 맥콜은 특유의 독특한 방식으로 사람들과 소통하는데, 흔히 혼란스럽게 느껴질 수 있는 버번 테이스팅 과정을 쉽게 이해할 수 있도록 안내한다.

Q: 가장 좋아하는 버번 칵테일은 무엇인가요?
A: 제가 가장 좋아하는 버번 칵테일은 쿠프 잔에 따른 맨해튼입니다.

Q: 대학에서 심리학을 공부했다고 들었습니다. 수석 증류사가 되는 데 도움이 되었나요?
A: 저는 학부와 대학원에서 심리학을 공부했지만 실제로 상담가가 되지는 않고 주류 업계에서 일을 시작했습니다. 하지만 매일 수석 증류사의 보조로 일하면서 심리 기술을 활용하고 있어요. 병 안의 분위기 읽기, 소비자 동향, 발표, 감각 등 모든 분야가 심리학을 필요로 합니다. 삶의 모든 부분에 영향을 미치죠.

Q: 버번은 남성적인 술인가요?
A: 버번 위스키는 백인 남성을 대상으로 판매되었기 때문에 오랫동안 '남성적'이라는 인식이 강했고, 대규모로 마케팅 캠페인이 시작되기 전까지는 여성은 바에 들어가거나 독한 술을 마시는 모습을 보이기조차 어려웠죠. 여성스러운 행동이 아니었거든요. 와인 정도가 허용선이었죠. 이후에도 마케팅 그룹은 남성을 대상으로 한 광고에만 집중했습니다. 여성이 버번 위스키를 마시는 것은 사회적으로 받아들여지지 않았고, 마신다면 '멋지게 다듬은' 칵테일이어야 했죠. 오늘날에는 인식의 변화가 시작되고 있지만 개인적으로는 아직도 많은 여성들이 '버번은 너무 도수가 높고 속이 탄다'라고 말하며 와인을 고집하는 모습을 보고 있어요. 하지만 한 가지 확실한 부분은 지금 버번 위스키 카테고리의 성장을 주도하는 대상은 여성이라는 것입니다. 일반적으로 가정 내에서 구매력을 가지고 있는 쪽은 여성이고, 풍미를 지니고 있어 다른 것을 섞을 필요가 없는 증류주에 대한 관심이 전반적으로 증가하고 있습니다.

Q: 버번 위스키 산업에 더 많은 여성이 진출할 수 있도록 길을 닦아야 한다는 책임감을 느끼나요?
A: '수석 증류사'가 어떤 모습이어야 하는지에 대한 이미지를 바꿔야 한다는 책임감은 어느 정도 느끼고 있어요. 버번 위스키 산업 내에서는 여성이 일반적이지 않은, 특이한 존재이기 때문에 우리가 조명을 받고 있죠. 저는 물론 버번 위스키 산업에서 함께 일하고 있는 모든 여성이 그 고정관념을 바꿔서 그런 점에서 더 이상 우리가 주목을 끌지 않게 되기를 바랍니다. 우리 딸이 자란 후에는 여성이 수석 증류사가 되어 주요 브랜드를 이끄는 것이 당연한 일이 되기를 바라고 있어요.

Q: 이 일에서 가장 좋은 점은 무엇입니까?
A: 버번 위스키를 선호하지 않던 사람을 좋아하게 만들었을 때, 그리고 수백만 가지 질문을 던지는 버번 위스키 애호가와 함께 깊은 이야기를 나눌 때 정말로 행복해요. 이러한 상호 작용이 저로 하여금 우리 업계가 이토록 마법처럼 황홀하면서도 흥미진진할 수 있는 원인이 무엇인지를 상기하게 만들죠.

# WHICH CAME FIRST: BOURBON WHISKEY OR BOURBON STREET?

버번 위스키와 버번 스트리트, 어느 것이 먼저 생겼을까?

바가 정말, 정말 많기로 유명한 뉴올리언스의 버번 스트리트는 그 이름을 버번 위스키에서 따왔을 것이라 생각하는 사람이 많지만 그 이론을 뒷받침하기에는 시기가 맞지 않다. 프랑스가 루이지애나를 점령한 것은 1690년대의 일로 1718년에 장 밥티스트 르 모인 드 비앵빌 Jean-Baptiste Le Moyne de Bienville이 뉴올리언스를 설립한 후 왕실 기술자와 건축가 팀이 도시 개발을 시작했다. 이때 그들을 이끈 사람이 도시의 배치를 설계하고 거리 이름 짓기를 담당한 아드리앙 드 포제다.

드 포제는 거리 이름을 지을 때 프랑스 왕족의 다양한 계층을 기리고 싶었지만 프랑스 귀족 사이에서 권력 투쟁이 벌어지고 있다는 사실을 알고 있었기 때문에 거리의 일부는 뒤멘이나 툴루즈 등 프랑스 왕족의 이름을 따고 일부는 성 베드로나 성 안나 등 가톨릭 성인의 이름을 따서 명명했다.

1721년에 이름이 붙은 버번 스트리트는 당시 프랑스의 집권 가문이었던 부르봉 왕가의 이름을 딴 것이다. 오히려 버번 위스키의 버번이 스트리트의 이름에서 따온 것일 가능성이 큰데, 이 거리가 술이 잘 팔리는 번화한 항구를 품고 있기 때문이다.

역사학자 마이클 비치와 척 코더리가 지적했듯이 이 항구는 켄터키와 뉴올리언스 사이의 연결성을 더욱 굳건하게 만들었다. 1820년 무렵에는 미시시피 강을 오르내리는 증기선 여로가 공고하게 정착했다. 이 배들은 목재와 건축 자재, 그리고 당연히 켄터키 위스키가 포함된 물자를 운반했다. 오크통에 담긴 위스키는 배와 선원의 속도에 따라 적게는 6일에서 많게는 25일까지 걸리는 항해를 떠나며 숙성을 거쳤다.

일단 도착한 위스키는 프랑스산 브랜디를 대체하는 저렴한 대용품으로 판매되었는데 이는 위스키와 브랜디가 캐러멜화한 설탕과 바닐라, 오크라는 비슷한 풍미를 공유하고 있는 만큼 사실 당연한 일이다. 사람들은 곧 그 위스키를 판매하는 거리를 칭하며 '그 버번 위스키'를 달라고 요청하기 시작했다.

오늘날의 증류소도 여전히 켄터키와 뉴올리언스 사이의 '정신적인' 교류를 존중한다. 2017년 배턴 루지의 케인 랜드 증류소는 켄터키의 O. Z. 테일러 증류소(현재의 그린 리버 증류소)와 제휴하여 오리지널 미시시피 플로티드 위스키, 즉 OMFW를 만들었다. 당시의 보도 자료에 따르면 '버번 매시 빌'을 따른 이 위스키는 강을 따라 운송되었다. 그리고 14일간의 운반을 거친 후에는 유통하기 전까지 프랑스 코냑 오크통에 담아서 보관했다. 그러니 켄터키와 뉴올리언스 사이의 관계성에 대한 적절한 찬사라고 할 수 있을 것이다.

뉴올리언스의 버번 스트리트는 후에 등장한 버번 우스키가 아니라 부르봉 왕가에서 따온 이름이다.

# BOURBON AND THE MISSISSIPPI RIVER

## 버번과 미시시피 강

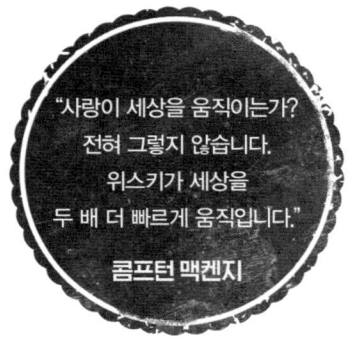

"사랑이 세상을 움직이는가? 전혀 그렇지 않습니다. 위스키가 세상을 두 배 더 빠르게 움직입니다."

콤프턴 맥켄지

버번 위스키와 증기선 무역 산업 사이에는 깊은 상관관계가 있다. 지리적으로 켄터키 주는 매시에 들어가는 석회수가 흐르고 미시시피 강으로 이어지는 미로 같은 무역용 지류와 수로가 흐르는 등 버번 위스키 생산과 유통에 완벽한 입지를 갖추고 있다. 켄터키 주의 농부이자 증류사들은 미시시피 강을 따라 뉴올리언스로 향하는 바지선이나 증기선을 통해 버번 위스키 오크통을 보냈고, 뉴올리언스의 술꾼들은 이를 두 팔 벌려 환영했다.

19세기 중반에서 후반에 걸쳐 켄터키 위스키에 대한 수요가 급증하면서 급성장하던 항구 도시인 루이빌에 증류주 상인과 증류사가 가게를 열기 시작했다. 이런 가게는 주로 오크 스트리트와 텐스 스트리트 사이의 메인 스트리트에 자리하고 있었지만 북쪽의 워터 스트리트와 남쪽의 마켓 스트리트, 그 사이를 연결하는 도로에도 문을 열었다. 이들 지역은 곧 위스키 로우Whiskey Row라고 불리게 되었다.

위스키 로우는 증기선과 거래하는 위스키 상인이 사업을 하던 오하이오 강 근처에 자리했다. 이런 증류소가 루이빌 근처에 있는 일은 거의 없었지만 그래도 잠재 고객을 만나기 위해 항구 근처에 사무실을 하나씩 열었다. 1850년대에는 그런 사업체가 서른 곳이 넘었다. 보

1890년대에 남자들이 증기선에 버번 위스키 오크통을 싣고 있다.

통은 오하이오까지, 때로는 미시시피 강을 따라 지정된 목적지까지 귀한 위스키를 운반했다.

어떤 사람들은 강을 따라 둥둥 떠내려가는 오크통의 그 은은한 움직임과 햇빛에 노출되는 부분들이 안에 들어 있는 증류주의 맛에 긍정적인 영향을 미쳤을 것이라고 주장한다. 버번 위스키의 기원에 대한 한 가지 유명한 이야기에 따르면 원래는 맑은 옥수수 증류주가 오크통에 담겨 미시시피 강을 따라 천천히 흘러가 최종 목적지인 뉴올리언스(아마도 버번 스트리트에서 판매될 예정인)까지 운반되었고, 도착 후 열어보자 여정의 첫 시작에서 보았던 맑은 증류액이 아니라 오늘날의 버번 위스키와 비슷한 잘 숙성된 갈색 증류주가 나타나 모두가 기분 좋게 깜짝 놀랐다는 이야기다.

대부분의 버번 위스키 역사학자들은 이러한 일이 실제로 일어났을 것이라 생각하지 않지만 그래도 버번 위스키의 역사가 미시시피 강과 그 오랜 시간 전, 뉴올리언스로 향하는 증기선에 실려 뜨거운 태양 아래 숙성되고 있던 오크통과 관련이 있다는 점은 부정할 수 없다.

# BEAM
## The World's Finest Bourbon since 1795

### There are 167 years of Beam family history behind the good taste of Beam

In 1795 Jacob Beam settled in Kentucky and created the now famous Beam Bourbon formula. Today, Beam Bourbon is still being carefully distilled and aged according to the original formula by the 5th and 6th generations of the Beam family. That is why only Beam tastes like Beam ... only Beam tastes so good.

# WORTHY OF YOUR TRUST

JIM BEAM 86 PROOF. ALL KENTUCKY STRAIGHT BOURBON WHISKIES DISTILLED AND BOTTLED BY THE JAMES B. BEAM DISTILLING CO., CLERMONT, BEAM, KENTUCKY.

**BEAM'S CHOICE** (Green label) Charcoal filtered, 6 years old (90 proof), sour mash bourbon with an unique good taste.

**BEAM'S PIN BOTTLE** Rare bottling of Kentucky Straight Bourbon, 8 and 10 years old (86.8 proof), with built-in pourer.

# TRUTH IN ADVERTISING

## 광고의 진실

금주법이 폐지된 직후 버번 위스키 브랜드는 유명 인사들의 지지를 얻으려 힘쓰기 시작했다. 1934년 쉔리Schenley의 크림 오브 켄터키 버번Cream of Kentucky bourbon은 보드빌 스타 제임스 바튼James Barton을 노먼 록웰Norman Rockwell의 일러스트로 담아낸 《라이프Life》 잡지 광고 시리즈를 시작했다. 광고 문구는 다음과 같았다. "진짜 엔터테이너라면, 다음 파티엔 '더블 리치' 켄터키 스트레이트 버번으로 승부하세요! 손님들의 찬사가 쏟아질 겁니다." 이 광고 메시지는 버번 위스키야말로 훌륭하고도 세련된 파티를 열 수 있게 해준다는 것이었고, 그 약속은 이후로도 수십 년간 계속해서 굳게 지켜져왔다.

1960년대에는 엘리엇 굴드Elliott Gould, 베트 데이비스Bette Davis, 숀 코너리Sean Connery, 헨리 맨시니Henry Mancini 같은 유명 인사들이 짐 빔 버번 위스키 광고에 등장하면서 위스키의 얼굴이 된 유명 인사의 수가 크게 증가했다. 이런 증류소 광고의 상당수가 《플레이보이Playboy》 잡지에 자주 실리면서 '단 하나뿐인 두 오리지널'이라는 콘셉트를 내세웠는데 그로 인해 두 오리지널, 유명 인사와 '세계 최고의 버번'과의 연결을 더욱 공고히 만들었다.

1970년대에는 버번의 인기가 급격하게 떨어지면서 계속 커지는 보드카의 인기에 맞서기 위해 점점 더 저렴한 가격에 위스키를 판매하는 증류소가 늘어났다. 그러나 1980년대가 되면서 버번 위스키 광고주는 변화가 필요한 시점임을 깨달았다. 버번의 명성은 세련된 방식으로 다시 태어나야 했다.

켄터키 대학의 루이 B. 넌 센터의 구술 역사 부문에서 진행하는 프로젝트인 켄터키 버번 테일Kentucky Bourbon Tales의 인터뷰에서 헤븐 힐 증류소의 대표인 맥스 샤피라Max Shapira는 농담을 섞어 이런 말을 던졌다. "금주법이 폐지된 이후로 우리 업계는 아마 스스로 발목을 열 번은 잡았을 겁니다. 그런 다음에야 제대로 일을 진행하기 시작했죠. 싱글 배럴과 소량 생산 방식을 도입하면서요."

이 시대의 광고는 버번 위스키가 사치품이라는 점을 분명하게 보여

1961년 10월 《라이프》 잡지에 실린 짐 빔 광고.

금주법이 폐지된 후 버번 광고는 인쇄 매체의 주요 광고가 되었다.

준다. 1981년 히람 워커앤선즈Hiram Walker & Sons가 메이커스 마크를 인수한 이후 이 회사는 '값비싼 맛… 그리고 실로 그러한'이라는 슬로건의 '고급 광고'를 신속하게 진행했다.

오늘날에는 버번 위스키를 마시는 사람들의 다양성이 확대되면서 광고에도 이러한 점이 반영되고 있다. 역사적으로 버번 위스키 광고는 믿을 수 없을 정도로 백인과 남성 중심적이며 때로는 노골적인 인종차별주의가 담겨 있기도 했는데(예를 들어 금주법이 발효되기 전의 폴 존스 앤 컴퍼니 광고에는 터무니없을 정도로 큰 수박 조각을 들고 있는 흑인 '유모'와 폴 존스 위스키 한 병을 권하는 흑인 남성의 모습이 실려 있다.) 이러한 상황 또한 변화하고 있다. 잭 다니엘스가 BET 네트워크(Black Entertainment Television, 아프리카계 미국인을 주요 시청층으로 한 미국의 케이블 방송국. 흑인 문화와 이슈, 콘텐츠를 중심으로 다양한 프로그램을 제작 및 방영한다. – 옮긴이)와 파트너십을 맺고 짐 빔은 밀라 쿠니스(시트콤 '70년대 쇼', 영화 '블랙 스완' 등에 출연한 배우. 짐 빔의 홍보대사로 활동하며 젊고 여성적인 이미지와 브랜드를 연결시켰다. – 옮긴이)를 유명인 홍보대사로 고용했으며, 사마라 데이비스가 블랙 버번 소사이어티를 설립하는 등 광고주와 기업, 소비자 모두가 버번이 더욱 포용적이고 다양성을 얻게 된 세상에 반응하고 있다.

# What Lobster did for Maine, Old Crow did for Bourbon.

The good taste of Lobster put Maine on the map. The good taste of Old Crow made Bourbon famous.

Before 1835, Bourbon was made every which way. That year, Dr. James Crow took it out of the hit-or-miss league and invented the process that gave Bourbon its mellow taste—and good name: Old Crow.

KENTUCKY STRAIGHT BOURBON WHISKEY, 86 PROOF, DISTILLED AND BOTTLED AT THE FAMOUS OLD CROW DISTILLERY CO., FRANKFORT, KY.

### 증류소 투어

# LEXINGTON AND ENVIRONS

**렉싱턴과 주변 지역**

루이빌이 켄터키 주의 산업 중심지라면 렉싱턴은 역사와 전통이 깃든 그림 같은 도시다. 이 아름다운 도시를 방문하지 않고서는 제대로 된 버번 위스키 투어를 했다고 할 수 없는 곳으로, 돈을 건 우리 말이 이기기를 바라면서 하루 종일 타원형 트랙에서 펼쳐지는 서러브레드 경주마 경기를 지켜볼 수 있는 킨랜드 경마장의 본거지이기도 하다. 경마에 관심이 없다면 도시의 활기찬 증류소를 둘러보며 하루를 보낼 수도 있다. (내가 둘 중 어느 쪽을 선택할지는 누구라도 알 것이다.)

렉싱턴은 버번 위스키 산업의 중심지이자 여러 방면에서 버번 위스키가 앞서 나아가는 곳이기도 하다. 이 도시의 역사적인 증류소 지구에 자리한, 고향에 돌아가선 경험할 수 없는 정직한 버번 위스키의 맛을 볼 수 있는 배럴 하우스 디스틸링 컴퍼니BARREL HOUSE DISTILLING CO.부터 시작해보자. 블루그래스 디스틸러스BLUEGRASS DISTILLERS의 경우 거의 모든 직원이 렉싱턴 출신이다. 이는 버번 위스키로 이득을 보기 위해 점점 더 많은 사람들이 켄터키로 몰려들고 있는 이 산업에서 갈수록 드물어지고 있는 현상이다. 물론 외부의 영향을 받는 것이 꼭 나쁜 일만은 아니지만, 이곳이 고향인 사람들은

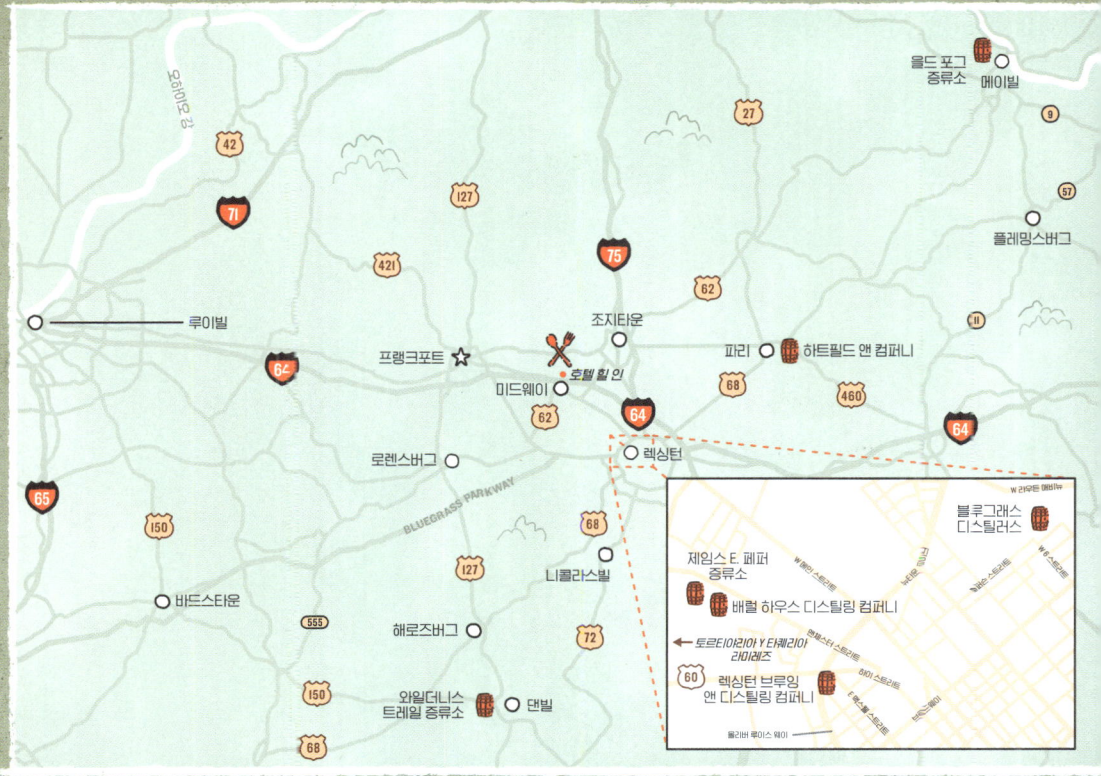

사실상 단순한 돈 이상의 무언가를 동기로 삼게 된다. 렉싱턴 전역에서 이러한 정서를 느낄 수 있다.

금주법이 발효되기 전까지는 켄터키에 수백 개의 버번 위스키 증류소가 존재했다. 하지만 금주법과 제2차 세계 대전, 1980년대의 보드카 열풍이라는 버번 위스키의 암흑기를 지나면서 훌륭한 증류소와 브랜드들이 많이 문을 닫았다. 이들 중 일부는 부활을 위한 노력을 계속하고 있는데, 그 대표적인 예가 **제임스 E. 페퍼 증류소**JAMES E. PEPPER DISTILLERY다. 제임스 E. 페퍼 대령은 1800년대 후반 버번 위스키 업계의 거물이었으며 이 증류소에서 그 가족의 역사를 훑어볼 수 있다. 그리고 최고의 호밀 위스키를 마시면서 버번에 대한 역사 수업도 함께 들을 수 있다. **렉싱턴 브루잉 앤 디스틸링 컴퍼니**LEXINGTON BREWING &DISTILLING CO.는 버번 위스키 회사라기에는 다소 이름이 잘못된 부분이 있다. 맥주도 만들고 그 일부는 버번 오크통에서 숙성해 마무리긴 하지만 내가 좋아하는 버번 위스키 중 하나인 타운 브랜치Town Branch도 생산하고 있으며, 만약에 여기서 생산한 싱글 배럴 제품을 만난다면 꼭 쟁여둘 것을 권한다.

이제 온통 새하얀 울타리와 핫도그로 이루어진 렉싱턴의 숨겨진 비밀을 하나 공개할 차례인데, 여기에는 미국 전역에서 방문했던 멕시칸 레스토랑 중에 최고라고 할 수 있는 곳이 여럿 존재한다. 그중에서도 최고는 수제 토르티야를 만드는 모습을 볼 수 있는 토르티야리아 Y 타퀘리아 라미레즈Tortilleria Y Taqueria Ramirez다. 내가 좋아하는 메뉴는 렝구아 타코(소혀)와 마음을 따뜻하게 해주는 돼지고기 옥수수 죽 수프인 포졸레다.

렉싱턴에서 켄터키의 원조 9개 카운티 중 하나인 버번 카운티의 중심, 켄터키 파리까지는 미국 68번 동쪽 도로를 따라 짧은 드라이브를 하면 도착할 수 있다. 당연히 버번 위스키와 역사적으로 연관되어 있기 때문에 붙은 이름으로 보이지만 사실 금주법 발효 이후로 이곳에 있던 그 어떤 증류소도 다시 문을 열지 않았다. 최근까지도 버번 카운티에는 증류소 투어를 할 수 있는 곳이 없었는데 그야말로 희극과 비극이 교차하는 극명한 아이러니라 할 수 있다. 하지만 2014년에 **하트필드 앤 컴퍼니 HARTFIELD & CO.**가 버번 카운티의 중심부에 증류소를 열고 금주법 이전 스타일의 버번 위스키를 만드는 데에 전념하는 중이다. '금주법 이전 스타일의 버번 위스키'가 무엇인지 따지는 것은 전문가에게 맡기겠지만 어쨌든 훌륭한 버번 위스키이고 찾아갈 만한 가치가 있는 곳이라는 점만은 내가 증명할 수 있다.

그리고 20여 년 전 내가 켄터키에 처음 도착했을 때 최초로 사랑에 빠졌던 버번 위스키 중 하나가 바로 메이즈빌에 자리한 **올드 포그 증류소OLD POGUE DISTILLERY**의 올드 포그다. 그때까지 나에게 익숙했던 대량 생산 버번 위스키와는 너무나 다른 위스키였는데, 알고 보니 길고 전설적인 역사를 지닌 곳이었다. 이 증류소는 약간 외진 곳에 있지만 버번 위스키의 탄생지이자 남북 전쟁 이전에 시작된 유산을 진정으로 이해하고 싶다면 메이즈빌(한때는 버지니아의 일부였던 곳)로 여행을 떠나보자. 요즘에는 나도 이곳의 술을 구하기가 쉽지 않게 되었지만 그래도 상관없다. 올드 포그를 비롯해 버번 르네상스를 다시 맞이하면서 성공을 거둔 모든 소규모 생산자를 생각하면 마음이 무척 흡족하다.

렉싱턴으로 돌아가는 길에는 저녁 식사를 달라며 뱃속에서 꿍꿍대는 소리가 들릴 것이다. 이 도시의 비공식 시장인 우이타 미셸 셰프의 수많은 레스토랑 중 한 곳을 방문하면 훌륭한 저녁 식사를 즐길 수 있다. 하지만 이 모든 것이 시작된 근원을 경험하고 싶다면 켄터키 주 미드웨이의 홀리 힐 인Holly Hill Inn을 예약하자. 내 생애 그 어떤 레스토랑보다 많이 방문한 곳인데, 놀랍게도 계속 점점 더 좋아지는 중이다.

마지막 목적지는 렉싱턴에서 살짝 남쪽에 있는 깨끗한 마을 댄빌에 홀로 자리 잡고 있다. **와일더니스 트레일 증류소WILDERNESS TRAIL DISTILLERY**는 젊은 회사치고는 놀라울 정도로 잘 다듬어진 한 버번 위스키로 비평가들의 극찬을 받고 있다. 하지만 이 회사가 버번 증류소를 위한 효모 균주를 수년간 배양해온 페름 솔루션즈와 공동 소유주 팻 하이스트의 본거지라는 사실을 알게 되면 그리 놀랄 일은 아니다. 즉 이 주에서 가장 뛰어난 여러 버번을 생산하는 회사가 와일더니스 트레일인 것도 당연하단 뜻이다.

# BOURBON-GLAZED CHICKEN WINGS

버번 글레이즈 닭 날개

닭 날개 요리는 미국 요리를 대표하는 음식 중 하나다(내가 어디에선가 읽은 바에 따르면 미국인은 살면서 평생 약 1만 8천 개의 닭 날개를 먹는다고 한다). 그래서 진정 미국의 혼이 깃든, 즉 버번 위스키를 사용한 닭 날개 레시피를 만들고 싶었다. 실로 고전적인 조합이다. 끈적끈적한 버번 간장 글레이즈를 입힌 맛있는 닭 날개는 그야말로 레시피 중의 레시피, 황금알 레시피라고 하겠다. 통 닭 날개를 사용해야 소스가 묻는 면적이 넓어져 더욱 맛있어진다.

[분량 전채 6인분]

**닭 날개 재료**
통 닭 날개 1.8kg
카놀라 오일 2큰술
그래뉴당 1과 1/2작은술
훈제 파프리카 가루 1큰술
코셔 소금 1큰술

**글레이즈 재료**
버번 위스키 2컵
단수수 시럽 1/2컵
타바스코 소스 1/4컵
사과 식초 1/4컵
간장 2큰술
황설탕 1/2컵
장식용 으깬 볶은 땅콩 1/4컵
장식용 곱게 송송 썬 실파 1/2단 분량

오븐 상단 높이의 3분의 1지점에 선반을 설치한다. 오븐을 200℃로 예열한다.

먼저 닭 날개를 준비하자. 대형 볼에 닭 날개와 카놀라 오일, 파프리카 가루, 소금, 그래뉴당을 넣고 골고루 버무린다. 닭 날개를 실온에 재우는 동안 글레이즈를 준비한다.

중형 냄비에 글레이즈 재료를 모두 넣고 거품기로 잘 섞는다. 중강 불에 올려서 한소끔 끓인 다음 묽은 시럽이 될 때까지 약 15분간 익힌다. 불에서 내려 한 김 식힌다.

《 다음 장에 계속 》

그동안 시트 팬에 닭 날개를 한 층으로 편다. 오븐에서 20분간 구운 다음 오븐 온도를 230℃로 높인다. 닭 날개를 뒤집어서 10분 더 굽는다. 이 시점에 닭 날개는 이미 다 익은 상태여야 한다. 닭 날개에서 뼈가 잘 분리되고 껍질은 노릇노릇해야 한다.

구운 닭 날개를 대형 볼에 옮겨 담는다(시트 팬은 다시 쓸 거라 그대로 둔다). 글레이즈를 닭 날개에 붓고 골고루 버무린 다음 다시 시트 팬에 붓는다. 남은 글레이즈를 닭 날개에 두르고 오븐에서 끈적끈적하고 껍질이 살짝 그슬릴 때까지 10분 더 굽는다.

닭 날개와 시트 팬에 고인 국물을 글레이즈 볼에 다시 붓고 골고루 잘 버무린다. 접시에 닭 날개를 담고 볶은 땅콩과 실파를 뿌려서 낸다.

# BOURBON AND GOCHUJANG BBQ SHRIMP
—
**버번 고추장 바비큐 새우**

내가 누구인지, 무엇을 사랑하는지 떠올려보면 한국의 고추장과 켄터키 버번 위스키가 어우러진 이 강렬한 바비큐 소스보다 내 요리의 정체성을 더 잘 보여주는 것은 없을 것 같다. 버번 위스키는 매운맛과 궁합이 정말 좋은데, 매운맛에 눌리지 않으면서도 그 풍미를 잘 받쳐주기 때문이다.

[분량 4인분]

| | |
|---|---|
| 껍질과 내장을 제거한 새우(가능하면 왕새우) 24마리 | 드립 커피 1/4컵 |
| 토르티야 칩 1봉지(340g) | 황설탕 1/2컵 |
| 고추장 1큰술 | 양파 가루 1큰술 |
| 케첩 1컵 | 마늘 가루 2작은술 |
| 우스터 소스 1큰술 | 코셔 소금과 검은 후추 갓 간 것 |
| 버번 위스키 1컵 | 장식용 곱게 송송 썬 할라페뇨 1개 분량 |
| 사과 식초 1컵 | |

중형 냄비에 식초와 버번 위스키, 케첩, 황설탕, 커피, 고추장, 우스터 소스, 양파 가루, 마늘 가루를 넣고 잘 섞은 뒤 소금과 후추로 간한다. 중약불에 올려서 한소끔 끓인 다음 걸쭉해질 때까지 45분간 뭉근하게 익힌다. 불에서 내려 실온에서 한 김 식힌다.

대형 볼에 새우를 넣고 바비큐 소스 1컵을 붓는다. 냉장고에 넣어서 30분간 재운다.

그릴을 강 모드로 예열하거나 무쇠팬을 센 불에 올려서 달군다.

바비큐 소스에서 새우를 건져서 그릴에 얹고 완전히 익어 분홍빛이 될 때까지 약 3분간 굽는다.

토르티야 칩을 볼에 담고 새우를 얹은 다음 바비큐 소스를 조금 더 두른다. 송송 썬 할라페뇨를 약간 뿌려서 낸다.

# QUAIL WITH ROASTED BANANA BBQ SAUCE

## 구운 바나나 바비큐 소스를 곁들인 메추라기

누가 바비큐는 네안데르탈인들이나 먹을 법한 기름진 고깃덩어리라고 말했나? 지금 소개하는 메추라기 바비큐를 무시하지 말자. 야생 육류 특유의 향이 풍기는 진하고 풍미 깊은 메추라기 고기는 식초와 향신료가 두드러지는 바비큐 소스와 잘 어울린다. 뼈를 일부 발라낸, 즉 가슴 부위 뼈는 제거하고 다리 뼈만 남아 있는 메추라기를 사용하는 것이 좋다.

[분량 전채 2인분]
메추라기 2마리(설명 참조)
구운 바나나 바비큐 소스(이어지는 레시피 참조) 1/2컵
녹인 무염 버터 2작은술
천일염 1/2작은술
검은 후추 갓 간 것 1꼬집

필요한 도구
조리용 끈

오븐을 220℃로 예열한다.

메추라기 다리 끝부분에 격자무늬로 칼집을 넣은 다음 두 다리를 안쪽으로 모아 조리용 끈으로 묶어 고정한다. 녹인 버터를 메추라기에 전체적으로 바른 다음 소금과 후추를 뿌린다.

메추라기를 로스팅 팬에 담고 오븐에서 약 12분간 굽는다. 오븐에서 꺼낸 다음 붓으로 바비큐 소스를 골고루 바르고 다시 오븐에 넣어 껍질이 갈색이 되고 고기가 완전히 익어서 속 온도가 68℃가 될 때까지 4분 더 굽는다. 꺼내서 3분간 휴지한다. 다리를 묶은 조리용 끈을 잘라서 제거한다.

접시에 메추라기를 담고 여분의 바비큐 소스를 곁들여 낸다.

# ROASTED BANANA BBQ SAUCE

## 구운 바나나 바비큐 소스

잘 익은 바나나를 어떻게 해야 할지 모르겠다면? 이 바비큐 소스를 활용해보자. 바나나를 구운 뒤 다양한 향신료를 가미해 퓌레를 만들면 특유의 열대과일 맛이 흙의 풍미가 느껴지는 크리미한 맛으로 바뀌어 복합적인 맛이 나는 바비큐 소스의 훌륭한 베이스로 사용할 수 있다. 양고기, 꿩, 토끼 혹은 그 외에도 풍미가 강한 야생 육류에 함께 곁들여 먹어보자.

[분량 2컵]

- 잘 익은 바나나 껍질째 4개(대)
- 곱게 다진 양파 1/2컵
- 다진 마늘 2쪽 분량
- 생 생강 간 것 2작은술
- 식용유 2큰술
- 타마린드 페이스트 2큰술
- 토마토 페이스트 1과 1/2큰술
- 스파이시 머스터드 1큰술
- 버번 위스키 1컵
- 사과 식초 3/4컵
- 간장 3큰술
- 머스터드 가루 1작은술
- 카이엔 페퍼 1/2작은술
- 훈제 파프리카 가루 1/2작은술
- 강황 가루 1/2작은술
- 올스파이스 가루 1/4작은술
- 흑설탕 2와 1/2큰술
- 코셔 소금 1작은술, 필요시 여분

오븐을 200℃로 예열한다.

시트 팬에 바나나를 껍질째 한 층으로 깐다. 오븐에서 까맣게 아주 부드러워질 때까지 20~25분간 굽는다. 꺼내서 한 김 식힌다.

중형 냄비를 중간 불에 올리고 식용유를 둘러서 달군다. 양파를 넣고 자주 휘저으면서 부드러워질 때까지 약 5분간 볶는다. 다진 마늘과 간 생강, 머스터드 가루, 카이엔 페퍼, 파프리카 가루, 강황 가루, 올스파이스 가루를 넣고 계속 휘저으면서 1분간 볶는다. 버번 위스키를 붓고 한소끔 끓인 다음 반으로 졸아들 때까지 3분간 바글바글 끓인다.

바나나 껍질을 벗기고 과육과 시트 팬에 고인 국물을 함께 냄비에 넣는다. 나무 주걱으로 바나나를 굵게 으깬다. 식초와 간장, 흑설탕, 타마린드 페이스트, 토마토 페이스트, 스파이시 머

스터드, 소금을 넣고 잘 섞는다. 한소끔 끓인다. 약불로 낮추고 냄비 뚜껑을 닫은 다음 자주 휘저어주며 15분간 익힌다. 불에서 내려 5분간 식힌다.

식은 내용물을 믹서기에 넣고 1분간 곱게 간다.

맛을 보고 필요하면 소금으로 간한다. 다시 냄비에 붓고 3분간 가열한다. 병에 옮겨 담고 실온에서 식힌다. 냉장고에 넣어 3주간 보관할 수 있다.

# BLACKENED SALMON WITH BOURBON-SOY MARINADE, BOK CHOY, AND GREEN APPLE

버번 간장 양념장에 절여서 까맣게 익힌 연어와 청경채, 풋사과

나는 사람들이 버번 위스키를 소고기와 돼지고기를 받쳐주는 조연으로만 생각하지 않길 바란다. 버번 위스키는 훨씬 더 부드러운 면모도 지니고 있다. 향신료 향이 두드러지고 가죽과 건초의 풍미가 감돌아서 연어와 송어, 대구, 넙치처럼 기름진 생선의 맛도 뚜렷하게 느껴지도록 만들어준다. 까맣게 익히는 것은 생선에 그슬린 맛을 더하는 훌륭한 방법으로 버번 위스키는 그 특유의 맛을 부드럽게 다듬으며 완성하는 역할을 한다.

[분량 메인 2인분]

버번 간장 양념장 재료
버번 위스키 1컵을 1/2컵으로 졸인 것(77쪽 참조)
꿀 1/2컵
간장 1/4컵
피시 소스 1작은술
생 레몬 즙 1작은술
검은 후추 갓 간 것 1/2작은술

연어 재료
뼈와 껍질을 제거한 연어 필레 2장(각 170g씩)
심을 제거하고 막대 모양으로 채 썬 풋사과 1/2개 분량
어린 청경채 4개
곱게 송송 썬 빨간 태국 고추 1개 분량
무염 버터 4큰술
올리브 오일 1큰술
버번 위스키 1/4컵
간장 2작은술

먼저 버번 간장 양념장을 만들자. 중형 볼에 졸인 버번 위스키와 꿀, 간장, 피시 소스, 레몬 즙, 후추를 넣고 잘 섞는다.

연어를 준비한다. 지퍼백에 연어와 양념장을 넣는다. 지퍼백 속 공기를 최대한 제거해서 밀봉한다. 냉장고에 넣어서 1시간 동안 절인다.

《 다음 장에 계속 》

무쇠팬에 올리브 오일을 두르고 중간 불에 올려 달군다. 연어를 지퍼백에서 꺼내고 양념장은 버린다. 꺼낸 연어는 종이 타월로 두드려서 물기를 제거한다. 팬에 연어를 올려 바닥이 거뭇해질 때까지 약 3분간 굽는다.

연어를 뒤집고 중약불로 낮춰서 속이 미디엄 레어(조리용 온도계로 재서 48℃)가 될 때까지 5분간 굽는다. 불을 끈 다음 연어를 팬에 그대로 둔 채로 3분간 둔다.

다른 소테팬에 버터를 넣고 중간 불에 올려서 녹인다. 버터가 살짝 갈색이 될 때까지 약 2분간 보글보글 끓인다. 버번 위스키와 간장을 넣어서 1분간 뭉근하게 익힌다.

그동안 청경채의 밑동을 손질해서 잎을 한 장씩 나눈다. 팬에 청경채를 넣어 살짝 익고 소스가 약간 졸아들 때까지 1분간 볶는다.

연어를 접시에 담는다. 청경채를 얹고 채 썬 사과를 올려 장식한다. 송송 썬 태국 고추를 조금 얹고 버번 소스를 둘러서 바로 낸다.

# PORK MEATBALLS
# IN BOURBON-GOCHUJANG COCONUT BROTH

버번 고추장 코코넛 육수에 익힌 돼지고기 미트볼

내가 가장 좋아하는 레시피라는 게 이 세상에 존재한다고 절대 인정할 수 없겠지만, 그래도 좋아하는 음식 목록의 맨 윗부분에 가까운 요리가 있다면 바로 이 레시피가 되겠다. 돼지고기와 버번 위스키, 고추장 모두 이 겹겹이 쌓인 맛의 향연에서 중요한 역할을 한다. 그리고 제각각인 이 모든 재료를 어우러지게 하는 비밀스러운 주인공이 바로 코코넛 밀크다.

[분량 메인 4인분]

미트볼 재료
다진 돼지고기 450g
껍질을 벗기고 다진 생 생강 1톨(5cm 크기) 분량
다진 마늘 3쪽 분량
달걀 1개(대)
팡코 빵가루 1/3컵
카놀라 오일 적당량
버번 위스키 2큰술
간장 1과 1/2작은술
피시 소스 1과 1/2작은술
코셔 소금 1/2작은술
검은 후추 갓 간 것 1/4작은술
장식용 다진 생 고수 줄기와 잎 2큰술
육수 재료
가볍게 으깬 마늘 2쪽
껍질을 벗기고 가볍게 으깬 생강 1톨(1.5cm 크기)

무가당 코코넛 밀크 200g
닭 육수 2컵
버번 위스키 1/2컵
고추장 2큰술
간장 1큰술
설탕 1작은술
오이 래디시 샐러드 재료
얇게 저민 오이 1개 분량
얇게 저민 붉은 래디시 3개 분량
쌀 식초 1과 1/2큰술
볶은 참깨 1과 1/2작은술
코셔 소금 3/4작은술
설탕 1/2작은술
서빙용 재료
밥 4컵
웨지로 썬 라임 1개 분량

먼저 미트볼을 만들자. 대형 볼에 다진 돼지고기와 다진 생강, 다진 마늘, 빵가루, 버번 위스키, 고수 줄기, 간장, 피시 소스, 소금, 후추를 넣고 달걀을 깨트려 넣는다. 손으로 모든 재료를 골고루 잘 섞이도록 치댄다. 약 1과 1/2큰술씩 덜어서 공 모양으로 둥글려 빚는다.

무쇠팬을 중간 불에 올려서 달군다. 카놀라 오일을 약간 두르고 미트볼을 넣어서 골고루 노릇노릇해지도록 한 면당 2분씩 굽는다. 노릇해진 미트볼을 건져서 접시에 옮겨 담고 육수를 만드는 동안 잠시 옆에 둔다.

그다음 육수를 만든다. 소형 냄비에 육수 재료를 모두 넣는다. 한소끔 끓인 다음 불을 줄여 양이 반으로 줄어들 때까지 15분간 뭉근하게 익힌다. 미트볼을 넣고 중간 불에서 6분간 익힌다.

미트볼이 익는 동안 오이 래디시 샐러드를 만들자. 소형 볼에 오이와 래디시를 넣는다. 소금을 골고루 뿌린 뒤 실온에 5분간 재워 오이의 수분을 끌어낸다. 오이를 꼭 짜서 물기를 제거하고 볼에 고인 여분의 물기도 따라낸다. 볼에 식초와 참깨, 설탕을 넣고 손으로 골고루 버무린다.

그릇 4개에 밥을 나누어 담는다. 밥 위에 미트볼을 얹고 국물을 넉넉히 붓는다. 오이 래디시 샐러드, 고수 잎, 라임 조각으로 장식한다. 바로 낸다.

# GRILLED CHICKEN THIGHS
# IN A HONEY, MISO, AND MUSTARD MARINADE

## 꿀과 미소, 머스터드 양념에 재운 닭 다리살 구이

버번 위스키와 그릴은 둘 다 근본적으로 잘 태운 풍미에 뿌리를 두고 있다는 점에서 궁합이 잘 맞는 조합이다. 강한 불꽃과 훈연 향이 양념장에 섞어 놓은 버번 위스키의 풍미를 더욱 강화하고, 닭고기는 이 모든 풍미를 담기에 완벽한 바탕이 되어준다. 소스를 잘 흡수한 줄기 브로콜리만 깔아서 닭고기를 끌끔하게 차려내보자. 잘 숙성된 버번 위스키에 물과 얼음을 약간 타서 곁들여보면 노릇하게 구운 닭고기의 풍미가 제대로 돋보이는 조합이 어떤 것인지 알 수 있다.

[분량 메인 2인분]

**양념장 재료**
- 진한 미소 1/4컵
- 버번 위스키 1/4컵
- 브라운 머스터드 2큰술
- 꿀 2큰술
- 쌀 식초 1큰술
- 간장 1작은술

**닭고기 재료**
- 뼈를 제거한 닭 허벅지살 2개
- 줄기 브로콜리 450g
- 다진 마늘 2쪽 분량
- 올리브 오일 2큰술
- 코셔 소금과 검은 후추 갓 간 것

먼저 양념장을 만들자. 대형 볼에 양념장 재료를 모두 넣고 잘 섞는다. 다른 소형 볼에 조금 따라내서 마무리용 소스로 쓸 수 있게 따로 보관한다.

닭고기를 준비한다. 볼에 닭고기를 넣고 양념장을 부어 마리네이드한 뒤 랩을 씌운다. 냉장고에서 1시간 동안 재운다.

그릴을 강 모드로 가열하거나 무쇠팬을 중강불에 올려서 달군다.

《 다음 장에 계속 》

중형 볼에 브로콜리와 마늘, 올리브 오일을 넣어서 잘 섞는다. 소금과 후추로 간해서 따로 둔다.

양념장에서 닭고기를 건지고 종이 타월로 두드려 물기를 제거한다.(남은 양념장은 버린다.) 그릴에 닭고기를 껍질이 아래로 가도록 얹고 껍질이 노릇하게 캐러멜화될 때까지 약 3분간 구운 다음, 한 번 뒤집어서 살이 익을 때까지 약 8분 더 굽고 건져낸다.

그릴에 브로콜리를 얹어서 겉은 살짝 그슬리면서 속까지 잘 익도록 4분간 굽고 건져낸다.

접시에 브로콜리를 한 층 깔고 그 위에 닭고기를 얹는다. 남겨둔 양념장을 골고루 두른다. 바로 낸다.

# YEAST AND UMAMI

효모와 감칠맛

버번의 풍미 바퀴(198쪽 참조) 어딘가, 캐러멜과 담배, 말린 무화과와 건초를 지나 입 안쪽 구석 어딘가 숨겨져 있는 구석 사이사이, 표면 아래에 아주 조용히 두드러지는 작은 향이 존재한다. 강에서 자란 이끼의 희미한 냄새일 수도 있고 짓무른 장미 꽃잎일 수도, 작은 자갈로 살짝 으깬 딸기일 수도 있다. 그저 우리의 생각이 우리를 속이는 것일 수도 있고, 분자 수준에서 일어나는 어떤 현상이라 오크 말뚝이나 옥수수, 보리 한 줌을 만지고 느끼는 것과 같은 방식으로는 우리가 이해할 수 없는 어떤 현상일 수 있다.

켄터키 주 댄빌의 페름 솔루션즈Ferm Solutions에 자리한 팻 하이스트Pat Heist의 사무실에는 수백 가지의 샘플 버번 위스키 레시피와 손으로 쓴 메모가 붙어 있는 배럴 픽 위스키 샘플이 담긴 자그마한 유리병들이 가득하다. 나는 팻과 육안으로는 볼 수 없는 버번 위스키의 요소에 대한 대화를 나눴다. 효모와 박테리아, 그리고 그들이 어떻게 미세한 세포 수준으로 버번 위스키의 맛에 영향을 미치는지에 대해 논의했다. 이는 쿠퍼리지를 돌아보거나 밭에서 옥수수가 자라나는 것을 지켜보는 것과는 전혀 다른 경험이다. 팻과 함께라면 다양한 버번 위스키의 풍미가 끝없이 늘어선 가운데 가죽 소파에 앉아서 둘만의 시간을 보내게 된다.

페름 솔루션즈는 버번 위스키에서 맥주, 콤부차에 이르기까지 모든 음료 산업을 위한 효모 균주를 개발하는 회사다. 발효와 관련된 무엇이든 팻이 우리의 음료를 더욱 맛있게 만들어줄 수 있다. 이 회사는 본디 세계에서 유일한 증류주 및 맥주 효모 저장소로, 전 세계 수천 개의 음료 회사를 위해 효모 균주를 목록화해 저장하고, 개발 및 조절하고 수정해 고치는 역할을 한다. 여러 개의 냉동고마다 수백 개의 작은 유리병이 담긴 상자들로 가득 차 있는데, 그 안에는 우리가 좋아하는 모든 버번 위스키의 비밀 효모 균주가 영하 80도에서 고요히 멈춰 있다.

버번 위스키 세계에서는 효모에 관해 이야기하는 일이 많지 않다. 하지만 비록 불처럼 시각적인 효과나 오래된 강이 주는 낭만, 오크 나무의 촉각적인 울림을 느낄 수는 없다 해도 효모가 없다면 발효가 진행될 수 없고, 발효가 없다면 위스키가 존재할 수 없다. 누군가는 효모란 당을 알코올로 전환시키는 데에 필요한 화학 반응을 촉진하는 매개체일 뿐이라고 주장한

다. 하지만 그런 말을 들으면 팻은 눈썹을 찌푸린 채 얼굴이 빨갛게 달아오른다. 그는 속사포 같은 켄터키 억양으로 과학 지식을 전달하는 정보의 원천이다. 스콧 이안Scott Ian을 연상시키는 길고 새하얀 수염을 지니고 있다.(록스타가 수염을 기르는 데에는 이유가 있다. 팻 또한 헤비메탈 밴드의 리드 싱어다.)

팻은 나에게 효모에 관해 알아야 할 모든 것을 말해줬다. "효모는 살아 있는 유기체입니다. 우리가 버번 위스키를 만드는 데에 사용하는 것은 제과제빵에 사용하는 것과 동일한 사카로마이세스 세레비시아Saccharomyces cerevisiae 효모예요. 하지만 제과제빵과의 유사성은 그저 그 정도에서 끝나는데, 요리사가 효모를 이해하는 방식은 증류사의 그것과는 다르기 때문이에요." 이는 증류 과정에서 효모의 목적은 팽창제로 기능하는 것이 아니라 당을 알코올로 전환시키는 것이기 때문이다. 증류사는 활성성을 크게 약화시킨 효모를 사용하는데 그러면 당을 더 많이 소비해서 알코올을 더 많이 생산하게 된다.

그렇다면 효모는 버번 위스키의 최종적인 풍미에 어떤 영향을 미칠까? "효모는 알코올을 생산합니다." 팻이 설명했다 "에틸알코올뿐만 아니라 프로판올, 메탄올, 부탄올과 같은 다른 알코올의 흔적 역시 양은 훨씬 적지만 존재하는데, 이 모든 알코올이 저마다의 풍미를 지닙니다. 효모가 제공하는 또 다른 중요한 요소는 유기산인데 이것은 후에 에스테르(유기산과 알코올이 반응하여 형성되는 화합물로 위스키 특유의 향에 중요한 역할을 한다. – 옮긴이)가 되죠. 알코올을 오크통에 넣으면 나무에서부터 화학 물질이 추출됩니다. 그중 일부는 수용성이고 일부는 알코올 용해성입니다. 팽창과 수축을 거치는 각 사이클이 거듭되면서 화학 반응이 일어나지요. 에스테르의 탄소 길이에 따라 너트메그에서 장미 꽃잎에 이르기까지 다양한 풍미를 얻을 수 있어요. 이 시점에는 효모는 이미 사라지고 없기 때문에 효모가 이런 풍미를 만들어내는 것은 아니지만 이들이 생산한 화학 물질은 그대로 존재한 채 오크통에서 계속 화학 반응을 일으키게 됩니다."

팻과 대화를 나눌 때마다 나는 제발 천천히, 처음부터 다시 설명해달라고 부탁하곤 한다. 셰프로서 나는 효모를 생각하면 따뜻하고 구수한 사워도우와 고소한 브리오슈가 떠오른다. 나에게 있어서 효모란 작은 정사각형 봉지에 든 제품을 구입해서 미지근한 물에 섞어 반죽을 부풀리는 용도로 쓰는 것이다. 버번 위스키로 치면 아마 개방형 탱크 속의 옥수수 매시가 막 쏟아부은 효모에 반응해 부글부글 끓고 있는 것과 동일한 과정일 테다. 팻은 이 단계의 옥수수 매시의 맛과 향은 옥수숫가루나 콘브레드와 비슷하다고 말했다. 하지만 증류사는 여기서 멈추지 않고, 효모가 모든 당분을 소비해서 알코올로 전환될 때까지 과정을 이어나간다. 팻은

각 증류소에서 소비하는 효모의 양, 종류, 사용률을 모두 파악하고 있다.

팻은 뒷마당에 있는 효모 균주를 배양 접시에 담는 법, 과일 조각을 이용해서 배양하는 방법 같은 것들을 내게 보여줬다. 그리고 현미경으로 효모를 관찰하면 어떤 모습인지도 확인시켜주었다. 그는 효모의 기원을 수억 년 전 지구상에 생명체가 탄생한 시점으로 거슬러 올라가 찾는다. 그가 들려주는 것들은 전부 아주 유익한 정보이지만, 그래도 눈에 보이지 않는 것을 이해하는 것은 여전히 참으로 어렵다.

"지난 수백 년간 우리는 오직 미시적 수준으로만 효모를 파악할 수 있었어요." 팻이 말했다. "하지만 인간은 수천 년간 술과 와인, 그리고 새콤한 음식을 빚어왔죠. 언제나 효모, 박테리아와 관계를 맺고 있었던 거예요. 단지 그것이 무엇인지를 몰랐을 뿐입니다. 이제 저는 특정 종류의 버번 위스키에 정확히 어떤 효모가 필요한지 배양하고 분류해서 명확하게 알려줄 수 있어요. 물론 각자가 직접 알아낼 수도 있겠지만 이미 저는 모든 균주를 가지고 있고, 사람들이 무엇을 원하는지도 전부 알고 있죠."

버번 위스키를 만드는 데에는 변수가 너무 많아서 버번 한 병의 풍미에 어떤 효모가 기여를 하는지 분리해서 보는 것은 불가능하지만, 그 효모가 존재한다는 사실은 부인할 수 없다. 버번 위스키의 다른 많은 부분과 마찬가지로 여기에도 과학과 예술이 동시에 존재한다. 팻이 페름 솔루션즈의 핵심인 모든 실험실 작업에 대해, 그리고 효모와 박테리아에 대해 몇 시간 동안 이야기하는 것을 듣고 있는 것은 지구에 사는 생명체들의 기원에 대한 한 편의 시 같은 논문을 듣는 시간이나 마찬가지다.

"우리는 1만 종 이상의 효모와 10만 종 이상의 박테리아를 보유하고 있습니다. 사람들은 버번 위스키 제조에 대한 모든 것을 알고 있다고 생각하지만, 사실은 그중 많은 부분이 여전히 미스터리로 남아 있죠." 팻이 설명했다. "효모는 우리가 통제할 수 없거나 식별조차 할 수 없는 많은 풍미를 만들어내는 열쇠입니다. 곡물을 발효하는 과정에서 맛에 영향을 미치는 수많은 일이 발생해요. 곡물과 물의 비율, 발효되는 속도, 곡물을 분쇄한 크기, 증류기에 남은 박테리아에 이르기까지요." 팻과 나는 여러 종류의 버번을 맛보았는데 야생화에서 백단향, 땀에 젖은 겨드랑이(살짝 기분 좋은 느낌의)에 이르기까지 다양한 향기를 맡고 맛볼 수 있었다. 그는 이 다채로운 버번들 사이의 유일한 차이점이 바로 효모의 종류라고 말했다. 그건 실로 눈이 번쩍 뜨이는 경험이었다.

팻의 연구실에서 나는 효모의 둥근 모세포 옆에 딸세포가 생겨나는 형상을 확대한 사진을 보고 깜짝 놀랐다. 팻은 효모는 놀라운 속도로 증식할 수 있기 때문에 알코올 생산에 이상

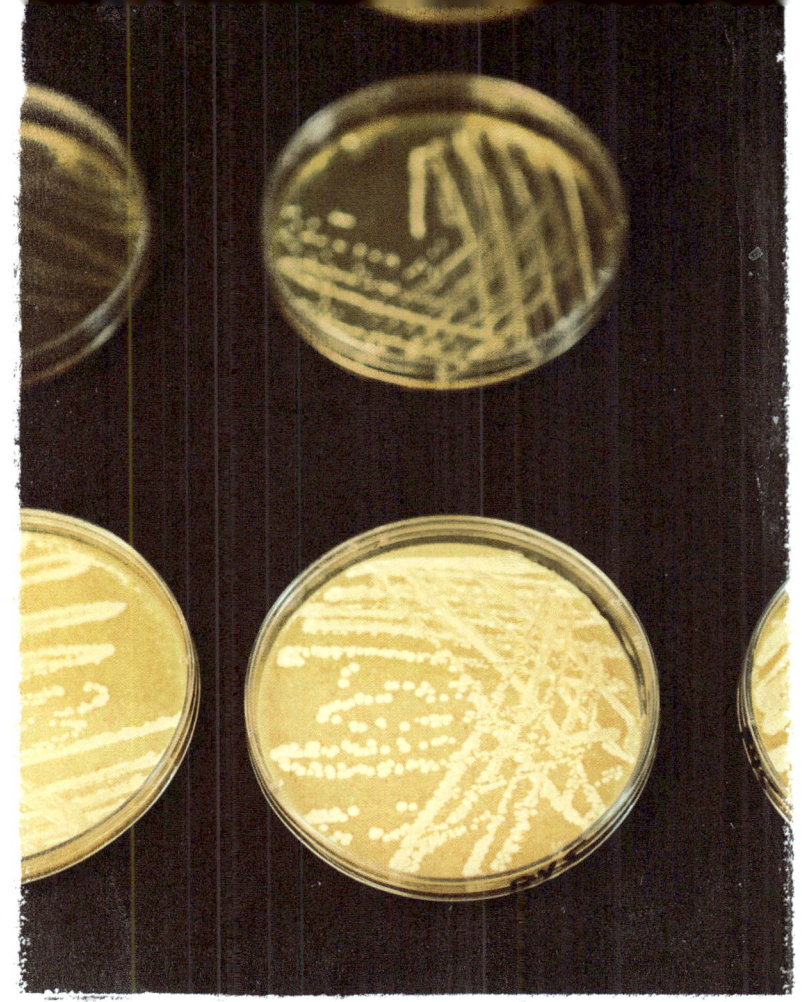

적인 것이라고 말했다. 그리고 우리 인간을 이루는 세포가 효모 세포와 매우 유사하기에 과학자들은 이들을 비교하면서 인간의 노화를 연구하고 있다고도 덧붙였다. 모세포는 딸세포를 형성하고, 이 딸세포는 성장해서 결과적으로 모세포에서 분리된다. 그러면 딸세포가 떨어져 나간 모세포 부분에 흉터가 남는다. 이 표면에 있는 흉터의 수를 보면 모세포의 나이를 알 수 있다. 이들은 최대한 많이 번식해서, 끊임없이 증식한 결과 흉터가 너무 많아져서 더 이상 딸세포를 만들 수 없을 때까지, 즉 생애 주기가 끝날 때까지 새로운 흉터를 만들어낸다.

이 사실을 알게 되자 이 단세포 미생물에 대한 슬픔이 밀려왔다. 두뇌도 심장도 의식도 없는 채 우리가 요구하는 모든 것을 성취해내고, 오로지 우리의 황금빛 버번을 만들어내기 위해 목숨을 희생하는 모세포라니.

# GOLD RUSH
## 골드 러시

골드 러시는 간단하면서 널리 사랑받는 술이지만, 루이빌에서 가장 뛰어난 칵테일 전문가인 에론 플레반Eron Plevan처럼 기술적이고 창의적인 마법사의 손에 들어가면 루이빌 전역에 충성스러운 팬을 만들어낸 시그니처 칵테일로 승격된다.

[분량 1잔]

가염 오렌지 꽃 꿀 시럽 21g (이어지는 레시피 참조)   버번 위스키 35g
노란 건포도 레모네이드 (이어지는 레시피 참조) 56g   생 레몬 즙 21g

칵테일 셰이커에 얼음을 채우고 버번 위스키와 레몬 즙, 오렌지 꽃 꿀 시럽, 건포도 레모네이드를 넣는다. 10~15초간 셰이킹한다. 칵테일 글라스나 쿠프 글라스에 커다란 사각 얼음 하나를 넣고 셰이커의 내용물을 치에 걸러서 붓는다.

> "저는 바를 플랫폼으로 활용해 사회에 환원할 수 있는 점이 가장 마음에 듭니다. 말하자면 가치 있는 일을 위한 기부금을 모으기 위해서 칵테일 메뉴를 큐레이팅하거나 신입 바텐더를 훈련시켜 장기적으로 성공을 거둘 수 있게 하는 등 바가 단순한 음료를 넘어 더 큰 역할을 할 기회가 더없이 많다는 뜻이죠."
>
> 에론 플레반

《 다음 장에 계속 》

## SALTED ORANGE BLOSSOM HONEY SYRUP

### 가염 오렌지 꽃 꿀 시럽

[분량 2컵]

꿀 1과 1/2컵  오렌지 꽃물(신선한 오렌지 주스로 대체 가능) 1/2작은술
뜨거운 물 1/2컵  코셔 소금 3/4작은술

소형 냄비에 꿀과 뜨거운 물, 소금을 넣고 잘 섞는다. 약불에 올려서 계속 저어가며 5분간 가열한다. 불에서 내려 실온에서 한 김 식힌 다음 오렌지 꽃물을 넣어 섞는다. 병에 넣어서 뚜껑을 닫고 냉장고에서 2주간 보관할 수 있다.

## GOLDEN RAISIN LEMONADE

### 노란 건포도 레모네이드

[분량 2컵]

잘 씻어서 얇은 바퀴 모양으로 썬 레몬 2개 분량  그래뉴당 1컵
노란 건포도 1/2컵  흑설탕 1컵
뜨거운 물(팔팔 끓지는 않는 것) 6과 1/2컵

소독한 용기에 레몬과 두 종류의 설탕, 건포도를 넣고 잘 흔들어서 설탕이 고루 묻도록 한다. 그대로 40분간 재워서 설탕에 레몬에서 배어나온 오일과 즙이 스며들게 한다. 용기에 뜨거운 물을 붓고 2분간 잘 섞어 설탕을 완전히 녹인다. 약 30분간 실온에 두어 식힌 뒤 체에 걸러서 병에 담는다. 냉장고에서 2주간 보관할 수 있다.

# BOURBON AND UMAMI

## 버번과 감칠맛

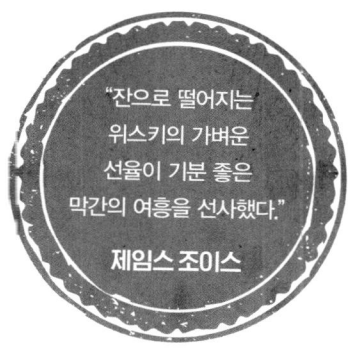

"잔으로 떨어지는 위스키의 가벼운 선율이 기분 좋은 막간의 여흥을 선사했다."

제임스 조이스

'감칠맛'은 간장과 버섯, 초콜릿 같은 음식에서 느껴지는 쿰쿰한 흙 내음 같은 맛을 표현하는 단어다. 피시 소스나 미소 된장의 감칠맛처럼 대부분은 발효의 과정을 통해서 만들어진다. 버번 위스키에 감칠맛을 만들어내는 변화의 과정을 발효라고 설명하는 건 엄밀히 말해 정확한 표현이 아닌데, 대부분의 요리에서 생기는 발효는 박테리아에 의한 것이며, 이미 우리가 알고 있듯 증류 과정에서 효모가 하는 기능은 제과제빵에서 하는 것과는 다르기 때문이다(183쪽 참조). 하지만 그 과정에서 일어나는 일들 중에는 나로 하여금 버번 위스키의 감칠맛에 대해 생각하게 만드는 요소가 일부 존재한다. 간장이나 컨트리 햄 같은 발효 식품을 생각해보면 모두 숙성될수록 복합성이 강화된다는 점에서 버번 위스키와 관련성이 있다. 비록 오크통 안에는 효모가 더 이상 존재하지 않지만 그럼에도 효모의 결과물로 생긴 산은 오크와 그을음, 그리고 시간의 흐름과 반응한다. 누군가 나에게 감칠맛을 정의해달라고 하면 나는 항상 시간의 흐름을 맛보는 것과 같다고 대답한다. 버번 위스키도 마찬가지다. 해가 갈수록 깊이와 층이 더해지고, 에스테르가 길어지고 향은 더 오래 방을 가득 메우며 색은 호박색에서 다시 금색으로 변한다.

　동시에 이는 버번 위스키가 발효 풍미가 강한 음식, 특히 맛이 강하고 짭짤한 음식과 잘 어울린다는 의미가 되기도 한다. 미소 된장, 춘장, 강한 냄새가 나는 세척 외피 치즈, 초콜릿 같은 음식은 모두 감칠맛이 풍부하다. 전통적으로 이런 강한 풍미에 어울리는 음료를 찾는 것은 늘 어려운 일이었으나, 버번 위스키가 여기에 다재다능한 해결책을 제시한다. 버번 위스키는 가장 자극적인 쿰쿰한 풍미에도 견딜 수 있을 만큼 강렬하면서도 그 자체의 달콤하고 짭짤한 맛을 유지한다.

## 비평가

# FRED MINNICK
프레드 미닉

프레드 미닉은 15살의 나이에 오클라호마 카운티 뉴스에 첫 글을 실었다. 이후로도 커리어 내내 다양한 주제에 대한 글을 쓰다 마침내 버번 위스키 작가가 되고자 하는 마음속 열정을 발견했다. 그는 버번 위스키에 관한 책 세 권은 물론 셀 수 없을 정도로 많은 기사를 썼고 버번 위스키 팟캐스트를 진행했으며 버번 위스키 경연 대회의 심사위원으로 활동하고 전국에서 열리는 다양한 버번 위스키 시음회에 사회자로 참여하는 등 기본적으로 버번 위스키에 대한 모든 것과 함께 호흡하며 살아가고 있다. 프레드는 내가 버번 위스키의 역사나 테이스팅 노트에 대해 궁금한 것이 생기면 가장 먼저 연락하는 사람이다. 모든 예술에는 챔피언이 필요한데, 버번 위스키의 챔피언은 프레드다. 체계적인 분석과 통찰력 있는 시음, 건전한 비판, 그리고 타의 추종을 불허하는 헌신으로 버번 위스키의 교리를 전파하고 있다.

Q: 버번 위스키는 주로 어떻게 마시나요?
A: 보통 스트레이트로 마십니다. 하지만 콘서트나 야구 경기를 볼 땐 얼음 한 조각을 넣어서 상쾌하면서도 맛있게, 동시에 비평가 자세로 들어가지 않게 하지요.

Q: 버번 위스키에 대한 글쓰기와 순위 매기기에 관심을 가지게 된 이유는요?

A: 2005년 이라크에서 복무하고 귀국했을 때 프리랜서로 글쓰기를 업으로 삼기 시작하며 켄터키로 이주했고, 전쟁 트라우마를 극복하기 위해서 치료를 받기 시작했습니다. 항상 버번 위스키를 좋아하기는 했지만 제가 향을 맡고 시음하는 데에 재능이 있다는 것은 미처 몰랐어요. 상담사가 맛보기 명상을

소개해주었을 때 비로소 제가 다른 사람이 맛보지 못하는 것을 느낄 수 있다는 사실을 알았습니다. 제 혀의 감각에 집중하는 과정이 제 삶을 완전히 바꿔놓았어요. 그리고 2008년 쯤부터 테이스팅 노트를 쓰기 시작했습니다. 사실 버번 위스키에 점수를 매기는 것을 좋아하지는 않았는데, 사람들이 점수만 보고 테이스팅 노트는 건너뛰기 때문이에요. 그래서 2018년부터는 점수 없이 순위를 매기거나 '최고의 best of' 카테고리를 지정하기 시작했습니다. 저에게 있어 여러 버번 위스키를 서로 비교하는 것은 마음에 드는 버번 위스키가 어떤 것인지 선택하기 위한 더 정확한 방법일 뿐입니다. 저 또한 한 사람의 비평가에 지나지 않으니 여러분도 반드시 직접 맛을 보는 것이 중요합니다.

**Q: 지금의 버번 위스키가 20년 전보다 더 뛰어난가요? 20년 후에는 어디까지 나아가 있을까요?**

A: 버번 위스키 업계는 더 이상 새로운 도전을 할 수 없다는 구식 고정관념을 버렸습니다. 그래서 오늘날에는 포트 와인 통에서 숙성한 버번 위스키도 '버번 위스키'라고 생각하는 사람도 있지만, 사실 그렇지는 않아요. 그리고 스트레이트 버번을 섞은 것도 버번 위스키라고 생각하는 사람도 있는데 그것 또한 그렇지 않습니다. 전자는 특수한 증류주이고 후자는 스트레이트 버번을 블렌드한 것인데, 옛날 사람들이 버번 위스키 산업을 이끌 땐 이런 일은 일어나지 않았어요. 새로운 세대가 스카치 위스키와 와인에서 많은 기술을 도입해왔기 때문에 새로운 풍미 프로필이 열리기 시작한 것이죠. 하지만 버번 위스키로 간주되는 이런 제품들이 엄밀히 말해 기준에 정확히 부합하지는 않는다는 점에서는 위험한 상황이기도 합니다. 저는 이 문제를 까다롭게 비판하는 사람이라 새로운 맛을 진심으로 좋아하기는 하지만 여기에는 '버번'이 아니라 '위스키'라는 라벨을 붙여주길 바랍니다. 긍정적인 측면을 살펴보면 소규모 증류소가 버번 위스키를 숙성시켜 출시하는 사례가 늘어나고 있으니 향후 20년 동안 버번 위스키의 풍미가 한층 더 향상될 것으로 보입니다. 오늘날에는 곡물의 풍미나 저알코올 제품을 꺼리지 않는 증류소가 점점 늘어나고 있는데 이런 제품에서는 더 버터 같은 질감을 느낄 수 있어요. 앞으로의 20년이 더욱 기대됩니다.

**Q: 빈티지 버번이란 무엇이고, 가장 좋아하는 빈티지 버번이 있다면 무엇일까요?**

A: 빈티지 버번이란 빈티지 위스키로 간주되기 시작하기에 최적의 시기인 1994년 이전에 생산된 버번 위스키입니다. GMO 곡물이 도입된 것이 1994년의 일입니다. 모든 증류소가 GMO 곡물을 사용하는 것은 아니지만 시간이 지나면서 점점 늘어나 사용되는 옥수수에 상당한 차이가 생기게 되었어요. 제가 가장 좋아하는 버번 위스키는 1960년대에 생산한 체스 말 모양의 올드 크로우 위스키입니다. 눈만 감으면 올드 크로우가 입안에 감돌다 넘어가던 순간을 언제고 다시 느낄 수 있어요. 정말 천국 같은 맛이었습니다.

# HOW TO TASTE
# BOURBON LIKE A PRO

## 프로처럼 버번 맛보는 법

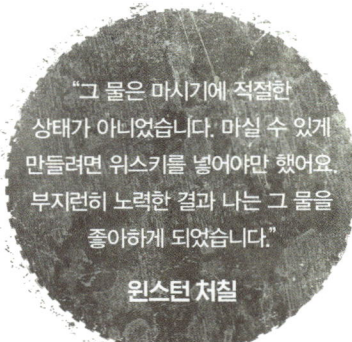

"그 물은 마시기에 적절한 상태가 아니었습니다. 마실 수 있게 만들려면 위스키를 넣어야만 했어요. 부지런히 노력한 결과 나는 그 물을 좋아하게 되었습니다."

윈스턴 처칠

프레드 미닉은 여러분이 간절히 바라는 일을 직업으로 삼고 있다. 바로 버번 위스키의 맛을 보고 등급을 매기는 일이다. 버번 위스키 애호가라면 그의 책을 반드시 읽어야 하는데, 팟캐스트와 글을 통해 버번 위스키를 대중화하겠다는 사명을 띤 그의 리뷰는 주류 업계에서는 매우 독특하게도 전문적인 정보를 제공하면서도 편안한 버번 위스키 문화를 만드는 데 일조하고 있다. 다음 답변을 보면 버번 위스키를 맛보는 방식이 완전히 바뀌게 될 것이다.

**1. 버번 위스키를 테이스팅할 때는 무엇을 확인해야 할까요?**
위스키를 평가할 때 저는 먼저 결점을 찾습니다. 불쾌한 냄새가 나지는 않는지? 테레빈유(소나무 수액에서 추출한 휘발성 용제 – 옮긴이)나 썩은 사과, 땀에 젖은 스포츠 양말, 매니큐어 같은 냄새는 부적절한 증류 과정 때문에 발생합니다. 그런 다음에는 숙성 노트를 찾습니다. 이는 위스키에 들어간 재료와 숙성 과정에서 비롯된 향입니다. 예를 들어서 젊은 버번 위스키에서는 옥수수와 나무의 향이 강하게 느껴지지만 숙성될수록 이 향은 부드러워지고 뚜렷함이 한풀 누그러집니다. 버번 위스키가 8년간의 숙성을 거친 후에도 자루에 달린 옥수수 같은 맛이 난다면 천천히 숙성되는 오크통에 있었다는 흔적일 수 있어요. 다음으

론 제 혀에 집중합니다. 어떤 느낌인가? 그 느낌이 얼마나 오래 남아있는가? 이 시점에는 위스키가 혀에서 어떻게 움직이는지에 집중해야 합니다. 파도처럼 밀려오는지, 아니면 수도꼭지에서 조금씩 천천히 흘러나오듯이 다가오는지 보세요. 저는 혀에서도 어느 부분의 느낌이 가장 두드러지는지 분석해 그 풍미를 집중적으로 살펴봅니다. 마지막으로는 여운이 얼마나 길게 이어지는지, 즉 삼킨 후에 가장 두드러지게 남아 있는 풍미는 무엇이고 그 향이 얼마나 오래 지속되는지를 보지요.

### 2. 버번 위스키 대부분의 풍미 프로필이 비슷하다는 점을 고려하면 어떤 버번이 더 나은 위스키인지 어떻게 구분할 수 있을까요?

저는 마음속에 체크리스트가 있어서 마음에 들지 않는 결점이나 숙성 노트가 발견될 때마다 점수를 깎는 편입니다. 하지만 버번 위스키의 수준을 구분하는 데 있어 가장 중요한 기준을 저는 '입안에서의 느낌 점수'라고 부릅니다. 말하자면 이 버번 위스키가 혀의 얼마나 많은 부분을 자극하는 가를 확인하는 것입니다. 많을수록 좋습니다. 그리고 각기 다른 버번 위스키 두 종의 입안에서의 느낌 점수가 모두 동일하다면 둘 중에서 혀에  서 여운이 더 오래 남는, 즉 '피니시가 긴' 버번 위스키를 선택합니다. 그것마저도 동일하다면, 글쎄요, 제 기분에 따라 달라질 것 같고 아마 여기서 개인적인 취향이 작용할 것입니다. 어떤 날에는 입맛을 다실 때 느껴지는 캐러멜 맛보다 진한 할라페뇨 풍미가 좋습니다. 때로는 콘브레드 향을 음미하기도 하지요. 가장 이상한 부분은 제 개인적인 취향과 혀의 반응이 매일 달라진다는 것입니다. 테이스팅은 운동과도 비슷합니다. 유난히 수행 능력이 뛰어난 날이 있죠.

### 3. 버번 위스키의 다양한 풍미는 어디서 오는 것일까요?

풍미의 원천은 다양합니다. 재료로 치면 곡물과 효모, 물, 나무가 있지요. 양조 기법으로 치면 발효와 증류, 숙성, 희석이 있습니다. 이 모든 것을 고려할 때 가장 두드러지는 풍미의 원천은 효모와 오크통이고 그다음으로 곡물과 양조 기법을 꼽을 수 있겠죠. 풍미의 원천을 딱 하나만 고른다면 오크통입니다. 창고에 나란히 앉아 있는, 속을 막 태운 오크통에서는 마법 같은 일이 일어납니다. 그리고 솔직히 말해서 같은 날에 원액을 채워 나란히 보관한 오크통 두 개에서 어떻게 그런 독특한 맛의 차이가 생겨나는지 아직 과학적으로는 완전히 설명하지 못합니다. 아마 제가 버번 테이스팅을 좋아하는 것도 그 때문인 것 같아요. 변수를 정의할 수 없거든요. 저는 과학보단 예술을 사랑하는 편입니다.

# HOW TO PAIR BOURBON FOR A DINNER PARTY

**저녁 파티를 위해 버번을 페어링하는 법**

다가올 저녁 파티에서 주인공이 되고 싶다면 버번 위스키를 테마로 한 식사를 준비해보자. 이 책의 레시피들을 주의 깊게 읽어보았다면 버번 위스키로 요리하는 법과 다양한 음식을 좋아하는 버번 위스키와 페어링하는 법에 대해 한두 가지는 배웠을 것이라고 해도 과언이 아닐 것이다. 하지만 여러 코스로 구성된 디너 파티에 버번 위스키를 곁들이려고 하면 상황이 훨씬 복잡해진다.

    버번 위스키는 도수가 높으므로 디저트가 나오기 전부터 식탁에서 시끌벅적하게 다툼이 일어나길 바라는 게 아니라면, 저녁 식사 매 코스마다 스트레이트 버번 위스키를 한 잔씩 돌리는 것은 현명하지 않은 선택이다. 그보다는 저녁 식사 전체에 걸쳐서 손님들이 버번을 조금씩 맛볼 수 있게 하는 것이 좋다. 여기 나의 몇 가지 지침을 소개한다.

- 칵테일은 버번 위스키를 내면서도 알코올 도수를 낮출 수 있는 근본적인 방법이다. 칵테일의 선택지 또한 무궁무진하므로 그 풍미의 파노라마 속에서 저녁 식사에 사용한 재료와 어울리는 것을 찾아낼 수 있다.
- 알코올 도수가 낮은 칵테일로 시작해서 높은 것으로 넘어가도록 하자. 맨해튼으로 시작한다면 더 나아갈 곳이 없으니 센 술을 마시기 전에 골드 러시(189쪽)처럼 가벼운 것부터 시작하거나 간단하게 클럽 소다를 탄 버번 위스키를 내도록 하자.
- 음료는 음식보다 달지 않아야 한다. 이는 와인과 위스키, 무알코올 칵테일 등 모든 음료 페어링에 적용되는 규칙이다. 우리의 입은 혀에 닿는 가장 달콤한 맛에 적응하기 때문에 달콤한 칵테일을 짭짤한 코스에 내놓으면 음식의 맛이 되레 밋밋하게 느껴진다. 마지막 코스를 내기 전까지는 과일 향이 너무 강하거나 달콤한 칵테일은 피하도록 하자.
- 저녁 식사의 초반에 최고의 버번 위스키를 내고, 마지막으로는 가장 아래 선반에 쉽게

보관하는 술을 내도록 하자. 그간 많은 버번 위스키를 주제로 한 저녁 식사에 참석해보았는데 주로 마지막 코스까지 기다려야 하거나, 더 심한 경우 저녁 식사가 다 끝난 이후에 20년 버번 위스키를 꺼내는 경우가 많았다. 하지만 그때쯤이면 은은한 풍미는 이미 느낄 수 없게 된다. 수없이 많은 코스 요리와 음료를 들이켠 이후에는 고급 증류주가 아니라 소화를 위한 제산제를 찾아야 마땅하므로. 만일 귀하고 섬세한 버번 위스키로 손님들에게 깊은 인상을 남기고 싶다면 식사를 시작할 때, 즉 미각이 아직 신선할 때 내놓도록 하자. 물이나 클럽 소다 등을 곁들여서 각자 받아 든 버번 위스키의 도수를 자신의 기준에 맞게 낮출 수 있도록 하고, 되도록 단순하게 제공하자. 버번 위스키 디너에서는 가장 좋은 것을 마지막까지 아껴두는 것이 좋은 것만은 아니다.

- 마지막으로, 재미있게 즐기자. 버번 위스키는 대화를 시작하기에 좋은 주제다. 살면서 고요한 버번 위스키 저녁 식사는 경험한 적이 없다. 손님들 모두가 즐거운 시간을 보낼 수 있도록 하자. 나의 버번 위스키 컬렉션이 얼마나 비싼 것인지에 대해 늘어놓는 15분짜리 강의를 좋아하는 사람은 아무도 없다. 버번 위스키가 스스로의 가치를 드러내게 하자. 코스가 넘어갈 때마다 이 버번 위스키가 얼마나 귀한 것인지 자랑하는 집주인만큼 활기찬 저녁 식사의 분위기를 깨는 요소도 없다는 점도 기억하자.

# THE BOURBON FLAVOR WHEEL

## 버번 풍미 바퀴

마시고 있는 버번 위스키의 맛을 어떻게 표현할 수 있을까? 부드러운가, 아니면 거친가? 달콤한가, 맵싸한가? 담배 향이 나는가, 오렌지 껍질 향이 나는가? 이 모든 것은 우리 머릿속에서 만들어지는 개념일까, 아니면 우리가 버번을 마실 때 맛보는 모든 풍미 속에 진짜 과학이 살아 숨 쉬고 있는 것일까? 많은 바와 증류소에서 버번 위스키의 맛을 묘사할 때 참고할 수 있는 풍미 바퀴를 자체적으로 제공하고 있지만 초보자에게 있어서 가장 이해하기 쉬운 예시는 미국 버번 협회가 선보이는 풍미 바퀴(The bourbon tasting wheel, 다양한 풍미 요소를 원형으로 배열하여 인접한 풍미가 서로 유기적으로 이어지도록 시각적으로 설계한 도표. - 옮긴이)다.

풍미 바퀴는 우리가 입안에서 느껴지는 것을 단어로 표현하는 데에 도움이 되는 단순한 가이드다. 처음으로 테이스팅 연습을 할 때는 버번 위스키를 조금씩 마시면서 느껴지는 향과 맛에 대해 열린 마음을 유지하려고 노력하는 것이 중요하다. 풍미 바퀴 안쪽에 적힌 단순한 용어, 예를 들어 '달콤하다' 또는 '맵싸하다'부터 시작해보자. 버번 위스키 테이스팅 경험이 쌓이면 점점 묘사가 구체화된 외곽 바퀴로 옮겨갈 수 있다.

기본적으로 풍미 바퀴는 술을 마시는 사람들에게 입안에서 느껴지는 맛을 설명할 수 있는 단어를 제공한다. 이것이 때로는 화려한 어휘를 남발하는 허세 가득한 연습으로 변질되기도 하지만, 자신이 경험한 것을 설명할 수 있게 되면 자신감이 생겨난다.

미국 버번 협회의 풍미 바퀴는 술을 마시는 사람들이 출발점으로 삼기 좋은 다섯 가지의 주요 풍미 카테고리를 규정하고 있다. 단맛, 향신료, 곡물, 나무, 그리고 과일과 꽃이다. 가장 쉽게 구별할 수 있는 최상위의 '노트'다.

버번 위스키를 한 모금 마셨더니 과일과 향신료 맛이 동시에 느껴진다고 가정해보자. 이 바퀴를 참조하면 '과일' 맛이 그다음의 하위 범주인 익힌 과일, 말린 과일, 생과일, 베리류 또는 열대 과일 중 어디에 해당하는지 판단할 수 있다. 예를 들어 베리류의 맛이 난다면 한 모금 더 머금어서 블랙베리와 라즈베리, 블루베리, 체리 중 어디에 가장 가까운지 알아낼 수 있다.

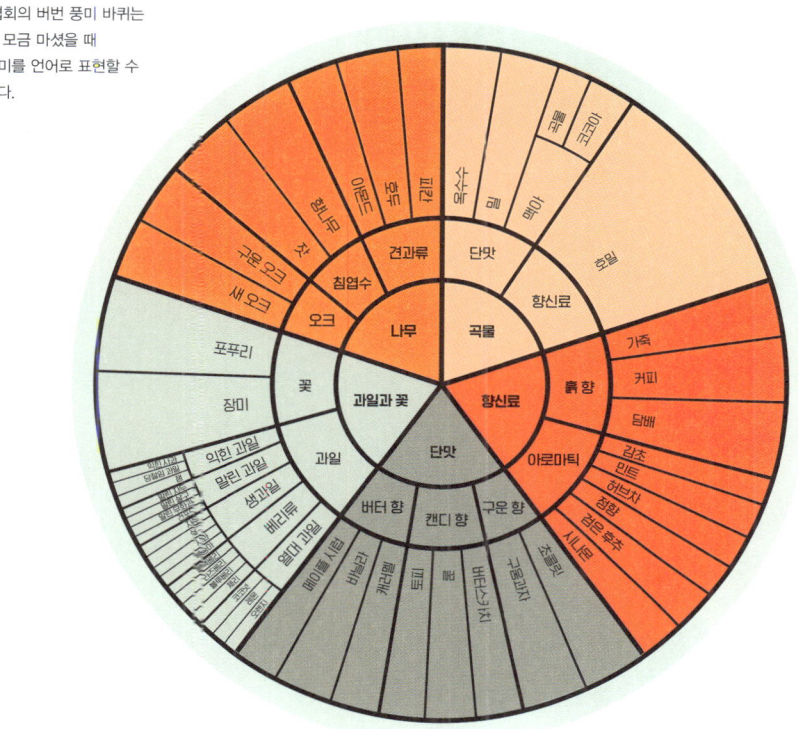

미국 버번 협회의 버번 풍미 바퀴는 위스키를 한 모금 마셨을 때 느껴지는 풍미를 언어로 표현할 수 있도록 돕는다.

    '향신료'에서 동일한 방식을 따르다 보면 하위 범주가 점점 더 구체적으로 구분되기 시작한다. 아로마틱, 그리고 흙 향이다. '아로마틱'에는 감초와 민트, 허브차, 정향, 검은 후추, 시나몬 같은 풍미(와 향)가 포함된다. 한편 '흙 향'에는 가죽과 커피, 담배가 속한다. 물론 하나의 버번 위스키에서 한 범주에 속하는 다양한 향을 동시에 느낄 수도 있기 때문에 한 가상의 버번 위스키에서 검은 후추와 커피 향을 동시에 느낄 수도 있다.

    따라서 결과적으로 버번 위스키의 풍미를 이렇게 묘사할 수 있게 된다. "블랙베리와 검은 후추, 커피 향이 강하게 느껴집니다." 실제 버번 위스키에는 이러한 과일이나 향신료가 전혀 들어가 있지 않지만 이들 풍미 자체는 아주 실감 나게 느낄 수 있으며, 버번 위스키를 맛보는 경험을 더욱 풍성하게 만든다. 이런 풍미를 점점 더 정확하게 인식하기 시작하면 증류주를 예술의 한 형태로 보는 새로운 시각을 갖게 된다. 증류주에서 이렇게 독특하고 다양한 맛을 경험할 수 있다는 것은 정말 기적과도 같은 일이다.

# THE IMPORTANCE OF A RICKHOUSE

## 릭하우스의 중요성

릭하우스(또는 랙하우스rackhouse)는 버번 위스키 오크통을 보관하기 위해서 설계된 직사각형 구조물이다. 숙성 과정이 이루어지며 맑은 증류액이 태운 오크 나무의 풍미를 흡수해 갈색 액체로 변하는 곳이다. 켄터키의 교외를 차로 달리다 보면 버번 위스키 통이 옆으로 나란히 누워 있는 거대한 건물인 릭하우스가 풍경에 점점이 수 놓여 있는 것을 볼 수 있다. 릭하우스는 온도 조절이 되지 않기 때문에 사계절의 온도 변화에 취약하다. 릭하우스의 이러한 디자인은 변화하는 온도가 오크통의 나무를 팽창했다가 다시 수축하기를 반복하게 만들어 버번 특유의 색과 풍미를 탄생시킨다.

릭하우스의 구조는 복잡하다. 버번 위스키 통을 보관하는 구조물은 외벽에 의존하지 않는 들보에 달려 있기 때문에 만약에 외벽이 무너지더라도 내부 구조는 그대로 유지된다. 오크통이 길게 늘어선 줄마다 그 사이사이에 통풍이 잘되게 하고 작업자가 지나다니며 통의 상태를 확인할 수 있도록 만든 통로가 있다. 오크통은 릭하우스 내부에서도 어느 위치에 있느냐에 따라 서로 다른 속도로 숙성된다. 맨 위에 있는 오크통은 더 높은 온도에 노출되어 있기 때문에 땅에 가까운 오크통보다 더 빠르게 내용물이 증발한다. 창문으로 향해 놓인 오크통은 중간에 있는 통과는 다른 맛의 버번 위스키를 만들어낸다. 숙성 과정에서 통을 돌리거나 위치를 바꾸기에는 오크통 자체가 너무 무겁기 때문에 일단 숙성이 되고 나서 수석 증류사가 개입하게 된다. 수석 증류사의 작업은 오크통마다 맛을 보고 다양한 버번 위스키를 블렌딩해서 해마다 일관된 맛을 유지하게 하는 것이다. 이는 과학인 동시에 예술이다.

나는 릭하우스에서 시간을 보내길 좋아한다. 조용하고 평화로운 곳이다. 보통 먼지가 쌓인 복도를 배회하는 고양이 한두 마리만이 나를 방해할 뿐이다. 릭하우스 내에는 거미줄이 서식하고 있다. 열린 창문을 통해 햇빛이 들어오면서 꿈결 같은 빛줄기를 만들어낸다. 릭하우스에 서 있는 것은 조용히 숙성되면서 풍미를 더해가는 수만 배럴의 버번 위스키 향기에 잠겨 있는 것과 같다.

증류소 투어

# CENTRAL KENTUCKY

켄터키 중부

렉싱턴과 루이빌 사이의 지역은 일반적으로 켄터키 중부라고 불리지만 나는 이곳이야말로 버번 위스키의 신이 깃든 곳이라고 생각하고 싶다. 이곳의 풍경은 햇볕에 그을린 구불구불한 언덕과 풀을 뜯는 말들이 거니는 푸른 목초지, 풍화된 헛간, 가족이 대대로 운영하는 농장, 부드러운 바람에 실려 사방으로 퍼지는 버번 위스키의 향으로 가득하다.

이 투어는 동쪽이든 서쪽이든 어느 방향에서나 시작할 수 있지만 나는 루이빌에서 첫발을 뗀다. 크레스트우드에서 제퍼슨 버번 위스키 라인을 비롯한 여러 브랜드의 증류주를 생산하는 계약 증류소인 **켄터키 아티잔 증류소**KENTUCKY ARTISAN DISTILLERY부터 방문해보자. 이 브랜드는 트레이 졸러의 지휘 아래 중고 버번 위스키 오크통을 이용해 제품을 마무리 숙성하는 최신 트렌드 중에서도 가장 급진적이고 획기적인 아이디어를 시험하고 있는데, 예를 들어 버번 위스키 통이 미시시피강을 따라 내려가던 원래의 여정(156쪽 참조)을 모방하기 위해서 오크통 전체를 바다에서 수개월간 숙성하기도 했다.

**불릿 디스틸링 컴퍼니**BULLEIT DISTILLING CO.는 동쪽으로 차를 조금만 몰면 닿을 수 있는 위치에 있는데, 켄터키의 유명 증류소를 둘러보는 그랜드 버번 투어의 시작점으로 삼기 좋다. 상대적으로 최근에 등장한 불릿은 미국 전역의 거의 모든 바와 레스토랑

의 진열대를 장식하며 세계적으로 가장 빠르게 성장하는 브랜드로 주목받고 있다. 쉘비빌의 바로 위쪽에는 **젭타 크리드 증류소**JEPTHA CREED DISTILLERY가 있다. 네더리 가문이 소유한 이 증류소와 농장, 역사적인 스코틀랜드 혈통은 이 토양과 역사, 그리고 그들이 생산하는 버번 위스키에 담긴 정신을 모두 자연스럽게 이어주고 있다. **캐슬 앤 키 증류소**CASTLE&KEY DISTILLERY는 수년간 방치되고 혼란스러웠던 유명한 증류소를 다시 문 열게 한 프로젝트의 성공적인 결과물이다. 새 소유주는 독특한 유럽풍 건축 양식

을 그대로 보존했고, 그 덕에 많은 원래 구조물이 그대로 남아 있어서 증류소 투어 시 과거의 흔적이 현재의 터전 위를 기꺼이 거니는 듯한 특별한 경험을 선사한다.

이쯤 되면 아마 다들 월러스 스테이션 델리 앤 베이커리Wallace Station Deli and Bakery에서 샌드위치를 하나 먹고 싶어질 것이다. 지금까지 맛본 중 최고의 피멘토 치즈를 먹게 될 것이고, 현지의 에일-8-원 소다를 마시는 것도 잊지 말자.

다음 투어 코스는 가장 잘 알려진 역사적인 브랜드로 오늘날 우리가 알고 있는 버

번 위스키 산업의 기초를 형성한 거대 기업이다. 버번 위스키 역사상 가장 즉각적으로 존경을 받는 이름이 몇몇 있는데, 그중 하나가 짐 러틀리다. 수석 증류사이자 고향의 영웅으로, **포 로즈 증류소FOUR ROSES DISTILLERY**를 부활시키면서 여타의 버번 업계인들에게 청사진을 제공했다.(폴 존스 주니어가 포 로즈 버번 위스키라 이름 지은 계기에 대해서는 스포일러 없이 이야기할 수 없으므로, 이 매력적인 이야기를 듣기 위해 증류소를 직접 방문할 만한 가치가 있다고만 말해둔다.)

다음 목적지는 로렌스버그에 자리한 그 유명한 **와일드 터키 증류소WILD TURKEY DISTILLERY**다. 지금은 와일드 터키가 가장 인기 있는 버번 위스키라고 할 수 없지만 60년 이상의 경력으로 세계에서 가장 오래 근무한 증류사인 이곳의 수석 증류사 지미 러셀이 없었다면 현대의 버번 위스키 산업은 존재할 수 없었을 것이다. 이 병에 담긴 위대한 지혜를 생각하지 못한다면 정신이 나갔다고 본다.

흔히 크래프트 버번 위스키 시대가 시작된 것은 **우드포드 리저브 증류소WOODFORD RESERVE DISTILLERY**가 1996년에 그 이름을 단 버번 위스키를 출시하면서부터라고들 한다. 버번 위스키의 명성이 아직 땅바닥에 떨어져 있던 시절, 우드포드는 켄터키의 자랑스러운 사명 선언문과 독특한 병 모양, 그리고 버번을 다시 멋진 술로 만들겠다는 헌신을 내세우며 등장했다. 수석 증류사 크리스 모리스와 엘리자베스 맥콜의 세심한 지도 아래 이 브랜드는 누구도 상상하지 못했던 성공을 거두었다. 하지만 연간 판매량이 백만 케이스를 넘어가기 시작했기 때문에 요즘은 크래프트 증류소라고 부르기가 힘들다.

**버팔로 트레이스 증류소BUFFALO TRACE DISTILLERY**는 조지 T. 스태그George T. Stagg 라벨을 포함하여 블랜턴스Blanton's, W. L. 웰러W. L. Weller, 콜로넬 E. H. 테일러 주니어 Colonel E. H. Taylor, Jr, 그리고 누구나 손에 넣고 싶어 하지만 구하기가 불가능에 가까운 패피 반 윙클 등 세계에서 가장 인기 있는 버번 위스키를 생산한다. 할렌 휘틀리라는 이름을 아직 몰랐다면 반드시 알아야 하는데, 이 모든 성공이 그의 재임 동안 이루어진 것이기 때문이다. 이곳을 거닐다 보면 신성한 땅을 밟고 있는 듯한 느낌이 들 수도 있는데, 그건 실제로 그런 곳이기 때문이다.

마을을 떠나는 길에 프랭크포트의 **릭스 화이트 라이트 다이너**Rick's White-Light Diner에 들러서 버거와 맥주를 맛보고 켄터키 지역 한정 기념품을 감상하며 긴장을 풀어보자.

# MUSHROOM GRILLED CHEESE WITH BOURBON GRAVY

### 버번 그레이비를 곁들인 버섯 그릴드 치즈 샌드위치

버섯에서 느껴지는 숲길 바닥 같은 풍미를 조리해서 깊고 풍부한 향으로 응축시키면 버번 위스키의 감칠맛이 더욱 두드러진다. 프로볼로네 치즈는 버섯, 그리고 버번 위스키와 환상적인 궁합을 자랑한다. 여기에선 이미 맛깔스러운 샌드위치에 버번 양파잼을 더해 도저히 멈출 수 없게 만들었다. 다만 양파잼이 없다고 이 샌드위치 만들기를 포기하진 않았으면 하니 생략은 가능하다. 하지만 한 번만 제대로 만들어보면 양파잼이 있어야 한다는 걸 이해하게 될 것이다. 버번 그레이비는 샌드위치에 찍어 먹으면 더욱 매혹적인 조합을 완성할 수 있다.

[분량 2인분]

- 무염 버터 5큰술
- 곱게 다진 양파 1컵
- 기둥을 제거하고 곱게 다진 양송이버섯 340g
- 코셔 소금 1/4작은술
- 검은 후추 갓 간 것 1꼬집
- 버번 위스키 3큰술
- 발사믹 식초 1과 1/2작은술
- 간장 1과 1/2작은술
- 설탕 1/2작은술
- 사워도우 빵 4장(길이 15cm, 너비 10cm)
- 마요네즈 2작은술
- 프로볼로네 치즈 8장
- 버번 양파잼(선택, 69쪽 참조) 1큰술
- 서빙용 버번 그레이비(다음 장 참조)

대형 팬에 버터 1큰술을 넣고 중간 불에서 녹인다. 다진 양파를 넣고 자주 뒤적이며 3분간 볶는다. 버터 3큰술과 다진 양송이버섯을 넣고 소금과 후추로 간한다. 센 불로 올리고 버섯에서 즙이 빠지고 거의 졸아들 때까지 약 5분간 계속 뒤적이며 익힌다. 중약불로 줄이고 살짝 노릇해질 때까지 약 12분간 익힌다. 이때 물기가 거의 없는 상태여야 한다.

팬에 버번 위스키와 발사믹 식초, 간장, 설탕을 넣는다. 자주 휘저으면서 수분이 거의 날아갈 때까지 약 6분간 졸인다. 버섯 혼합물을 볼에 옮겨 담고 샌드위치를 준비한다.

《 다음 장에 계속 》

도마에 빵을 놓는다. 샌드위치 1개당 아래쪽 빵 1장에 마요네즈를 1작은술 펴 바른다. 모든 빵에 치즈를 2장씩 얹는다. 버섯 혼합물을 아래쪽 빵에 약 1/4컵씩 얹는다. 버번 양파잼을 추가한다면 버섯 혼합물 위에 1작은술씩 얹는다. 위쪽 빵을 덮어 샌드위치를 완성한다.

팬을 한 번 닦아 중간 불에 올리고 남은 버터 1큰술을 넣어 녹인다. 샌드위치를 올리고 뚜껑을 덮는다. 2분간 익힌 다음 샌드위치를 뒤집고 다시 뚜껑을 덮어 3분간 굽는다. 다 구워진 샌드위치를 꺼내어 반 잘라서 따뜻한 버번 그레이비를 곁들여 바로 낸다.

## BOURBON GRAVY
### 버번 그레이비

활용도가 뛰어난 그레이비로 로스트 치킨은 물론 추수감사절의 칠면조, 미트로프, 심지어 햄버거에 곁들이기에도 좋다. 내 생각에 버섯 그릴드 치즈 샌드위치(205쪽)에 가장 맛있게 곁들여 먹는 법은 따로 컵에 담아서 샌드위치 한 입마다 푹 찍어 먹는 것이다.

[분량 2와 1/2컵]
무염 버터 3큰술      버번 위스키 1/4컵
밀가루 2큰술         헤비 크림 1/2컵
소고기 육수 2컵      코셔 소금 적당량

대형 팬에 버터를 넣고 중간 불에 올려서 녹인다. 밀가루를 넣고 거품기로 1분간 휘저으며 익힌다. 육수와 버번 위스키를 넣고 5분간 뭉근하게 익힌다. 크림을 넣고 걸쭉하고 크리미해질 때까지 2분 더 익힌다. 소금으로 간해서 뜨겁게 낸다.

# BROWN RICE, SPELT, AND BOURBON RISOTTO

## 현미 스펠트 버번 리소토

부드러운 쌀 요리로 전통적인 리소토라 할 순 없지만 천천히 익히는 조리 기법에 비슷한 구석이 있다. 고소함과 감칠맛, 흙 향기가 따뜻하고 편안한 감각을 선사한다. 낙엽이 축축하게 물드는 늦가을이 찾아온 첫 쌀쌀한 저녁 날에 만들어보자. 숙성 버번 위스키를 온더락으로 따라서 좋아하는 비터스를 한 대시 섞어 곁들이면 좋다.

[분량 메인 2인분]

현미 1/4컵
다진 양송이버섯 170g
깍둑 썬 보스크 배 1개 분량
깍둑 썬 양파 1/2개 분량
다진 마늘 2쪽 분량
올리브 오일 1과 1/2작은술
무염 버터 1큰술

갈아낸 파르메산 치즈 1/2컵, 장식용 길게 깎은 것 여분
버번 위스키 1/4컵
채수 4컵
코셔 소금 1/4작은술
스펠트 밀 1컵
버번 소금 1꼬집(80쪽)
갓 으깬 검은 후추 적당량

소형 냄비에 물 1/2컵, 현미, 소금을 넣는다. 중강불에 올려서 한소끔 끓인 다음 약불로 낮추고 뚜껑을 닫아서 현미가 물을 전부 흡수해 부드럽게 익을 때까지 35분간 뭉근하게 익힌다.

다른 냄비에 올리브 오일을 두르고 중간 불에 올린다. 양파와 마늘을 넣고 3분간 볶다 버섯을 넣고 3분 더 볶는다. 스펠트와 버번 위스키를 넣고 약 4분간 익힌다. 채수 3컵을 붓고 스펠트가 수분을 거의 흡수해서 부드럽지만 식감이 남아 있을 때까지 25분간 뭉근히 익힌다.

익힌 현미와 남은 채수 1컵을 넣는다. 계속 저으면서 수분이 다 흡수될 때까지 익힌다. 이때 덩어리지지 않도록 주의한다. 버터와 파르메산 치즈를 넣고 부드러워질 때까지 약 4분간 익힌다.

따뜻한 접시에 리소토를 담고 길게 깎아낸 파르메산 치즈를 얹는다. 깍둑 썬 배와 으깬 후추, 버번 소금을 뿌린다. 바로 낸다.

# WHISKEY ONION SOUP

## 위스키 양파 수프

이 레시피는 내가 어렸을 적 전설적인 요리책인 『조이 오브 쿠킹』을 보고 처음으로 만들었던 요리인 '프랑스식 양파 수프'에서 영감을 받은 것이다. 이제 나는 더 이상 어린이가 아닌 것은 물론 프랑스에 살지도 않기에 와인 대신 위스키로 수프의 맛을 낸다.

[분량 3인분]

- 달콤한 양파(비달리아 품종 추천) 1.35kg
- 무염 버터 8큰술
- 메이플 시럽 1/3컵
- 버번 위스키 1과 1/2컵
- 소 육수 4컵
- 간장 1/3컵
- 사과 식초 2큰술
- 코셔 소금 1큰술
- 검은 후추 갓 간 것 적당량
- 서빙용 체다 치즈 웨이퍼(212쪽, 선택)

양파는 세로로 길게 채 썬다.

대형 냄비 또는 더치 오븐에 버터를 넣고 중간 불에 올려서 녹인다. 버터에 거품이 일기 시작하면 양파를 넣고 중강 불로 놓인다. 나무 주걱으로 자주 골고루 휘저으면서 약 10분간 볶는다. 양파에서 수분이 빠져나와 천천히 바닥부터 캐러멜화되기 시작할 것이다.

계량컵에 버번 위스키와 메이플 시럽, 간장, 식초를 넣어 잘 섞는다. 양파가 노릇한 갈색을 띠면 버번 혼합물 3분의 1을 붓고 냄비 바닥에 붙은 파편을 도두 긁어낸다. 수분이 모두 날아가서 양파가 다시 갈색이 될 때까지 익힌다. 같은 과정을 두 번 더 반복한다. 버번 혼합물을 모두 넣은 후에는 2분 정도 건드리지 않고 가열해서 알코올을 모두 날린 다음 육수를 전부 붓는다. 중간 불로 한소끔 끓인 다음 양파는 부드러운 갈색이 되고 수프는 살짝 걸쭉해질 때까지 20분간 뭉근하게 익힌다.

소금과 후추로 간을 맞춘 다음 속이 깊은 그릇에 담고 취향에 따라 체다 치즈 웨이퍼를 얹어서 낸다.

《 다음 장에 계속 》

# CHEDDAR CHEESE WAFERS

## 체다 치즈 웨이퍼

체다 웨이퍼는 양파 수프에 치즈 풍미가 더해진 구운 바게트 같은 바삭바삭함을 선사한다. 내가 너무 좋아하는 나머지 수프 없이도 간식으로 먹곤 하는 웨이퍼다. 반드시 좋은 품질의 체다 치즈를 사용해서 직접 강판에 갈아내는 것이 좋다. 미리 갈아져 있는 체다 치즈는 제대로 녹지 않으니 사용하지 말자.

[분량 6개]
숙성 체다 치즈 170g
실온의 부드러운 무염 버터 3큰술
밀가루 3/4컵

카이엔 페퍼 1꼬집
코셔 소금과 검은 후추 갓 간 것

오븐을 190℃로 예열한다.

박스 그레이터의 가장 굵은 면을 이용해서 체다 치즈를 간다. 대형 볼에 갈아낸 치즈 110g(3분의 2 분량)을 담는다. 버터를 넣고 골고루 잘 섞는다. 밀가루와 카이엔 페퍼, 소금, 검은 후추를 넣어 간한다.

작업대에 치즈 혼합물을 얹는다. 꼭 쥐면 한 덩어리의 형태를 유지하는 반죽이 될 때까지 치댄다. 6등분해서 공 모양으로 빚는다.

깨끗한 작업대에 유산지를 깔고 반죽 하나를 얹은 뒤 밀대를 이용해서 지름 7.5~10cm 크기의 원형으로 민다. 가장자리는 거친 모양 그대로 둔다. 시트 팬에 옮겨 담고 나머지 반죽으로 같은 과정을 반복한다.

오븐에서 10분간 굽는다. 팬을 꺼내어 웨이퍼 위에 남은 치즈 간 것 56g을 고르게 뿌린다. 다시 오븐에 넣고 치즈가 녹을 때까지 3~4분 더 굽는다. 오븐에서 꺼낸 뒤 바로 위스키 양파 수프에 얹어서 내거나 밀폐용기에 담아 실온에 2일간 보관하며 간식으로 먹는다.

# SLOW-GRILLED CHINESE EGGPLANT IN BOURBON MISO

### 버번 미소에 천천히 구운 가지

버번 위스키의 풍미가 아시아 요리 고유의 풍미와 얼마나 잘 어울리는지 볼 때면 항상 놀랍기 그지없다. 가지 미소 구이는 일본과 중국에서 가장 고전적인 메뉴로 손꼽힌다. 하지만 여기에 버번 위스키를 추가하면 신선한 느낌을 주는 새로운 음식으로 변신한다. 아시아 요리도 남부 요리도 아닌, 두 음식 문화의 아름다운 만남이다.

[분량 전채 2인분]

- 가지 2개
- 길게 얇게 저민 새송이버섯 2개 분량
- 생 생강 간 것 1큰술
- 곱게 송송 썬 세라노 고추 1개 분량
- 다진 마늘 4쪽 분량
- 진한 미소 2큰술
- 볶은 참기름 2큰술과 2작은술
- 버번 위스키 3큰술
- 사과 주스 1/2컵
- 물 1/4컵
- 간장 1과 1/2큰술
- 쌀 식초 1조은술
- 참깨 1작은술
- 설탕 1큰술
- 코셔 소금과 검은 후추 갓 간 것 적당량

가지를 길게 반으로 자른다. 안쪽 속살에 격자무늬로 칼집을 넣는다.

대형 볼에 사과 주스와 물, 버번 위스키, 미소, 간장, 설탕, 간 생강, 참기름 2작은술, 식초, 다진 마늘을 넣는다. 거품기로 잘 섞어 미소 소스를 만든다.

대형 팬에 참기름 1큰술을 두르고 중간 불에 올려 달군다. 버섯을 올려 한 면당 2분씩 굽는다. 소금과 후추로 간한 뒤 꺼내어 접시에 옮겨 담는다.

남은 참기름 1큰술을 팬에 두르고 가지를 안쪽 속살이 아래로 가도록 넣는다. 2분간 익힌 다음 미소 소스를 붓고 뚜껑을 닫아 중간 불에서 8분간 익힌다. 뚜껑을 열고 가지 상태를 확인한다. 만지면 살짝 부드러운 상태여야 한다. 가지를 뒤집어서 뚜껑을 연 채로 가지는 부드럽게, 미소 소스는 노릇하게 캐러멜화될 때까지 2분간 굽는다.

접시에 가지를 담는다. 가지 위에 버섯을 얹고 팬에 고인 미소 소스를 두른다. 송송 썬 고추와 참깨를 뿌려 바로 낸다.

# POACHED OYSTERS
# IN BOURBON BROWN BUTTER

### 버번 브라운 버터에 익힌 굴

내가 미국 동부 해안이나 걸프만 연안의 굴을 이용해서 즐겨 만드는 요리다. 하지만 산지에 너무 구애받지 말자. 신선하고 크고 통통하고 즙이 가득한 굴이면 된다. 굴 껍데기를 깔 때는 칼로 굴 살점을 자르지 않도록 주의하자.

그리츠는 아슬아슬하게 수프에 가까울 정도로 아주 부드러워야 한다. 버번 브라운 버터에 굴을 천천히 데치면 따뜻하고 버터 향이 가득하면서도 아직 생생하게 살아 있는 듯한 식감을 입안에 선사한다. 위에 두르는 매콤한 식초의 양을 조절하는 것이 관건이다. 한 대시보다는 조금 더 많아야 하지만 접시 위 다른 풍미의 맛을 압도할 정도로 많이 뿌려서는 안 된다.

[분량 전채 2인분]

맷돌 제분 옐로우 그리츠 1/2컵
껍데기를 깐 굴 10개(설명 참조)
곱게 송송 썬 빨간 태국 고추 1개 분량
장식용 다진 생 처빌 또는 파슬리 적당량
버번 브라운 버터(이어지는 레시피 참조) 1컵

닭 육수 2컵
버번 위스키 1/4컵
매운 식초 3대시(이어지는 레시피 참조)
무염 버터 2큰술
코셔 소금 적당량

중형 냄비에 물 2컵과 육수 1컵을 넣고 잘 섞는다. 중강 불에 올려서 한소끔 끓인다. 거품기로 계속해서 휘저으면서 그리츠를 천천히 부어 섞는다. 버번 위스키를 넣고 뚜껑을 반 정도 닫는다. 중약불로 낮추고 가끔 저어가며 그리츠를 15분간 익힌다. 뚜껑을 완전히 열고 남은 육수 1컵과 무염 버터를 넣는다. 지속 저으면서 그리츠가 걸쭉해지기 시작할 때까지 10~15분간 익힌다. 약불로 줄이고 먹기 전까지 따뜻하게 보관한다.

다른 중형 냄비에 버번 브라운 버터를 넣고 중간 불에 올려서 끓지 않도록 주의하면서 따뜻하게 데운다. 브라운 버터는 절대로 너무 뜨겁지 않게, 만지면 따뜻할 정도로만 데워야 한다.

《 다음 장에 계속 》

종이 타월로 굴의 물기를 가볍게 제거한 다음 따뜻한 브라운 버터에 넣는다. 중강불로 올려서 굴 크기에 따라 45초~1분간 익힌다. 가장자리가 살짝 말리고 약간 단단해지되 통통해서 안이 살짝 따뜻해졌을 뿐 아직 날것인 상태여야 한다. 굴이 익으면 불에서 내리고 그물국자로 건져서 따뜻한 접시에 담는다.

그사이 따뜻한 그리츠는 냄비에서 살짝 걸쭉해졌을 테니 내기 직전에 물 몇 작은술을 넣고 빠르게 휘저어 잘 섞는다. 그리츠를 접시에 얇고 평평하게 펼쳐 담는다. 따뜻한 굴을 얹는다. 버번 브라운 버터를 그리츠와 굴 위에 두르고 소금을 살짝 뿌려 간한다. 처빌이나 파슬리, 태국 고추 약간으로 장식한다. 매콤한 식초를 뿌려서 바로 낸다.

# HOT VINEGAR

### 매콤한 식초

이 식초 한두 대시면 음식에 매콤한 산미를 더할 수 있다. 내 냉장고에는 항상 이 매콤한 식초가 한 병씩 들어 있지만 오래 보관할 수는 없기 때문에 아래 레시피를 두 배 분량 정도로 만드는 것이 적당하다.

[분량 2컵]

빨강 태국 고추 3개
송송 썬 할라페뇨 1개 분량
껍질을 벗긴 생 생강 1톨 (약 2.5cm 크기)
팔각 2개
쌀 식초 2컵

소형 냄비에 모든 재료를 넣고 센불에 올려서 한소끔 끓인다. 1분간 바글바글 끓인 다음 불에서 내려 5분간 식힌다. 뚜껑이 있는 유리병에 담아 냉장고에서 1개월간 보관할 수 있다.

# BOURBON BROWN BUTTER
## 버번 브라운 버터

버번 위스키의 굉장히 감각적인 특징 중 하나는 바로 오크통 숙성 기간 동안 탄생하는 견과류와 캐러멜화된 향이다. 버터를 갈색이 되도록 가열하는 과정도 비슷한 효과를 낸다. 이 두 가지를 섞어서 소스를 만들면 완벽에 가까운 맛을 낼 수 있다. 깊고 고소한 풍미를 가미하고 싶은 섬세한 요리에 잘 어울리므로 새우나 대합, 관자 등 해산물에 사용해보자.

[분량 1컵]
무염 버터 12큰술  생 레몬 즙 약간
버번 위스키 1/2컵  천일염 1작은술

소형 냄비에 버터를 넣고 중간 불에 올려서 거품이 일 때까지 약 2분간 데운다. 소금을 넣고 버터가 갈색이 되고 고소한 향이 나기 시작할 때까지 약 2분 더 가열한다. 불에서 내리고 나무 주걱으로 바닥에 붙은 파편을 긁어낸다. 버번 위스키를 아주 천천히 붓는다. 거품이 바글바글 끓어오를 것이다. 버번 위스키를 다 붓고 나면 레몬 즙을 몇 방울 뿌리고 먹기 전까지 따뜻하게 보관한다.

# BOURBON-POACHED BASS WITH PEAS AND SCALLIONS

### 완두콩과 파를 곁들인 버번 농어 메밀국수

---

생선을 화이트 와인으로 천천히 찌듯이 익히는 것은 와인의 풍미를 가득 품은 채로 버터처럼 부드럽게 만들어내는 고전적인 요리 기법이다. 버번 위스키도 같은 방식으로 활용할 수 있다. 버번 위스키는 와인보다 훨씬 맛이 강하기 때문에 결과물인 육수에도 그 풍미가 그대로 반영된다. 그 결과 버번 위스키의 독특한 풍미가 배경으로 은은하게 울려 퍼지는 놀랍도록 가볍고 부드러운 소스가 완성된다. 이 육수를 만들려면 생선 뼈가 필요하다. 통생선을 손질해서 판매하는 시장이나 상점 어디에서든 구할 수 있을 것이다.

[분량 메인 4인분]

- 메밀국수 225g
- 농어 필레 4장(각 85~110g)
- 잘게 썬 생선 뼈 450g(설명 참조)
- 웨지로 썬 양파 1개 분량
- 큼직하게 썰어서 깨끗하게 씻은 리크 1대 분량
- 말린 표고버섯 8개
- 반으로 자른 레몬 1개 분량
- 냉동 완두콩 1과 1/2컵
- 다시마 1개(5cm 크기)
- 곱게 송송 썬 실파 3대 분량
- 무염버터 1큰술
- 올리브 오일 1큰술
- 버번 위스키 2컵
- 물 3L
- 간장 2큰술
- 백미소 1큰술
- 가람 마살라 3큰술
- 코셔 소금 1/2작은술, 취향껏 여분

대형 냄비에 올리브 오일을 두르고 중간 불에 올린다. 양파와 리크를 넣고 부드러워질 때까지 2분간 익힌다. 가람 마살라를 넣어서 잘 섞는다. 버번 위스키를 넣고 센 불로 올린다. 양이 3분의 1로 줄어들 때까지 약 6분간 익힌다.

《 다음 장에 계속 》

생선 뼈를 넣고 물, 표고버섯, 레몬, 다시마, 간장, 소금을 넣는다. 한소끔 끓인 다음 중약불로 낮춰서 45분간 아주 뭉근하게 익힌다. 이때 주기적으로 수면에 올라오는 불순물을 제거한다. 불에서 내린 뒤 체에 걸러서 육수만 남기고 건더기는 버린다. 이 요리에 쓰고 남은 육수는 밀폐용기에 담아서 냉동실에 2개월간 보관할 수 있다.

가장자리가 높아 생선 뼈가 모두 들어가는 크기의 냄비에 육수 8컵을 넣고 약한 불에 올려서 천천히 뭉근하게 끓도록 데운다.

농어 필레에 앞뒤로 소금 간을 한다. 조심스럽게 육수에 넣는다(육수는 조리용 온도계로 약 82℃, 즉 끓기 직전의 온도여야 한다). 농어가 불투명해질 때까지 두께에 따라 10~12분간 천천히 익힌다.

다른 냄비에 물을 끓여서 메밀국수를 넣고 봉지의 안내에 따라 보통 10분 정도 삶는다. 건져서 그릇 4개에 나누어 담는다.

그물 국자로 농어 필레를 육수에서 조심히 건져내 메밀국수 위에 하나씩 얹는다. 육수를 한소끔 끓여서 미소와 버터를 넣고 거품기로 잘 휘저어 섞는다. 완두콩을 넣고 1분 더 익힌다. 맛을 보고 소금으로 간한다. 육수와 완두콩을 생선 위에 얹은 뒤 실파로 장식해서 낸다.

# BRAISED BEEF SHANKS
# IN BOURBON SAUCE

### 버번 소스 소 정강이 찜

버번 위스키의 풍미는 오랜 시간 천천히 익히는 찜에서도 일절 퇴색되지 않는다. 오히려 더욱 깊고 향기로워진다. 여기서는 소고기를 버번 위스키에 익혀서 살살 녹는 완벽한 질감으로 만들어낸다. 순무는 버터처럼 투드럽고 감미로워진다. 이 마음 푸근한 찜에 가진 중 가장 좋은 위스키를 한 잔 곁들여 내보자.

[분량 메인 2인분]

소 정강이 뼈째 2개(각 450g)

껍질을 벗긴 진즈양파(실버스킨 양파라고도 불리는 구슬처럼 작은 크기의 양파로 껍질이 잘 벗겨지지 않으며 단맛이 강하다 - 옮긴이) 141g(약 10개)

껍질을 벗기고 웨지로 썬 순무 1개 분량

어린 당근 4개

무염 버터 2큰술

올리브 오일 1큰술

우스터 소스 1큰술

버번 위스키 3/4컵

소 육수 3컵

간장 1과 1/2큰술

발사믹 식초 1과 1/2작은술

코셔 소금과 검은 후추 갓 간 것 적당량

먼저 소 정강이를 소금과 후추로 간해서 15분간 재운다.

대형 냄비에 올리브 오일을 두르고 중강불에 올려서 달군다. 소 정강이를 넣고 골고루 노릇노릇하게 2분간 지진다. 육수와 물 2컵, 버번 위스키 1/2컵을 붓는다. 약불로 낮추고 뭉근하게 끓인다. 간장과 우스터 소스, 식초를 넣고 뚜껑을 반 정도 닫아 2시간 30분간 뭉근하게 익힌다. 주기적으로 수위를 확인해서 소 정강이가 국물에 계속 완전히 잠겨 있도록 물을 조금씩 추가한다.

2시간 30분이 지나면 정강이 상태를 확인한다. 아주 부드러워져 뼈에서 고기가 바로 분리될

《 다음 장에 계속 》

정도여야 한다. 남은 버번 위스키 1/4컵과 진주양파, 당근, 순무를 넣는다. 뚜껑을 닫고 20분 더 뭉근하게 익힌다. 버터를 넣고 5분 더 익힌다. 불에서 내리고 뚜껑을 연 채로 10분간 그대로 휴지한다.

소 정강이를 꺼내서 접시에 담고 함께 익힌 채소와 졸인 국물을 끼얹는다. 소금과 후추로 간을 해서 바로 낸다.

**NOTE**  진주양파의 껍질을 벗기려면 우선 위아래를 잘라내고 볼에 넣은 다음 물 2큰술을 넣는다. 랩을 씌워서 전자레인지에 45초간 돌린다. 양파를 건져서 종이 타월로 문질러 껍질을 벗긴다. 이러면 껍질이 쉽게 벗겨질 것이다. 전자레인지가 없다면 팬에 물 1/4컵과 양파를 넣고 2분간 익힌 다음 건져서 같은 방식으로 껍질을 벗긴다.

# COPPER AND CARAMEL

## 구리와 캐러멜

> "버번은 재료와 브랜드명을 초월한다. 친구들을 하나로 단합시키고 적을 화해하게 만드는 하나의 문화와 느낌, 화합을 구현한다."
>
> **프레드 미닉**
> 『버번 큐리어스: 요령 있는 애주가를 위한 간단 테이스팅 가이드』
> Bourbon Curious: A Simple Tasting Guide for the Savvy Drinker

가장 처음으로 캐러멜을 직접 만들어야 하는 임무를 맡았을 때는 2.3kg짜리 설탕 한 봉지와 버터, 헤비크림을 건네받았을 뿐이고 그 외엔 아무런 설명도 없었다. 내가 알루미늄 팬을 두 번 태우자 이를 불쌍히 여긴 즈리사 한 명이 냄비 선반에 걸려 있던 구리 론도 팬을 가리켰다. 설탕을 천천히 녹여서 갈색이 되도록 가열해 캐러멜을 만드는 것은 까다로운 작업으로, 일단 팬의 온도가 적절해야 한다. 게다가 설탕을 숟가락으로 휘저으면 결정화가 되어버린다. 반드시 설탕이 모두 녹아서 호박색 웅덩이가 될 때까지 천천히 팬을 기울여야 한다. 나는 셰프가 다시 주방으로 돌아와서 나를 노려보기 전에 이 모든 것을 깨우쳤다. 그리고 설탕 한 더미를 고르게 가열해서 한쪽은 검게 그을려 연기가 피어오르고 한쪽은 녹지 않은 결정이 굴러다니게 되지 않도록 해주는 구리 냄비의 마법을 알게 되었다. 그날 나는 구리 냄비와 사랑에 빠졌고, 이후로 중고품 가게에서 그한 으 드일랑E. Dehillerin(200년 이상의 역사를 지닌 프랑스의 전통 조리도구 전문점.-옮긴이) 냄비에 이르기까지 구할 수 있는 모든 것을 구입하며 구리 냄비를 수집해왔다.

구리는 기적과도 같은 금속으로 가장 오래된 기록에서도 요리, 증류 기술과 관련되어 있던 것이 확인된다. 효모나 박테리아와 마찬가지로 구리와 인류의 관계는 구리의 화학적인 작용을 미처 설명할 수 있기 전부터 형성되어왔다. 구리는 증류에 있어서 여러 가지 이유로 선호하는 금속이었다. 첫째, 구리는 가단성(외부의 충격에 파손되지 않고 늘어나는 성질.-옮긴이)이다. 역사적으로 아직 도구가 발달하지 않았던 시기에도 구리를 망치로 손쉽게 두들겨 증류기를 만들 수 있었다. 그리고 구리는 열을 빠르고 균일하게 전도한다. 이는 요리에도 편리하지만 증류에는 필수적인 요소다. 그러나 아마 구리의 가장 중요한 기능은 특정 유형의 박테리아를 제거하고 곰팡이를 제어하는 능력일 것이다. 구리는 종종 정수용 살충제로 사용된다. 버번 위스키의 풍미를 결정하는 요소는 많지만 구리는 특히 버번의 풍미 프로필에서 특정 무언가를 제거해준다는 점에서 중요하다. 구리는 버번 위스키의 청정제다.

벤돔 코퍼 앤 브래스 워크스Vendome Copper & Brass Works는 세계 최고의 구리 증류기 생산 업체로 루이빌 시내 중심부, 오하이오 강과 시청 자동차 압류 보관소에서 몇 블록 떨어진 곳에 자리하고 있다. 회사 이름 자체는 생소할 수 있지만 켄터키 버번 위스키를 좀 마셔본 누구나 이 회사의 전문 기술로 혜택을 누린 적이 있을 것이다. 켄터키의 증류소를 둘러보면 모든 투어의 중심이 아름다운 구리 단식 증류기 또는 연속식 증류기가 된다는 사실을 체험하게 된다. 구리 증류기는 그 자체로 반짝반짝 빛나고 고풍스러우면서 동시에 현대적이다. 그 앞에서 셀카를 찍기에도 좋고, 천장까지 뻗은 그 거대한 크기에 감탄하게 된다. 구리 증류기에 달린 창문을 기웃거리면 그 안에서 맑은 증류액이 흔들리는 것을 볼 수 있다.(운이 좋으면 그 화이트 독을 한 모금 맛보고 식도를 뚫고 지나가는 타는 듯한 느낌을 경험할 수도 있다.) 그리고 옆에 부착된 명판을 자세히 들여다보면 아마 벤돔 회사의 로고가 자랑스럽게 붙어 있을 것이다.

지금은 퇴직한 벤돔의 금속공 숀 스티븐스에 따르면 제조 과정에 구리를 사용하는 전통은 아주 오래된 것이다. "아마 7,500년 전부터 그랬을 겁니다." 숀이 설명했다. "어떤 화학적 성질이 있는지에 대한 연구가 이루어지기 전부터 구리가 사용되었던 이유는 가단성 물질이었기 때문일 거예요. 구리가 항균성이라는 것을 알아낸 것은 로마인이었습니다. 그래서 그들은 수도관과 조리도구를 만드는 데 구리를 사용했죠."

이것은 구리의 물리적인 구조 때문이다. 사람의 눈으로 보기에는 겉면이 매끄럽고 광택이 흐르는 것 같지만 현미경으로 구리 조각을 관찰하면 마치 쇠수세미처럼 모든 원자가 격자 모양으로 정렬되어 있는 모습을 볼 수 있다. "더 크고 불쾌한 원자와 분자는 격자 구조에 갇히고요," 숀이 말했다. "더 가볍고 과일 향이 나는 것들은 위로 올라갑니다." 그 불쾌한 분자란 유황 계열의 화합물 그룹이다. 이들은 불에 탄 성냥과 썩은 달걀, 그리고 그렇다, 바로 방귀 냄새와 맛을 만들어낸다. 모두 일반적으로 우리가 버번 위스키에서 원하는 맛은 아니다. 구리는 여기에서 정화 및 해독 작용을 담당한다.

벤돔의 역사는 미국 위스키의 역사다. 가족 소유의 증류주 제조업체인 이 회사는 W. 엘모어 셔먼 1세에 의해 설립되었으며 현재는 셔먼 가문의 4대째 자손이 경영을 맡고 있다. 롭 셔먼과 함께 벤돔을 둘러볼 기회가 있었는데 공장 사이를 걸어 다니는 것은 마치 다양한 생산 단계를 거치는 거대한 증류기와 발효기로 가득한 공항 격납고를 거니는 듯했다. 구리를 망치로 두드리는 소리는 산업적이면서 고풍스러운 느낌이 든다. 어떤 방에는 용접공이 업무에 열중하고 있고, 또 다른 방에는 거울 같은 커다란 구리판이 구부러지고 볼트에 박혀 증류기가 되기만을 기다리고 있었다. 마치 끊임없이 소음이 울려 퍼지는 쿠퍼리지처럼 이곳의 작업에도 리듬감이 있었다. 증류기의 모양새는 시행착오를 통해 완성된다. 노하우는 반복을 통해 전수된다. 이런 종류의 작업에는 설명서가 없다. 본능적이고 촉각적이다. 롭은 나에게 심하게 산화되어 새까맣게 변한 오래된 증류기를 보여주었다. 1913년에 만들어서 멕시코 후아레스로 운송되었던 것으로, 그곳에서 한 부도덕한 증류소가 이 증류기를 이용해 위스키를 만들었고 금주법 기간 동안 미국에 불법으로 이를 수출했다. 누군가가 이 증류기를 발굴해서 벤돔 로고를 보고 롭에게 전화를 걸어 혹시 가져갈 생각이 있냐고 문의한 것이다. 롭은 이틀 다시 루이빌로 실어와 회사 본사에 자랑스럽게 전시했다.

벤돔의 정확한 설립 연도는 아무도 모르지만, 가장 오래된 벤돔 증류기는 1910년에 제작되었다는 기록이 있다. 초기의 벤돔은 E. H. 테일러E. H. Taylor나 주니어 앤 선즈 Jr. & Sons, J. T. S. 브라운 앤 선즈 J. T. S. Brown & Sons와 같은 평판 좋은 회사들과 거래를 했다. 그러나 금주법이 제정되면서 벤돔은 하루아침에 대부분의 고객을 잃고 말았다. 이후 의학용 에탄올을 생산할 수 있는 회사나 연료용 에탄올을 생산하는 회사와 협력하면서 살아남았다. 1933년에 미국 수정 헌법 제21조가 금주법을 폐지하자 증류주 산업이 다시 번성했고 벤돔 증류기의 수요가 급증했다. 1937년에는 오하이오 강이 범람해서 강 근처에 있던 공장이 거의 붕괴될 뻔하기도 했다.

1930년대의 호황 이후 제2차 세계대전으로 제약이 생겼고 1942년까지 모든 증류소는 전시용 에틸알코올 수요로 인해 주류 생산이 금지되었다. 전쟁이 끝난 후에는 위스키에 대한 대중 선호도가 떨어지기 시작해 벤돔의 오랜 고객 중 상당수가 사업을 접었다. 버번 위스키에 있어서는 암울한 시기였지만 벤돔은 대부분의 사업을 다른 주에서 수행하고 화학과 제약, 유제품, 제과업계의 고객과 협력하며 불황의 시기를 버텼다. 그리고 1990년대에 들어서면서 크래프트 증류소 붐이 일어났고, 그 이후로 벤돔은 그 어느 때보다 바쁜 나날을 보내고 있다.

지금은 크래프트 증류소에 들어가면 아름답게 제작한 구리 증류기가 마치 한가운데 놓인 장식물처럼 반짝반짝 빛나는 모습이 보이는 것이 당연하게 느껴질지도 모른다. 하지만 버번 위스키의 역사가 항상 그랬던 것은 아니다. 버번 위스키 역사의 초반은 장사치와 사기꾼, 모조품 제조업자가 판치던 시절이었다. 증류사는 나무와 손에 넣을 수 있는 아무 고철로 만들어낸 뒷마당의 증류기로 술을 빚었다. 품질은 좋지 않았고 술값은 저렴했다. 바는 부도덕과 매춘의 소굴이었다. 위스키는 도덕적인 면에서 약점으로 인식되었고, 노숙자나 범죄 행위와 같은 사회적 문제는 술 탓이 되었다. 초기 위스키 문화에 대한 직접적인 대응으로 절제 운동이 일어나기도 했다.

오늘날 구리 증류기는 품질을 보장하는 상징이 되었으며, 이 때문에 증류소마다 증류기를 자랑스럽게 전시하고 있다. 미시시피 강을 따라 내려가는 배 위에서 버번 위스키가 천천히 숙성되던 제이컵 스피어스의 초기 시절부터 지금까지 우리는 먼 길을 걸어왔다. 그리고 과거의 낭만적인 이야기가 기업의 독창적인 과학 기술과 정밀함과 함께 포장되는 시점에 도달했다. 그러나 이 모든 기술과 혁신 속에서도 버번 위스키에는 여전히 눈에 보이지 않는 예술이, 쿠퍼리지의 오크통에서부터 미래의 증류소를 위해 정성스럽게 모양 잡힌 구리 증류기에 이르기까지 대대로 이어져 내려오는 굳건한 전통이 존재한다. 우리는 때때로 이미 지나간 과거를, 버번 위스키가 가장 인기 있는 술이 아니던 단순했던 시절을 그리워한다. 하지만 사실 그 초창기는 불안과 사기, 파산, 부패가 가득한 힘든 시기였다. 물론 1950~60년대에 생산한 훌륭한 버번 위스키를 맛본 적도 있지만, 지하에서 그런 술을 발견하는 일은 거의 드물다. 사실 현재 버번 위스키의 품질과 깊이, 폭은 그 어느 때보다 우수하다. 켄터키 사람들은 그 어느 때보다 자랑스러워하고 있다. 그리고 그 잠재력 또한 그 어느 때보다도 크다.

버번 위스키는 그 복잡성에도 불구하고 본질은 깊은 바닐라 향이 나는 관대한 술이다. 바닐라와 캐러멜, 아몬드, 토피 향이 우리가 가진 단맛의 욕구를 자연스럽게 충족시킨다. 버번 자체는 단맛이 나는 음료가 아니지만 달콤한 향이 더해져서 단 음료처럼 느껴진다. 우리의 입맛이 버번 위스키의 단맛에 영향을 받지 않기에 디저트가 돋보일 수 있어 달콤한 디저트와도 잘 어울리는 술이다. 이 책에서 소개하는 디저트(246~270쪽)는 버번 위스키를 파트너 삼아 만든 것이다. 디저트에 있어서 절제란 필요하지 않다. 방종이 바로 미덕이다. 버번 위스키는 숙성 기간이 길기 때문에 어떤 디저트와 만나도 깊이와 복합성을 더해준다. 크림과 달걀, 밀가루 케이크와도 잘 어울린다. 초콜릿과 체리, 견과류처럼 뚜렷한 풍미에도 지지 않는다. 저녁 식사를 마무리하는 데에 버번 위스키를 중심으로 한 디저트에 살짝 녹은 얼음과 잘 숙성된 버번 위스키 한 잔을 곁들여서 살살 돌려 흔들어가며 마시는 것보다 더 좋은 방법이 있을까?

# POT STILL VS. COLUMN STILL

## 단식 증류기 vs. 연속식 증류기

증류기는 액체를 증류해서 알코올로 만드는 데 사용되는 모든 장치를 말한다. 버번 위스키 증류에 가장 일반적으로 사용되는 증류기에는 두 가지가 있다. 바로 단식 증류기와 연속식 증류기다. 단식 증류기는 구리로 제작하며 액체를 가열하는 둥근 주전자 같은 부분으로 이루어져 있다. 여기 담긴 알코올성 화합물이 증기로 변해서 원뿔형 목을 타고 올라가며 비알코올성 화합물과 분리된다. 이 증기가 식으면 알코올이 훨씬 농축된 액체가 된다. 버번 위스키 제조 과정에서 나오는 이 맑은 증류액은 '화이트 도그'라고 부르며, 이제 오크통에 넣어서 숙성할 준비를 마친 셈이다.

    단식 증류기는 한 번에 한 회분만 증류할 수 있기 때문에 매번 증류 과정을 마칠 때마다 증류기를 열어서 사용한 매시를 제거하고 주전자 부분을 깨끗하게 청소해야 다음 증류분을 넣고 가동할 수 있다. 힘들고 시간이 많이 걸리는 작업이다.

    1830년에 아일랜드인 에네아스 코피Aeneas Coffey가 연속식 증류기 디자인으로 특허를 받았는데, 이 구조는 연속식 증류기인 동시에 코피 증류기라고도 불린다. 그의 발명은 1813년에 최초의 연속식 증류기를 특허로 등록한 장-밥티스트 셀리에 블뤼망탈Jean-Baptiste Cellier Blumenthal과 기존의 연속식 증류기에 일련의 냄비 및 피스톤을 연결해서 더 복잡한 장치로 만들어 혁신을 가져온 스코틀랜드인 로버트 클라인Robert Klein 등 여러 과학자와 엔지니어의 오랜 노력의 결정체다. 연속식 증류기는 여러 개의 판으로 구성되어 있다. 액체가 판이나 쟁반을 따라서 내려가다 증기와 만나면 알코올이 증발하고, 그 증기는 다시 판을 따라 올라간다. 각 판은 그 아래 있는 판보다 조금씩 더 차가운데, 순수한 증류액을 만들려면 판이 많이 필요하다. 이 새로운 종류의 증류기는 연속 증류를 가능하게 해줘서 더 많은 알코올을 생산할 수 있게 되었고 통 세척으로 인해 지연되는 일이 줄었다.

    오늘날에는 대부분의 버번 위스키 산업에서 연속식 증류기나 연속식 증류기가 연결된 단식 증류기인 하이브리드 증류기를 사용하고 있다. 아마 이 시점이면 왜 현대에 와서 굳이 단식 증류기를 사용하는 사람이 있냐고 반문할 수도 있다. 그것은 비용과 공간 때문이다. 단식 증류기는 연속식 증류기보다 훨씬 저렴하고 공간도 적게 차지한다. 루이빌에 있는 올드 포레스터 디스틸링 컴퍼니에서 사용하는 것 같은 현대식 연속식 증류기는 키가 13m를 넘어간다. 소규모 크래프트 증류소나 증류업에 막 뛰어든 회사가 감당하기에는 너무 큰 금액의 투자가 필요하다.

게다가 많은 증류소에서 단식 증류기에 중요한 의미를 두는 데는 향수와 전통의 이유도 있다. 증류소에 들어가서 반짝이는 구리 단식 증류기를 보면 스코틀랜드와 아일랜드에서부터 이어지는 위스키의 역사적인 뿌리를 느낄 수 있다. 백조 목의 곡선을 닮은 라인암으로 이어지는 원추형 목이 달린 구리 증류기의 직사각 형태만큼 아름다운 존재는 없다. 이를 사용하는 모든 증류소에게 있어 구리 증트기는 건물의 중심이자 자부심, 그리고 예술의 원천이 되어준다.

# PAPER PLANE
##### —
## 페이퍼 플레인

루이빌의 오랜 바텐더 펠리시아 코벳Felicia Corbett은 환대 그 자체인 사람이다. 따뜻하고 친절하며 언제나 고객이 원하는 바로 그 스타일의 칵테일을 골라준다. 내가 무엇을 마셔야 할지 고민하고 있을 때 펠리시아가 페이퍼 플레인을 추천했는데, 그 이후로 내가 가장 좋아하는 칵테일 목록에 이름을 올리게 되었다.

[분량 1잔]
버번 위스키 또는 호밀 위스키 21g     생 레몬 즙 21g
아마로 노니노 21g     장식용 레몬 트위스트 1개
아페롤 21g

칵테일 셰이커에 버번 위스키와 아마로 노니노, 레몬 즙, 아페롤을 넣고 얼음을 넣은 다음 세차게 흔든다. 체에 걸러서 쿠프 글라스에 따른다. 레몬 트위스트로 장식한다.

> "제가 버번 위스키와 사랑에 빠지게 된 이유는 여러 가지입니다. 추억을 만들어주고, 배우야 할 건 끝이 없고, 하지만 무엇보다 허세를 부릴 필요가 없다는 점이 제일 커요. 세상에는 훌륭한 버번이 정말 많아서 계속 맛보며 나에게 맞는 버번을 찾아나가는 과정이 참으로 재미있죠."
>
> **펠리시아 코벳**

# STARTING A BOURBON COLLECTION

## 버번 컬렉션 시작하기

버번 위스키 컬렉션은 예산을 얼마만큼 투자하느냐에 따라 달라진다. 현실적인 예산부터 세우고 그에 맞는 것을 구입하자. 희귀한 라벨과 빈티지 위스키를 구하는 데에는 너무 신경 쓰지 말자. 내가 분명히 마실 것 같은 제품을 충분히 구입하는 것이 좋다. 이 병들이 내 컬렉션의 기초가 되어준다. 한정판이나 싱글 배럴 병을 세일하는 것을 봤다면 하나 이상 구입하자. 한 병은 마시고 나머지 한 병은 나중에 마시려고 보관하게 될 것이다.

    인터넷도 둘러보자. 개인 경매와 판매 루트를 항상 찾을 수 있다. 비록 저렴하지는 않지만 찾아보면 어딘가에 있기는 있다. 다만 온라인에서 익명의 판매자로부터 버번 위스키를 구입하기 전에는 진품 여부를 확인하는 것이 좋다. 버번 위스키의 인기가 높아지면서 이 세계에서도 사기가 점점 더 흔히 발생하고 있기 때문이다.

    인근의 주류 판매점 주인, 그리고 버번 위스키를 취급하는 인근 식당 주인과도 친하게 지내도록 하자. 친절하게 버번 위스키에 대한 관심을 표현해서 나쁠 것이 없다. 어쩌면 희귀한 위스키가 들어왔을 때 귀띔을 해줄지도 모르는 일이다. 항상 최고 입찰자만이 희귀한 위스키를 얻을 수 있는 건 아니라는 점을 기억하자. 소매업자는 누가 본인에게서 위스키를 구입한 다음 휙 뒤돌아서 바로 중고 시장에 팔아버리는 것을 정말 싫어한다. 여러분이 좋은 사람이고, 소매업자가 여러분이 버번 위스키를 진짜로 마실 것이라는 것을 알면 큰 도움이 된다.

    그리고 직접 증류소를 방문해보자. 많은 증류소에서 주 밖에서는 판매하지 않거나 다른 방법으로는 구할 수 없는 위스키를 자체 소매점에서 판매하고 있다. 우리 주변의 다른 사람은 가지고 있지 않은 멋진 버번을 구할 수 있는 좋은 방법이다. 그리고 증류소의 뉴스레터에 가입하자. 희귀한 제품을 출시할 때면 알림을 보내줄 것이다. 그리고 다시 한번 말하지만 방문했을 때 투어 가이드를 친절하게 대하자. 어쩌면 좋은 가격에 좋은 술을 판매하는 작고 외진 주류 판매점에 대한 정보를 줄 수도 있다.

    버번 위스키는 마시는 것이 목적인 술이다. 나는 개봉하지 않은 버번 위스키가 쭉 늘어선

인상적인 컬렉션을 제일 싫어한다. 버번 위스키 병은 박물관에 전시하는 물건이 아니니 즐기고 함께 나눠야 한다. 그러니 자신의 컬렉션을 마음껏 즐기자. 너무 집착하지 말고, 감당할 수 있는 금액 이상으로 지출하지 말자. 버번 위스키는 아주 순식간에 너무 비싼 것으로 넘어갈 수 있으니 이건 그저 좋은 친구들과 함께 몇 시간 정도 즐겁게 놀면서 마실 수 있는 액체에 지나지 않는다는 시각을 잃지 말아야 한다.

## 경영자

# VICTOR YARBROUGH

빅터 야브로

무엇이든 최초로 시도하려면 엄청난 용기와 비전이 필요하다. 역사적으로 거의 백인만 독점해온 업계에서 아프리카계 미국인 최초로 버번 위스키 증류소 소유자가 된다는 것은 획기적인 일이다. 빅터 글로벌 LLC의 공동 설립자인 빅터 야브로는 두 형제와 함께 브로 브라더스Brough Brothers 증류회사를 운영하고 있다. 그는 원래 켄터키 대학을 졸업한 후 런던 골드만 삭스에서 근무했다. 그러다 고향의 버번 위스키가 그리워지고 유럽인에게 자신의 켄터키 유산을 소개하고 싶다는 생각에 영국에는 버번 위스키를, 미국에는 영국식의 도수가 높은 사과주를 유통하기 시작했다. 지금은 주류 산업에서 풀타임으로 근무하며 새로운 영역을 개척하고 역사를 만들어내고 있다.

*Q: 가장 좋아하는 버번 위스키 마시는 방법은 무엇인가요?*

A: 저는 버번 위스키를 레모네이드와 함께 마시는 것을 가장 좋아합니다. 레모네이드의 달콤하고 톡 쏘는 풍미가 브로 브라더스의 단맛이 나는 버번 위스키와 완벽하게 어우러지거든요. 딸기나 블루베리 같은 과일을 으깨 섞으면 훨씬 맛있죠.

*Q: 브로 브라더스는 최초로 흑인이 소유한 버번 위스키 증류소입니다. 스스로에게 어떤 의미가 있을까요?*

A: 켄터키에서 최초의 흑인 소유 증류소를 운영한다는 것은 우리 역사에서 굉장히 중요한 일입니다. 형제이자 사업가로서의 여정을 넘어 증류주 제조 분야에서 아프리카계 미국인이 걸어온 여정을 상징하죠. 우리는 다른 아프리카계 미국인이 이 분야에 진출할 수 있는 문을 열었고, 청소년들에게 엔터테인먼트와 스포츠라는 일반적인 성공 사례 외의 모습을 그려볼 기회를 제공하고 있습니다.

*Q: 런던에서 지낸 적이 있다고 들었습니다. 런던에서도 버번 위스키가 스카치 위스키만 한 인기를 끌 수 있을 거라고 생각하시나요?*

A: 제가 10년이라는 세월을 보낸 런던은 우리 회사가 첫 발을 내디딘 곳이기도 하죠. 그곳에서 저는 최고의 레스토랑과 소매점, 바를 다니면서 파트너십을 맺었습니다. 그리고 미국식 레스토랑이 유입되면서 버번 위스키 붐이 시작되는 것도 보았죠. 인구통계학적 변화와 영국 내 미국 문화의 영향력 증가를 보면 20년 안에 버번 위스키가 스카치 위스키만 한 인기를 얻게 될 것이라고 믿습니다.

*Q: 버번 위스키 증류소는 어디에든 설립할 수 있었을 텐데요. 루이빌을 선택한 이유가 있다면요?*

A: 제 고향에서 시작하는 것이 중요했어요. 우리의 지역 사회에 일자리를 창출하고 지역 사회에 영감을 줄 수 있기 때문입니다. 또한 장벽을 허물려면 우리 가족과 친구의 지원이 필수적이었습니다. 우리는 켄터키주 최초의 아프리카계 미국인 소유의 증류소로 역사를 만들어 우리 도시를 더욱 자랑스럽게 만들고 싶었습니다.

*Q: 버번 위스키의 미래는 어떻게 보십니까?*

A: 장래는 밝습니다. 브로 브라더스는 전통적인 버번 위스키 소비층보다 더 넓고 다양한 고객을 대상으로 사업을 확장하면서 이 업계의 틈새시장을 개척하고 있습니다. 업계 전체가 향후 50년 동안의 전 세계 수요를 충족하기 위해 수십억 달러를 버번 위스키 생산에 투자하고 있습니다.

# BOURBON IN POP CULTURE

## 대중문화 속의 버번 위스키

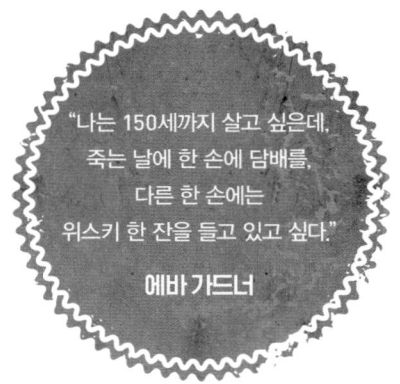

"나는 150세까지 살고 싶은데, 죽는 날에 한 손에 담배를, 다른 한 손에는 위스키 한 잔을 들고 있고 싶다."
— 에바 가드너

버번 위스키는 대중문화와 오랜 기간 논쟁적인 사이를 유지해왔는데, 텔레비전과 영화에서 묘사되는 버번 위스키의 특징을 보면 우리가 음주 문화와 어떤 관계를 맺고 있는지 알 수 있다.

고전적인 알프레드 히치콕의 스릴러 영화인 〈북북서로 진로를 돌려라 North by Northwest〉에서 캐리 그랜트는 매디슨 애비뉴의 광고 회사 간부인 로저 손힐을 연기하는데, 여기에서 신원 착오로 납치를 당한다. 깡패 두 명은 납치한 손힐을 버번 위스키에 취하게 만든다. 나중에 그는 어머니에게 전화를 걸어 무슨 일이 있었는지 설명하는데, 대화는 이렇게 이어진다. "이 남자 둘이 나한테 버번 위스키 한 통을 들이부었어요. 물도 한 잔 주지 않았다고요!"

마찬가지로 1959년에 개봉한 영화 〈뜨거운 것이 좋아 Some Like It Hot〉에서 마릴린 먼로는 온수팩을 칵테일 셰이커 삼아 늦은 밤에 맨해튼을 몇 잔 마신다. 당시 버번 위스키는 사교계의 음료로 친숙하면서 가벼운 느낌으로 사회적으로 널리 받아들여졌다. 하지만 대중의 인식 속에서는 점차 유행에서 밀려나 이후로 수십 년간 암울한 역할을 맡게 된다.

영화 〈허슬러 Hustler〉에서 폴 뉴먼이 연기한 '패스트 에디' 펠슨은 약하고 결점이 많은 인물로 묘사되며 허름한 지하 당구장과 도박장을 돌아다니며 버번 위스키를 마신다. 당구 게임의 클라이맥스에서 그는 J.T.S. 브라운 버번 위스키를 병째로 들이켠다.

1969년 반체제 영화인 〈이지 라이더 Easy Rider〉에서 잭 니콜슨(조지 핸슨 역)은 플라스크에

캐리 그랜트(가운데)가 연기한 로저 쏜힐은 1959년 작 스릴러 영화 〈북북서로 진로를 돌려라〉에서 인질로 잡힌 사이 버번 위스키에 취하고 만다.

담긴 짐 빔을 마시는데, 이때 버번 위스키는 마약 및 기타 범죄 행위와 관련된 문화적 은유를 담고 있다. 〈샤이닝The Shining〉에서 정신적으로 불안정한 주인공인 잭 토렌스(이 또한 잭 니콜슨)는 호텔 바에서 버번 위스키를 주문한다(다만 실제로 마신 것은 잭 다니엘스다).

버번 위스키에 대한 인식은 영화 〈블루 벨벳Blue Velvet〉에서 데니스 호퍼가 연기한 정신 나간 범죄자 프랭크 부스가 이사벨라 로셀리니가 연기한 도로시 발렌스를 잔인하게 강간하기 직전에 버번 위스키를 마시는 장면에서 가장 악명 높은 정점에 도달한다. 사교계의 음료에서 범죄와 약점, 그리고 완전한 광기의 상징으로 변하고 만 것이다. 이 시기는 당시 더 높은 인기를 구가하던 브드카와 진에 버번 위스키 산업이 밀리고 만 때와 일치한다.

그렇다면 1990년대 후반에 버번의 르네상스를 촉발한 사건은 무엇이었을까? 일단 고급 버번 위스키 업계에 다시 투자가 들어오면서 보드카는 솜사탕 맛 상품으로 그 역할을 마무리하게 되었다. 하지만 나는 버번 위스키가 다시 인기를 얻게 된 데에는 두 가지 주요 요인이 작용했다고 생각한다. 9·11 테러 이후 미국이라는 국가에 대한 새로운 열정이 생겨났다. 미국산 수제 치즈에서 칵테일에 들어가는 재료에 이르기까지 셰프와 바텐더는 국내산에 대한 대중의 애국심을 충족시키려고 했고, 러시아의 보드카와 영국의 진, 프랑스의 와인은 갑자기 유행에서 벗어났다. 버번은 미국산이다. 역사와 전통을 가지고 있으며 풍미가 일관적이라 칵테일의 이상적인 베이스가 된다.

또한 그 무렵에는 요리사와 바텐더도 버번 위스키를 마셨다. 가격이 저렴하고 양이 많은 술이었다. 내가 레스토랑에서 일했던 초창기에는 퇴근하고 나면 다들 한두 잔씩 술을 마시곤 했다. 대표는 요리사들이 케털 원Ketel One(네덜란드 노렛 가문이 생산하는 프리미엄 보드카-옮긴이)을 주문하게 두지 않았지만, 와일드 터키Wild Turkey는 원하는 만큼 마실 수 있었다. 이후 셰프이자 TV 진행자인 앤서니 보데인이 버번 위스키에 대해 이야기하기 시작했고 그의 쇼에서도 버번 위스키를 마셨다. 이 한 사람이 버번 위스키의 인기에 미친 영향을 정확하게 측정하는 것은 불가능하다. 어느 순간 모든 셰프와 바텐더, 레스토랑 블로거, 미식가가 버번을 마셨고 탐나는 패피 반 윙클 한 병을 손에 넣기 위한 집착에 불을 붙였다. 전 세계가 주목했고 할리우드도 마찬가지였다.

영화 〈크레이지, 스투피드, 러브Crazy, Stupid, Love〉에서는 버번 위스키가 섹시하고 멋진 술로 등장한다. 〈실리콘 밸리Silicon Valley〉와 〈석세션Succession〉 같은 TV 프로그램에서는 지위를 상징하는 요소로 등장한다. 영화 〈저스티파이드Justified〉와 〈킹스맨: 골든 서클Kingsman: The Golden Circle〉 등에서는 상징적인 위치를 얻기도 했다. 버번 위스키에 대한 인식은 다시 완전히 바뀌었다. 그 어느 때보다도 인기가 많다. 아주 좋은 일이다. 버번 위스키는 이 순간을 즐길 자격이 있다. 그리고 버번 위스키와 대중문화에 대해 이야기하려면 끝없이 반복되는 후렴구가 등장하는 우스꽝스러운 〈밥스 버거스Bob's Burgers〉의 노래 〈크리스마스 정신The Spirits of Christmas〉을 언급하지 않을 수 없다. '오, 버번, 버번, 버번, 버번…'

〈샤이닝〉에서 잭 니콜슨이 버번 위스키를 주문하려고 하고 있다.

증류소 투어

# NORTHERN KENTUCKY

켄터키 북부

루이빌에 접해 있는 오하이오 강은 북쪽으로 굽이굽이 흘러 신시내티까지 닿는다. 이 중요한 수로는 오하이오와 켄터키를 연결하는 무역, 상업, 수도 역할을 하며 두 주의 역사를 관통해왔다. 오늘날 켄터키 북부는 신시내티의 일부이면서도 여전히 켄터키의 독특하고 강렬한 문화를 유지하고 있으며, 증류소의 새로운 물결이 이를 대표한다.

I-71 도로를 타고 북쪽으로 차를 몰다 보면 스파르타에 자리한 **닐리 패밀리 증류소 NEELEY FAMILY DISTILLERY**를 제일 먼저 방문하게 되는데, 이곳은 문샤인 제조 역사를 자랑스럽게 여기는 가족이 운영하고 있다. 켄터키의 불법과 합법 증류주 사이의 관계성을 흥미롭게 구경할 수 있는 독특한 증류소 투어를 제공하고 있으며 구식 구리 압생트 증류기는 정말 볼 만한 가치가 있으니 놓치지 말자. 조금 더 북쪽으로 향하면 고급 버번 위스키와 호밀 위스키를 생산하는 **분 카운티 디스틸링 컴퍼니 BOONE COUNTY DISTILLING CO.**가 있다. 이곳에 전시된 분 카운티의 역사에 신시내티와 북부 켄터키, 그리고 버번 위스키 사이의 관계성이 잘 기록되어 있어 조금 더 주목받아야 마땅하다고 본다.

신시내티에 가까워지면 **세컨드 사이트 스피리츠 SECOND SIGHT SPIRITS**에 들러서 독특하고 색다른 증류소 체험을 해보자. 버번 위스키나 럼을 맛보거나 심령술에 참여할 수 있는 티켓을 구입할 수도 있다. 버번 위스키를 오락거리로 즐기는 신선하고 재미있는 방

법이다.

이름에서부터 알 수 있듯이 뉴 리프 디스틸링NEW RIFF DISTILLING은 새로운 길을 개척하고 위험을 감수하는 증류주 브랜드다. 버번 위스키의 사워 매시 전통에 확고한 뿌리를 두고 있지만 호밀 함량이 높은 레시피나 재래종 곡물, 맥아 밀 등 다양한 곡물과 마무리 방법에 있어서도 실험을 거듭하고 있다. 자랑스러울 정도로 색다른 접근법으로 오늘날의 버번 위스키에 필요한 바로 그 모습을 보여주고 있다.

이제 신시내티에 아주 가까워졌을 것이다. 오늘 하루는 이 여왕 도시(19세기 초 미국 서부에서 가장 번성했던 도시인 신시내티의 별명 '서부의 여왕 도시'를 가리키는 말 - 옮긴이)의 다양한 음식을 맛보며 보내는 것이 가장 좋다. 스파게티 위에 얹어서 곱게 갈아낸 노란 치즈를 산처럼 뿌린 신시내티식 칠리(나를 믿고 먹어보자, 정말 맛있으니까)나 고에타라는 현지식 아침 식사용 소시지, 그래터스 아이스크림에 이르기까지 이 도시에는 사랑에 빠질 만한 음식이 정말 많다. 호세 살라자라가 요리하는 식당을 찾았다면 어디서든 완벽한 식사를 할 수 있으며 신시내티의 음식 문화를 구석구석까지 탐험하고 싶다면 이 급성장하는 도시의 모든 숨겨진 보석 같은 식당을 찾아낸 음식 작가 키스 판돌피Keith Pandolfi의 기사를 읽어보자.

# BOURBON CHERRY ICE CREAM SANDWICHES
### 버번 체리 아이스크림 샌드위치

지금까지 만들어본 중 가장 귀여운 아이스크림 샌드위치가 될 체리 아이스크림 샌드위치다. 아이스크림은 믹서로 만들어서 틀에 넣어 냉각시키기 때문에 아이스크림 기계가 없어도 만들 수 있지만 완전히 냉동되기까지는 하루 정도가 걸린다. 샌드위치 부분은 사각형으로 자른 파이 반죽으로 만든다. 샌드위치의 윗면인 격자무늬를 만들려면 손이 많이 가는 작업이 필요하지만 그럴 만한 가치가 있는 맛이다.

[분량 작은 아이스크림 샌드위치 6개]

**버번 체리 재료**
씨를 제거하고 4등분으로 저민 통 체리 1컵 분량
무염 버터 2큰술
버번 위스키 2큰술
설탕 1큰술
코셔 소금 1/4작은술

**크렘 프레시 아이스크림 재료**
헤비 크림 1컵
가당 연유 1캔(400g)
크렘 프레시 1컵
바닐라 익스트랙 1작은술
설탕 2큰술
코셔 소금 1/4작은술

**파이 반죽 재료**
달걀노른자 2개(대)
잘게 썰어서 차갑게 식힌 무염버터 8큰술 분량
우유(전지유) 2작은술
밀가루 1과 1/4컵, 덧가루용 여분
코셔 소금 1작은술

사방 23cm 크기의 정사각형 베이킹 팬에 랩을 한 장 깔아서 바닥과 옆면을 모두 덮는다.

먼저 버번 체리를 만들자. 중형 볼에 저민 체리와 설탕, 소금을 넣고 골고루 버무린다.

얕은 소테팬에 버터를 넣고 중간 불에 올려서 녹인다. 거품이 일기 시작하면 체리를 넣고 1분간 볶는다. 버번을 넣고 2분 더 익힌다. 불에서 내리고 10분간 식힌 뒤 체리를 건져 따로 담아 두고 소스는 아이스크림용으로 따로 보관한다.

다음으로 크렘 프레시 아이스크림을 만들자. 거품기를 장착한 스탠드 믹서 또는 전기 거품기를 사용해 대형 볼에 헤비 크림, 바닐라 익스트랙, 설탕, 소금, 남겨둔 체리 소스 1큰술을 넣고 중간 속도로 단단하게 뿔이 설 때까지 약 3분간 거품을 낸다. 느린 속도로 바꾸고 연유를 천천히 넣어서 섞는다. 마지막으로 크렘 프레시를 넣고 스패츌러를 이용해 접듯이 잘 섞어 아이스크림 반죽을 만든다.

절반 분량의 아이스크림 반죽을 준비한 베이킹 팬에 넣고 평평하게 펼친다. 식혀둔 버번 체리를 반죽 위에 뿌리고 나머지 반죽을 위에 덮는다. 크게 자른 랩을 한 장 더 덮고 가볍게 눌러서 반죽 표면에 완전히 밀착시킨 뒤 팬째 냉동실에 넣어 하룻밤 동안 보관한다.

다음 날 파이 반죽을 만든다 중형 볼에 밀가루와 소금을 넣고 가볍게 섞는다. 버터를 넣고 손가락으로 문지르면서 완두콩만 한 덩어리들이 만들어지도록 섞는다.

다른 볼에 달걀노른자 1개와 우유를 넣고 거품기로 잘 섞는다. 밀가루 덩어리 볼에 달걀 혼합물을 넣고 손가락으로 적당히 섞는다.

작업대에 덧가루를 뿌리고 반죽을 올려서 평평하게 다듬는다. 반죽 위아래에 유산지를 한 장씩 깔고 나무 밀대로 0.5cm 두께가 되도록 민다. 유산지째로 시트 팬에 올려서 냉동실에 넣고 만지면 단단하게 느껴질 때까지 약 15분간 차갑게 굳힌다.

오븐을 175℃로 예열한다. 시트 팬에 유산지를 깐다.

반죽을 냉동실에서 꺼내 유산지째로 다시 작업대에 올린다. 반죽을 6.5cm 크기의 사각형 모양으로 12등분한다. 준비한 시트 팬에 반죽 6개를 올린다. 아이스크림 샌드위치의 아래쪽이 될 부분이다.

나머지 반죽 6개는 샌드위치 윗면의 격자무늬 부분이 될 차례다. 작업대에 반죽 하나를 올리고 같은 간격으로 세로로 길게 7등분한다. 길게 자른 반죽 세 개를 약간 간격을 두고 나란히 놓는다. 가운데 반죽을 위로 접는다. 이제 직각으로 반죽을 올려 서로 교차시키기 시작한다. 먼저 제일 아래에 첫 번째 반죽을 직각으로 하나 올린다. 접어 올린 가운데 반죽을 직각 반죽 위로 올라오도록 편다. 이제 직각 반죽 아래에 깔린 세로 반죽 양쪽 두 개를 접는다. 첫 번째 직각 반죽 옆에 같은 반죽을 하나 얹는다. 접어 올린 세로 반죽 두 개를 펴서 두 번째 직각 반죽 위로 올라오도록 한다. 나머지 직각 반죽 두 개로 같은 과정을 반복한다. 완성한 후에는 6.5cm 크기의 사각형 격자무늬 패턴이 완성되어 있을 것이다. 날카로운 칼로 가장자리를 깔끔하게 정리해 완전한 사각형으로 만든다. 준비한 시트 팬에 올리고 나머지 반죽으로 같은 과정을 반복한다.

반죽이 든 시트 팬째 냉장고에 넣어서 15분간 반죽을 차갑게 식힌다.

소형 볼에 나머지 노른자와 물 2작은술을 넣고 잘 풀어서 달걀물을 만든다. 반죽을 냉장고에서 꺼낸 다음 붓으로 달걀물을 고르게 바른다. 바로 오븐에 넣는다. 노릇노릇해질 때까지 10~12분간 굽고 꺼내서 실온으로 식힌다. 아이스크림 샌드위치를 바로 내지 않을 경우에는 완성된 파이 크러스트를 밀폐용기에 담아서 사용하기 전까지 실온에 보관한다.

먹기 직전 아이스크림을 냉동실에서 꺼낸다. 랩을 당겨서 팬에서 꺼낸다.(딱 달라붙었다면 팬을 뒤집어 따뜻한 흐르는 물에 잠깐 대고 있으면 곧 떨어지는데 이때 아이스크림이 바닥으로 툭 떨어지지 않게 잘 잡고 있자.) 랩이 아이스크림에 딱 붙어 있을 수 있으니 찢어지지 않도록 조심스럽게 제거한다.

아이스크림을 사방 6.5cm 크기의 사각형으로 썬다. 파이 크러스트 하나를 올려 같은 크기가 되도록 확인해가며 잘라도 좋다.

접시에 바닥 파이 크러스트 하나를 올리고 아이스크림을 하나씩 얹은 다음 격자무늬 크러스트를 위에 올린다. 바로 내거나 랩으로 단단하게 싸서 냉동실에 한두 시간 정도 굳힌다. 남은 샌드위치는 랩으로 잘 싸서 냉동실에 1주간 보관할 수 있다.

# BREAD CRUMB PANCAKES
# WITH BOURBON MAPLE SYRUP

### 버번 메이플 시럽을 곁들인 빵가루 팬케이크

자원은 부족하고 밀가루보다 빵가루가 더 저렴했던 시절에 발간된, 오래된 켄터키 요리책 속 레시피에서 영감을 받은 음식이다. 이제는 그렇게까지 절약할 필요는 없지만 개인적으로 이 빵가루 팬케이크의 식감을 좋아한다. 식감이 풍성한 데다 탄력이 있으며 쫄깃쫄깃하다. 팬케이크 위에 중독성 강력한 대추야자 버번 버터와 간단하지만 환상적인 맛의 버번 메이플 시럽을 얹어 내자.

[분량 16장]

우유 (전지유) 3컵  베이킹파우더 1큰술
달걀 푼 것 1개(대) 분량  설탕 2큰술
녹인 무염 버터 1큰술  코셔 소금 1작은술
팡코 빵가루 1과 1/2컵  서빙용 대추야자 버번 버터(이어지는 레시피 참조)
밀가루 1/2컵  서빙용 버번 메이플 시럽(이어지는 레시피 참조)

대형 볼에 빵가루를 담는다. 소형 냄비에 우유를 넣고 중간 불에 올려서 가장자리에 살짝 기포가 올라오기 시작할 때까지 데운다. 빵가루 볼에 뜨겁게 데운 우유를 붓고 잘 섞은 다음 10분간 불린다.

다른 볼에 밀가루와 설탕, 베이킹파우더, 소금을 넣고 잘 섞는다. 빵가루 볼에 붓고 달걀과 녹인 버터까지 마저 넣는다. 뭉친 곳이 없도록 잘 섞는다.

대형 무쇠 팬을 중간 불에 올려서 달군다. 팬케이크 1장당 반죽 1/4컵을 붓고 바닥이 노릇노릇하고 가장자리가 마를 때까지 구운 다음 뒤집어서 반대쪽도 30초간 굽는다. 접시에 옮겨 담고 나머지 반죽으로 같은 과정을 반복한다.

팬케이크가 따뜻할 때 대추야자 버번 버터와 버번 메이플 시럽을 곁들여 낸다.

《 다음 장에 계속 》

# DATE-BOURBON BUTTER

## 대추야자 버번 버터

대추야자 버터를 따뜻한 팬케이크 위에 올리면 유혹적으로 녹아내리고, 시나몬 토스트나 아침 식사로 나온 따뜻한 크루아상과도 잘 어울린다. 터키산 대추야자를 구할 수 있다면 꼭 반드시 여기 넣어보도록 하자.

[분량 1/2컵]

씨를 제거하고 곱게 다진 대추야자 2개 분량    꿀 1작은술
버번 위스키 1/2컵을 2큰술로 졸인 것(77쪽 참조)    코셔 소금 1꼬집
실온의 부드러운 무염 버터 6큰술

소형 볼에 모든 재료를 넣고 잘 섞는다. 밀폐용기에 담아서 냉장고에 3주간 보관할 수 있다. 먹기 전에 실온으로 되돌려 사용한다.

# BOURBON MAPLE SYRUP

## 버번 메이플 시럽

구할 수 있는 최고 품질의 메이플 시럽을 사용하도록 하자. 아주 큰 차이를 가져온다.

[분량 3/4컵]

퓨어 메이플 시럽 3/4컵    코셔 소금 1꼬집
버번 위스키 2큰술

소형 볼에 모든 재료를 넣고 잘 섞는다. 밀폐용기에 담아서 냉장고에 1개월간 보관할 수 있다.

# BOURBON BALLS
# WITH TOFFEE-POPPED SORGHUM,
# MILK CHOCOLATE, AND BOURBON PECANS

토피 수수 팝콘과 밀크 초콜릿, 버번 피칸을 가미한 버번 볼

버번 볼은 켄터키에서 흔히 볼 수 있는 고전적인 간식이다. 만드는 데에는 약간의 노력이 필요하지만 그 결과는 정말 환상적이다. 여러 질감이 겹겹이 쌓여 복합적이라 전통 디저트 대신 내놓기에도 좋다. 또는 바닐라 아이스크림에 곁들여서 먹어도 좋다.

[분량 버번 볼 약 12개]

버번 피칸 재료
다진 피칸 1컵
버번 위스키 1/2컵

토피 수수 팝콘 재료
수수 팝콘 1컵(설명 참조, 으깬 톨콘으로 대체 가능)
무염 버터 4큰술
물엿 1큰술
황설탕 1/4컵
천일염 적당량

버번 볼 재료
실온의 부드러운 무염 버터 8큰술
브라운 버터 버번 캐러멜 소스(269쪽) 1/2컵
버번 위스키 2큰술
밀크 초콜릿 칩 1/2컵
무가당 코코아 파우더 1컵
슈거파우더 3컵

먼저 버번 피칸을 만들자. 병에 다진 피칸을 넣고 버번을 붓는다. 이때 피칸이 푹 잠기지 않으면 물로 보충한다. 덮개를 씌우지 않은 채로 하룻밤 동안 불린다.

다음 날 오븐을 175℃로 예열한다. 시트 팬에 유산지를 깐다.

피칸을 건져서 종이 타월로 두드려 물기를 제거한다. 준비한 시트 팬에 고르게 한 층으로 펼쳐 담는다. 오븐에 굽고 바싹 구워 향이 풍길 때까지 10분간 굽는다.

《 다음 장에 계속 》

두 번째 시트 팬에 새 유산지를 깐다.

다음으로 토피 수수 팝콘을 만들자. 소형 냄비에 황설탕과 버터, 물엿을 넣고 중간 불에 올려서 한소끔 끓인다. 타지 않도록 가끔 휘저으면서 2분간 익힌다. 수수 팝콘을 넣어서 잘 섞은 다음 준비한 시트 팬에 고르게 펴 담는다. 소금을 고루 뿌리고 10분간 식힌 다음 버번 피칸과 비슷한 크기로 잘게 다진다.

이제 버번 볼을 만들자. 거품기를 장착한 스탠드 믹서 또는 전기 거품기와 볼을 준비해서 볼에 버터와 버번 캐러멜 소스, 슈거파우더를 넣고 중강 속도로 가볍고 보송보송해질 때까지 최소 6분 정도 잘 푼다. 버번 위스키를 넣고 잘 섞은 뒤 버번 피칸 1컵, 다진 토피 수수 팝콘 1컵, 초콜릿 칩을 넣는다. 고무 스패츌러로 골고루 잘 섞는다.

반죽을 골프공보다 조금 작은 크기로 나누어 빚는다. 시트 팬에 얹어서 덮개를 씌우지 않은 채로 실온에 보관한다.

먹기 전에 소형 볼에 코코아 파우더를 담는다. 버번 볼을 코코아 파우더 볼에 넣고 골고루 묻힌 다음 바로 낸다.

**NOTE** 통수수 팝콘은 팝콘과 똑 닮았다. 수수 팝콘은 인터넷에서 쉽게 살 수 있고 밥스 레드 밀 브랜드를 추천한다. 다만 실수로 수수가루나 단수수시럽을 사지 않도록 주의하자. 반드시 통수수를 사야 한다. 수수 팝콘을 만들려면 우선 딱 맞는 뚜껑이 있는 소테팬을 센 불에 올리고 수수와 소량의 식용유를 넣은 다음 뚜껑을 닫는다. 탁탁 터지는 소리가 나면 바로 팬을 세차게 흔든다. 순식간에 타기 때문에 잘 지켜봐야 한다. 통수수를 구하기 힘들다면 팝콘으로 대체해도 상관없다. 다만 조금 더 작은 크기로 잘게 다져서 써야 한다.

# FIG, WALNUT, AND SAFFRON KULFI WITH BOURBON HONEY

## 버번 꿀을 가미한 무화과 호두 사프란 쿨피

달콤하게 향을 낸 우유를 얼려서 만드는 디저트인 쿨피의 역사는 16세기까지 거슬러 올라간다. 종종 인도식 아이스크림이라고 표현하지만 사실 아이스크림과는 전혀 다르다. 쿨피는 더 밀도가 높고 진하며 천천히 녹는다. 모양과 크기도 다양한데, 여기서는 머핀 틀을 사용한다. 사프란은 화사한 색을 더해주어 살면서 본 중 가장 예쁜 디저트를 완성하는 역할을 한다. 신선한 무화과가 제철이라면 말린 무화과 대신 사용해도 좋다. 어느 쪽이든 잘 어울리는 디저트다.

[분량 쿨피·8개]

**버번 꿀 재료**
- 버번 위스키 3큰술을 1과 1/2큰술로 졸인 것(77쪽 참조)
- 꿀 6큰술

**쿨피 재료**
- 말린 무화고·12개(설명 참조)
- 생 라즈베리 170g
- 가당 연유 1캔(400g)
- 하프 앤 하프[우유(전지유)와 크림을 1:1로 섞은 것-옮긴이] 1컵
- 헤비 크림 1컵
- 바닐라 익스트랙 1작은술
- 버번 위스키 1/4컵
- 설탕 1/4컵
- 사프란 1/2작은술
- 코셔 소금 1/4작은술

먼저 버번 꿀을 만들자. 소형 냄비에 버번 위스키와 꿀을 넣는다. 센 불에 올려서 거품기로 잘 섞어가며 한소끔 끓인다. 3분간 익힌 다음 실온으로 식히고 병에 옮겨 담는다.

쿨피를 만든다. 다른 깨끗한 병에 무화과를 담는다.

소형 냄비에 물 1컵과 버번 위스키, 설탕을 넣고 센 불에 올려서 한소끔 끓인다. 2분간 바글바글 끓인 다음 불에서 내린다. 무화과 병에 부어서 무화과가 부풀고 식을 때까지 약 15분간 불린다. 무화과를 건져 꼭지를 제거하고 4등분해 따로 둔다.

《 다음 장에 계속 》

라즈베리를 반으로 잘라서 따로 둔다.

18구짜리 머핀 틀에 구마다 랩을 깐다.

대부분의 무화과를 머핀 틀의 바닥과 옆면에 깐다. 대부분의 라즈베리도 머핀 틀의 바닥과 옆면에 깐다. 남은 무화과와 라즈베리는 마지막 장식용으로 따로 담아둔다.

소형 냄비에 하프 앤 하프와 사프란을 넣고 중간 불에 올려서 뭉근하게 끓도록 데운다. 바로 불에서 내리고 병에 옮겨 담는다. 덮개를 씌우지 않은 채로 냉장고에 넣어서 1시간 정도 차갑게 식힌다.

그동안 거품기를 장착한 스탠드 믹서 또는 전기 거품기와 대형 볼을 준비한다. 볼에 헤비 크림을 넣고 중간 속도로 부드러운 뿔이 설 때까지 약 2분간 돌린다. 느린 속도로 바꾸고 연유와 바닐라, 소금을 천천히 넣으면서 잘 섞는다. 차갑게 식힌 사프란 하프 앤 하프를 넣으면서 잘 섞는다.

사프란 쿨피를 머핀 틀에 붓고 덮개를 씌우지 않은 채로 냉동실에 넣어서 하룻밤 동안 얼린다.

내기 전 쿨피를 냉동실에서 꺼낸 다음 실온에 약 10분간 둔다. 머핀 틀에서 꺼낸 다음 랩이 찢어지지 않도록 조심스럽게 제거한다. 쿨피를 뒤집어서 접시 또는 소형 볼에 담는다. 신선한 라즈베리와 저민 무화과 하나를 얹어서 장식한다. 버번 꿀을 넉넉히 둘러서 바로 낸다.

**NOTE** 신선한 무화과를 구할 수 있는 시기는 여름에서 가을로 넘어가는 아주 짧은 시간이다. 신선한 무화과를 구했다면 말린 무화과 대신 사용하자. 신선한 무화과는 반으로 자른다. 버번 위스키와 설탕을 잘 섞은 다음(물은 빼고) 신선한 무화과를 넣어서 수 분간 재운다(가열할 필요는 없다). 무화과를 건져서 레시피의 다음 과정을 진행한다.

# LANE CAKE

## 레인 케이크

나는 오래된 요리책 수집가이고, 오래전에 잊히고 만 요리법을 좋아한다. 이 케이크는 앨라배마에서 유래한 것으로 모든 사람의 메뉴에 있어야 마땅할 맛있는 케이크 중 하나이지만 어쩐 일인지 먼지 쌓인 역사의 페이지 속으로 사라지고 말았다. 조리법을 좀 더 간소화하여 업데이트했지만 핵심적인 맛은 원조와 동일하다. 눈길을 사로잡는 케이크이니 특별한 날에 만들어 보자.

[분량 8~10인분]

**케이크 재료**
흰자와 노른자를 분리한 달걀 4개(대) 분량
실온의 부드러운 무염 버터 1컵
바닐라 익스트랙 1작은술
오일 스프레이 적당량
버터밀크 1/2컵
밀가루 1과 1/2컵
베이킹파우더 1과 3/4작은술
설탕 1컵
코셔 소금 1작은술

**필링 재료**
달걀노른자 8개(대) 분량
볶은 다진 피칸 1컵
버번 1컵에 하룻밤 동안 불려서 건진 건포도 1컵
오렌지 제스트 1개 분량

하프 앤 하프 2컵
바닐라 익스트랙 1작은술
설탕 1과 1/4컵
옥수수 전분 2큰술
코셔 소금 1/4작은술

**버번 버터크림 재료**
달걀흰자 6개(대) 분량
실온의 부드러운 무염 버터 2컵
버번 위스키 2큰술
설탕 1과 1/2컵

**장식용 재료**
식용 꽃 약간
캔디드 피칸 1/2컵 (이어지는 레시피 참조)
오렌지 제스트 1개 분량

먼저 케이크를 만들자. 오븐을 175℃로 예열한다. 지름 15cm 크기의 원형 케이크 틀에 오일 스프레이를 뿌리고 바닥에 딱 맞게 자른 유산지를 깐다.

《 다음 장에 계속 》

패들을 장착한 스탠드 믹서 또는 전기 거품기와 대형 볼을 준비하고 버터와 설탕을 넣어서 중강 속도로 새하얗고 보송보송해질 때까지 약 5분간 친다. 볼 가장자리를 스패츌러로 깨끗하게 훑어낸다.

느린 속도로 낮춰서 달걀노른자를 한 번에 하나씩 넣으면서 잘 섞은 다음 바닐라 익스트랙을 넣는다. 볼 가장자리를 스패츌러로 깨끗하게 훑어낸 다음 골고루 잘 섞는다.

다른 볼에 밀가루와 베이킹파우더, 소금을 넣고 잘 섞는다. 절반 분량을 버터 볼에 넣고 중간 속도로 섞는다. 절반 분량의 버터밀크를 넣고 섞는다. 나머지 가루 재료와 버터밀크를 넣고 마저 섞는다. 전체적으로 잘 섞이면 다른 대형 볼에 옮겨 담는다.

믹서 볼을 깨끗하게 닦고(전기 거품기를 사용한다면 거품기도 닦는다) 달걀흰자를 넣는다. 스탠드 믹서를 사용할 경우에는 패들을 빼고 거품기를 장착한다. 중강 속도로 중간 정도의 뿔이 설 때까지 약 4분간 친다. 반죽 볼에 넣고 스패츌러로 접듯이 섞는다.

준비한 팬에 반죽을 고루 나누어 담고 오븐에서 노릇해지고 만지면 탄력이 느껴질 때까지 25~30분간 굽는다. 오븐에서 꺼내 그대로 5분간 휴지한다. 케이크를 틀에서 꺼낸 다음 유산지를 제거하고 다시 시트 팬에 얹어서 장식하기 전까지 최소 30분간 식힌다.

다음으로 필링을 만들자. 중형 냄비에 하프 앤 하프와 바닐라를 넣고 중간 불에 올려서 한소끔 끓인다.

거품기 도구를 장착한 스탠드 믹서 볼 또는 전기 거품기와 대형 볼을 준비한다. 볼에 달걀노른자와 설탕, 옥수수 전분, 소금을 넣고 중강 속도로 옅은 노란색을 띠고 보송보송해질 때까지 약 3분간 친다. 거품기를 멈추고 따뜻한 하프 앤 하프 혼합물 1컵을 넣는다. 잘 섞은 다음 믹서 볼의 내용물을 냄비에 부어서 잘 섞는다. 중간 불에 올려서 계속 휘저어가며 걸쭉해질 때까지 약 5분간 데운다. 불에서 내리고 피칸과 건포도, 오렌지 제스트를 넣고 잘 섞는다. 실온으로 식힌다.

다음으로 버번 버터크림을 만든다. 중형 냄비에 물을 약간 붓고 중간 불에 올려서 잔잔하게 한소끔 끓인다. 내열용 볼에 달걀흰자와 설탕을 넣고 잘 섞는다. 볼을 끓는 물 냄비에 바로 얹어서(볼 아랫부분이 물에 닿지 않도록 해야 한다) 휘젓지 않고 설탕이 녹아서 전체적으로 따뜻해질 때까지 익힌다. 거품기를 장착한 스탠드 믹서 볼에 붓고 빠른 속도로 휘저어서 단단하게 뿔이 설 때까지 3~4분간 친다.

느린 속도로 돌리면서 부드러운 실온의 버터를 조금씩 넣고 골고루 잘 섞는다. 버번 위스키를 넣고 중간 속도로 섞어서 매끄러운 버터크림을 완성한다. 분리되는 것처럼 보인다면 버터가 너무 차가운 것이다. 조금 더 휘저으면 따뜻해진다. 버터크림이 매끈하지만 되직하지 않다면 전체적으로 온도가 너무 높은 것이다. 냉장고에 잠시 넣어서 식힌 다음 다시 한번 휘저어본다. 짤주머니에 원형 깍지를 채우고 버터크림을 담는다.

이제 케이크를 장식하자. 식은 케이크를 가로로 잘라 시트 6장을 만든다. 5장만 쓰므로 제일 못생긴 시트 하나는 버려도 된다(또는 간식으로 먹자). 케이크 플레이트에 시트 하나를 얹는다. 버터크림을 얇게 한층 짜 올리고 직각 스패츌러로 고르게 편다. 가운데에 지름 7.5cm 정도를 둥글게 비우고 가장자리에 버터크림을 더 짜 올린다. 가운데 빈 곳에 필링을 4분의 3 정도 채운다. 다른 시트 하나를 얹고 총 필링 4층짜리를 갖춘 5단짜리 케이크가 될 때까지 같은 과정을 반복한다. 케이크 맨 위에 버터크림을 얇게 한 층 짜 올리고 직각 스패츌러로 평평하게 다듬는다.

케이크 가장자리에도 버터크림을 고르게 펴 바른다. 젖은 숟가락 뒷면을 이용해서 케이크 아랫부분의 버터크림을 가볍게 누른 다음 위쪽으로 쭉 끌어올려 세로 줄무늬를 만든다. 너무 꾹 누르면 버터크림을 전부 닦아내게 되니 주의해야 한다. 남은 버터크림을 별 모양 깍지를 채운 짤주머니에 담는다. 윗면에 버터크림을 군데군데 짠 다음 꽃잎과 캔디드 피칸 한 줌, 새로 깎은 오렌지 제스트를 올려 장식한다. 케이크는 덮개를 씌워서 실온에 3일간 보관할 수 있다.

# CANDIED PECANS

## 캔디드 피칸

캔디드 피칸은 내 식료품 저장실에 언제나 존재하는 식재료다. 케이크의 장식용, 치즈 트레이의 한 구성품으로 쓰기 좋고 아이스크림에 뿌려 먹기도 한다. 한밤중에 야식으로 먹기에도 좋다.

[분량 1컵]
반으로 자른 피칸 1컵   황설탕 2큰술
물 2큰술   코셔 소금 1/3작은술

오븐을 162℃로 예열한다. 시트 팬에 유산지를 깐다.

시트 팬에 피칸을 담고 오븐에서 7분간 굽는다. 꺼내서 한 김 식힌다.

소형 냄비에 물과 황설탕, 소금을 넣고 잘 섞어서 센 불에 올려 한소끔 끓인다. 피칸을 넣고 약불로 낮춘다. 계속 휘저으면서 1분간 익힌다. 그물 국자로 피칸을 건져서 준비한 시트 팬에 겹치지 않도록 한 층 깐다. 그대로 단단해질 때까지 약 20분간 식힌다. 뚜껑이 있는 밀폐용기에 담으면 실온에서 1주간 보관할 수 있다.

# 전설

# FRED NOE
### 프레드 노에

프레드릭 '프레드' 부커 3세는 고故 프레드릭 '부커' 2세의 아들이자 짐 빔Jim Beam의 증손자다. 7대째 증류사로 일하고 있으며 2007년에 짐 빔 브랜드의 수석 증류사로 자리매김했다. 1954년 켄터키 주 바드스타운에서 태어나 전설적인 짐 빔이 한때 살았던 바로 그 집에서 자랐다. 프레드는 루이빌에 있는 벨라르민 대학교를 졸업한 후 짐 빔 회사에 입사해 버번 위스키 산업의 모든 것을 배웠다. 결과적으로 프리미엄 버번 위스키의 개발과 홍보에 중요한 역할을 했고, 지금은 버번 위스키 세상의 판도를 바꾼 스몰 배치 버번 컬렉션Small Batch Bourbon Collection의 홍보 대사로 활동하고 있다. 살아있는 유산이자, 함께 방에 있으면 존재감과 성격을 쉽게 잊을 수 없게 만드는 인물이다. 프레드 노에는 2013년에 켄터키 버번 명예의 전당에 입성했다.

Q: 버번 위스키를 아직 마시는지, 그렇다면 어떻게 마시는지요?
A: 아직도 종종 버번 위스키를 즐겨 마시는데, 얼음 두어 개와 물 약간을 섞곤 하지요.

Q: 지난 세월을 거치면서 버번 위스키의 맛이 변했다고 생각하나요?
A: 40년 전을 돌이켜보면 버번 위스키가 그리 많지 않았습니다. 당시 짐 빔에는 제품이 고작 5개뿐이었죠. 하지만 시간이 지나면서 사람들이 아는 게 많아지고, 더 다양한 선택지를 바라기 시작했어요. 당시에는 숙성 기간을 고지하는 것이 그리 인기 있지 않았지만 지금의 소비자들은 본인 잔에 들어 있는 위스키에 대해 더 많이 알고 싶어 합니다. 브랜드 뒤에 숨겨진 이야기를 좋아하죠. 더 다양한 뭔가를 원한다고 느낍니다.

Q: 언젠가 가족 사업을 물려받을 것이라는 걸 계속 알고 있었나요?
A: 제가 어렸을 때는 버번 위스키 사업이 그렇게까지 잘되지 않았기 때문에 아버지는 제가 사업을 하지 않기를 원하셨어요. 자주 "네가 나이가 들었을 때까지 우리 사업이 계속 남아 있다는 보장이 없단다"라고 말씀하셨죠. 아버지 세대에는 워낙 많은 증류소가 파산했거든요. 그래서 저는 대학에 진학했고 이후 병입 라인의 관리자로 야간 근무부터 시작했습니다. 업계의 모든 것을 밑바닥에서부터 배웠죠.

Q: 대를 이어 계속되는 버번 위스키 회사가 있다는 것은 얼마나 중요한 일일까요?
A: 현장 연수를 많이 진행하고 있고, 또 세대를 이어 내려오는 지식이 있죠. 전승되는 지식이 사업을 계속 이어가는 데 있어 매우 중요한 역할을 합니다. 225년 동안 이 산업에 종사해왔고 우리의 학습 곡선은 꽤 괜찮다고 할 수 있어요. 우리는 버번 위스키를 만드는 이 지역의 온도와 기후, 물, 그 외의 모든 것을 알고 있습니다. 지금은 제가 그 지식을 지키는 사람이고 이제 다음 세대에게 물려줄 겁니다. 제 아들 프레디도 지금 저와 함께 노력하고 있어요. 아이들에게 이 일을 강요하지는 않지만 일단 하기로 했으면 온 힘을 다해야죠.

Q: 짐 빔을 기억하시나요?
A: 저는 운 좋게도 켄터키 주 바드스타운에 있는 그의 집에서 살았습니다. 하지만 그를 기억하기에는 제가 너무 어렸어요. 우리가 짐 빔에 대해 알고 있는 많은 것은 대체로 할머니들이 이야기해준 것이에요. 할머니는 솔직한 사람이었고 진실을 왜곡하는 것은 용납하지 않았을 겁니다. 매일 스리피스 정장을 입었다고 해요. 그게 자신을 표현하는 제대로 된 방법이라고 생각했다고 하죠. 심지어 캐나다에서 배를 타고 낚시를 하면서도 스리피스 정장을 입고 있는 사진이 남아 있어요. 그리고 대화를 즐겼습니다. 아무리 늦어도 저녁 6시가 되면 온 가족이 모여서 그날 있었던 이야기를 나누며 버번 위스키 한 잔을 마셨다그 해요.

# BOURBON AND BUTTERSCOTCH PUDDING

## 버번 버터스카치 푸딩

버번 위스키는 정말 다양한 풍미와 잘 어울리는데 특히 디저트에서 상상을 초월한다. 버터스카치는 쉽게 떠올리기 힘든 조합이지만 버번 위스키와 버터스카치는 아주 손쉽게, 그리고 우아하게 잘 어우러진다. 매우 간단하고 만족스러운 디저트다. 멋진 장식으로 푸딩을 예쁘게 만들 수도 있지만 그냥 있는 그대로 방에 가져가서 혼자 먹어도 상관없다. 다른 어떤 것도 필요하지 않다.

[분량 4인분]

- 달걀노른자 3개(대)
- 얇게 저민 포도 10알 분량
- 수수 팝콘 1/2컵(253쪽 참조, 으깬 팝콘으로 대체 가능)
- 무염 버터 4큰술
- 버번 위스키 2큰술
- 우유(전지유) 2컵
- 하프 앤 하프 1컵
- 바닐라 익스트랙 1작은술
- 옥수수전분 3큰술
- 흑설탕 1컵
- 그래뉴당 1/4컵
- 코셔 소금 2작은술
- 서빙용 아몬드 튀일(이어지는 레시피 참조, 취향껏)

중형 팬에 버터와 황설탕을 넣고 중간 불에 올려서 버터와 설탕을 모두 녹인다. 약불로 줄이고 가끔 휘저으면서 2분간 가열한다.

하프 앤 하프를 넣고 센 불로 올려 한소끔 끓인다. 불에서 내린 다음 우유와 버번, 소금, 바닐라 익스트랙을 넣는다. 잘 섞은 다음 제일 약불에 얹어서 버터스카치 크림을 따뜻하게 보관한다.

거품기를 장착한 스탠드 믹서 또는 전기 거품기와 대형 볼을 준비해서 볼에 달걀노른자와 그래뉴당, 옥수수전분을 넣고 옅은 노란색을 띠며 보송보송해질 때까지 빠른 속도로 3분 정도 친다. 느린 속도로 바꾸고 따뜻한 버터스카치 크림 1컵을 부으면서 잘 섞는다. 볼의 내용물을 나머지 버터스카치 크림이 담긴 냄비에 천천히 붓는다. 계속 휘저으면서 중간 불에서 걸쭉해지고 가장자리가 살짝 보글거릴 때까지 3~5분간 익힌다.

유리볼에 버터스카치 혼합물을 붓고 랩을 표면에 바로 닿도록 씌워서 막이 생기지 않도록 한다. 냉장고에 넣고 완전히 차가워질 때까지 약 4시간 정도 식힌다.

그동안 접시에 저민 포도를 겹치지 않도록 한 층으로 깔고 냉동실에 2시간 동안 얼린다.

먹기 전에 푸딩을 꺼낸 다음 랩을 제거한다. 숟가락으로 푸딩을 마지막으로 휘젓는다. 개별 볼에 푸딩을 담고 얼린 포도를 얹는다. 수수 팝콘을 뿌린다. 취향에 따라 튀일을 가운데에 올려서 바로 낸다.

## ALMOND TUILES
### 아몬드 튀일

아몬드 튀일은 질감이 섬세한 만큼 만들기도 까다롭다. 하지만 그만한 노력을 들일 가치가 있다. 인내심을 가지고 과정을 천천히 따라가다 보면 아름다운 튀일이 완성될 것이다.

[분량 4인분]

무염 버터 2큰술  아몬드 슬라이스 1과 1/2컵
헤비 크림 1큰술  밀가루(중력분) 1큰술
물엿 1큰술  설탕 1/3컵
오렌지 제스트 1/2개 분량  코셔 소금 1꼬집

먼저 오븐을 160℃로 예열한다. 시트 팬에 유산지를 깐다. 아몬드는 할 수 있는 한 최대로 곱게 다진다. 중형 볼에 다진 아몬드를 옮겨 담고 밀가루와 오렌지 제스트, 소금을 넣는다.

소형 냄비에 설탕과 버터, 헤비 크림, 물엿을 넣는다. 센 불에 올려서 한소끔 끓이며 잘 저어 섞은 뒤 밀가루 볼에 부어서 다시 잘 섞는다. 완전히 식힌다.

준비한 시트 팬에 반죽을 1/2작은술씩 떠서 간격을 두고 얹는다. 오븐에 넣고 2분간 구운 다음 팬 방향을 바꿔서 튀일이 노릇노릇해질 때까지 2~3분 더 굽는다. 오븐에서 꺼낸 다음 유산지를 조심스럽게 미끄러뜨려 차가운 작업대에 얹는다. 튀일을 완전히 식힌 뒤 유산지를 제거한다. 밀폐용기에 담아서 실온에 2일간 보관할 수 있다.

# CORN ICE CREAM WITH BOURBON CARAMEL

## 버번 캐러멜을 가미한 옥수수 아이스크림

버번 위스키는 주로 옥수수로 만들기 때문에 이 디저트는 달콤한 옥수수와 캐러멜, 버번 위스키의 재결합이라고 볼 수 있다. 어떻게 하면 짭짤하면서 동시에 달콤한 버번 위스키 디저트를 만들 수 있는지를 잘 보여주는 레시피다. 곁들임으로 부드러운 위티드 버번 위스키가 잘 어울리는데, 아이스크림에 아예 브어서 먹어도 좋다. 고등학교 동창회와 달리 몇 번이고 다시 만나고 싶은 모임이 될 것이다. 이 디저트를 만들려면 아이스크림 기계가 필요하다. 가정용 기계면 충분하다.

[분량 아이스크림 약 1L와 캐러멜 소스 6컵]

아이스크림 재료
껍질을 벗긴 옥수수 4대
달걀노른자 8개(대)
헤비 크림 4컵
우유(전지유) 1과 1/2컵
설탕 1과 3/4컵
브라운 버터 버번 캐러멜 소스 재료
무염 버터 1컵
헤비 크림 2와 1/2컵

물엿 3/4컵
버번 위스키 1/4컵
바닐라 익스트랙 1작은술
물 3/4컵
설탕 3컵
코셔 소금 1/2작은술

서빙용 아이스크림 콘(선택)

오븐을 190℃로 예열한다.

먼저 아이스크림을 만들자. 시트 팬에 옥수수를 넣고 오븐에서 양쪽 끝이 갈색이 되기 시작할 때까지 20분간 굽는다. 꺼내서 실온으로 식힌다.

옥수수에서 낟알만 잘라내 대형 냄비에 담는다. 이때 옥숫대도 같이 넣는다. 헤비 크림과 우유를 넣고 센 불에 올려서 한소끔 끓인다. 불에서 내리고 뚜껑을 닫은 다음 40분간 그대로 향을 우린다. 옥숫대를 꺼내서 꼭 짜 흘러나온 국물을 다시 전부 냄비에 넣고 대는 버린다. 냄비의 내용물을 믹서기에 전부 넣고 강 모드로 돌린다. 고운 체에 걸러서 다시 냄비에 넣는다.

거품기를 장착한 스탠드 믹서나 전기 거품기와 대형 볼을 준비한다. 달걀노른자와 설탕을 넣고 빠른 속도로 옅은 노란색을 띠고 보송보송해질 때까지 약 3분간 친다. 옥수수 우유 1컵을 붓고 잘 섞는다. 볼의 내용물을 전부 냄비에 다시 붓는다.

중간 불에 올려서 계속 휘저어가며 걸쭉해질 때까지 약 5분간 가열한다. 불에서 내리고 볼에 다시 옮겨 담는다. 랩을 한 장 뜯어서 걸쭉한 표면에 밀착시켜 씌워 막이 생기지 않도록 한 다음 냉장고에 넣어서 하룻밤 동안 차갑게 식혀 아이스크림 베이스를 만든다.

다음 날에 아이스크림 베이스를 아이스크림 기계에 넣고 안내서에 따라 돌린다.

아이스크림을 만드는 동안 브라운 버터 버번 캐러멜 소스를 만든다. 중형 냄비에 물과 설탕, 물엿을 넣고 잘 섞는다. 중간 불에 올려서 건드리지 않은 채로 호박색이 될 때까지 가열한다.

그동안 다른 냄비에 버터를 넣고 중강 불에 올려서 갈색이 되기 시작할 때까지 약 3분간 가열한다. 불에서 내리고 헤비 크림을 넣는다. 잘 휘저어서 약불에 따뜻하게 보관한다.

첫 번째 냄비의 설탕이 짙은 호박색을 띠기 시작하면 따뜻한 크림 혼합물을 천천히 붓는다. 세차게 보글보글 끓어오를 것이기 때문에 처음에는 몇 숟갈씩 넣으면서 거품기로 잘 섞고 나머지는 천천히 계속 부으면서 섞어야 한다. 중간에 캐러멜이 뭉친 부분이 있어도 걱정하지 말자. 곧 녹을 것이다. 약불로 낮추고 캐러멜이 살짝 뭉근하게 끓도록 2~3분간 더 있다가 불에서 내린다. 버번 위스키와 바닐라 익스트랙, 소금을 넣고 잘 섞은 다음 볼에 옮겨 담아서 완전히 식혀 버번 캐러멜을 만든다.

기계의 아이스크림 만드는 과정이 완료되면 대형 볼에 옮겨 담고 식힌 버번 캐러멜을 약간 둘러서 나무 주걱으로 접듯이 섞는다. 아이스크림에 넣고 싶은 만큼만 넣고 나머지는 다른 요리에 사용하면 된다. 아이스크림을 플라스틱 밀폐용기에 담아서 다시 냉동실에 넣어 최소 1시간 이상 얼린 다음 아이스크림 스쿱으로 퍼서 볼(또는 콘)에 담아 먹는다. 냉동실에서 1개월간 보관할 수 있다.

증류소 투어

# WESTERN KENTUCKY

켄터키 서부

버번 트레일의 서쪽 끝에는 끊임없이 진화하는 버번 위스키의 역사 속에서 새로운 길을 개척하고 훌륭한 술을 만들어내는 주목할 만한 크래프트 증류소가 자리하고 있다. 켄터키의 서부 지역은 개간이 아직 덜 되어 이 지역과 밀주 제조와의 관계성이 역사적으로 아주 잘 기록되어 있다.

**듀얼링 그라운드 증류소** DUELING GROUNDS DISTILLERY는 보통 총격전으로 해결되곤 하던 이 지역의 수많은 분쟁에서 그 이름을 따왔다. 요즘에는 대부분의 문제를 누군가에게 술 한 잔을 사줌으로써 해결할 수 있지만 또 그러기에 듀얼링 그라운드 바보다 더 좋은 곳도 없을 것이다. 4년 숙성 버번 위스키부터 진, 밀주까지 모든 것을 만드는 곳이다. 웨스턴 켄터키에는 농장이 많다. **MB 롤런드 증류소** MB ROLAND DISTILLERY는 현지에서 재배한 흰 옥수수를 넣은 매시로 훌륭한 버번을 생산한다. 이런 작은 크래프트 증류소의 장점은 현지에서 재료를 공급받을 수 있고 상품 생산에 민첩하게 대응할 수 있다는 것이다.

**케이시 존스 증류소** CASEY JONES DISTILLERY는 금주법 시대에 명성을 얻은 전설적인 증류기 제작자의 이름을 따서 지은 것으로 같은 혈통을 이은 가문이 시설을 운영하고 있다. **바드 증류소** THE BARD DISTILLERY는 켄터키주 바드스타운의 설립자 윌리엄 바드의 후손인 토마스 바드가 2015년에 설립한 것이다. 100년 된 아르데코 양식의 옛 학교 건물에 증류소를 지었다. 그리고 존 프라인 John Prine

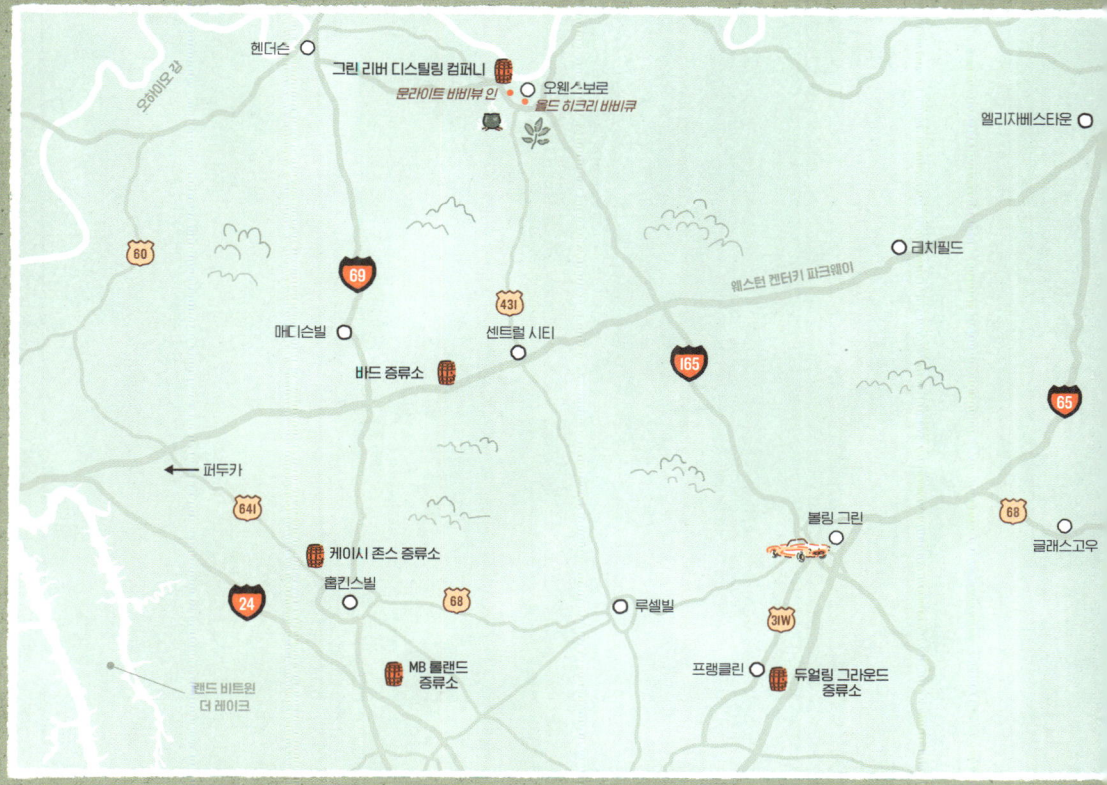

노래의 주제였던 뮬렌버그Muhlenberg 버번 위스키를 생산한다. 운전하면서 〈파라다이스 Paradise〉 노래를 반복해 들어보면 이 모든 분위기를 이해할 수 있을 터다.

다른 많은 회사들과 마찬가지로 **그린 리버 디스틸링 컴퍼니**GREEN RIVER DISTILLING CO.는 1800년대 후반에 J. W. 매컬러에 의해 설립된 역사적이고 유명한 증류소였지만 금지법 발효 기간 동안 대량으로 증류소가 사라질 때 그 피해를 직접적으로 입고 말았다. 그러나 넘치는 열정과 결단력으로 부활에 성공했다. 믿을 수 없을 정도로 진한 풍미의 버번을 생산하고 있으니 비록 사람들이 잘 가지 않는 길에 자리하곤 있지만 방문해볼 것을 추천한다. 그린 리버가 자리한 곳은 내가 가장 좋아하는 요리 중 하나인 양고기 바비큐의 본고장인 오웬스보로다. 1800년대 후반부터 제2차 세계대전 직전까지 양모 산업은 켄터키 역사에서 중요한 부분을 차지했고 양고기도 풍부했다. 오늘날까지도 양고기 바비큐는 이곳의 두 거대 레스토랑인 문라이트 바비큐 인Moonlite Bar-B-Q Inn과 올드 히코리 바비큐Old Hickory Bar-B-Que가 주축을 이루며 번성 중이다. 비록 나는 확실하게 둘 중 한쪽을 선호하고 있지만 여러분의 선택에 영향을 미치고 싶지는 않기 때문에 직접 확인해보고 결정하기를 권한다.

# BOURBON'S ROAD AHEAD

## 버번이 나아갈 길

켄터키 증류사 협회에 따르면 켄터키 주 전역에 걸쳐서 약 1,050만 개의 버번 위스키 통이 숙성되고 있다고 한다. 한편 켄터키 주의 인구는 약 440만 명이다. 즉 켄터키 주에 사는 사람 한 명당 약 2개꼴로 버번 오크통이 숙성되고 있다는 뜻이다.

나는 이 책에서 많은 것을 다루었고 그 여정이 여러분에게 통찰력을 줄 수 있기를 바란다. 하지만 이 여정에서 어쩌면 가장 중요할 수 있는 내용을 마지막까지 남겨두고 있었다. 왜냐하면 아직 쓰이지 않은 이야기이기 때문이다. 바로 버번 위스키의 다양성에 관한 이야기다.

나는 내 자신이 브루클린에서 태어나 켄터키 버번에 관한 책을 쓰고 있는 한국계 미국인 요리사라는 사실을 결코 잊지 않고 있다. 내가 이 주제에 관한 책을 쓸 수 있다는 사실, 그리고 더 나아가 많은 사람들이 이 책을 지지하고 받아들이고 있다는 사실은 켄터키와 더 나아가 미국에 대해 많은 것을 말해준다.

미국 역사에서 흔히 볼 수 있듯이 버번 위스키와 미국 위스키의 기원에 있어서도 유색인종과 아메리카 원주민의 기여는 크게 지워져 백인의 역사로 대체되었다. 비록 그 역사의 일부는 결코 되찾을 수 없겠지만 그래도 이제는 그들의 전문성과 노동이 이 산업을 형성하는 데에 중요한 역할을 했다는 것을 알고 있다.

옥수수는 버번 위스키에 필수적인 재료이고 체로키족을 포함한 지역 원주민 부족들은 옥수수 재배에 숙련되어 있었다. 켄터키 원주민들의 이러한 농사 기술과 그들이 알고 있는 것을 유럽인 정착민들과 기꺼이 공유하려는 의지는 정착민들이 직접 옥수수를 재배할 수 있게 만들었다. 그 결과 농부들은 남아도는 옥수수를 아주 초기의 버번 위스키 형태로 증류하기 시작했다.

라디오 프로젝트 〈넥스트 루이빌The Next Louisville〉의 '버번 위스키에서 흑인은 어디에 존재할까?' 에피소드에서 켄터키 역사학회의 역사학자이자 노예제와 남북 전쟁을 전공한 패트릭 루이스Patrick Lewis는 역사학자들이 노예로 잡혀온 아프리카계 미국인이 버번 위스키가 생산되는 농장과 공장에서 일하면서 초기 버번 위스키 생산 과정에 관여했다는 것은 알고 있지만 전체적인 상황은 파악하지 못했다고 설명했다. 노예들은 자신이 한 일에 대한 급여나 보상을 받지 못했고 노예 소유주는 그들이 정확히 어떤 일을 했는지 기록하지 않았다. 그 결과 우리는 그들이 누구였는지에 대해 거의 알고 있는 바가 없게 되었다.

그동안 위스키에 대한 아프리카계 미국인의 기여에 대한 잃어버린 역사를 바로잡기 위한 노력이 지속되어왔다. 2016년 〈뉴욕 타임스〉는 '잭 다니엘의 숨겨진 재료: 노예의 도움'이라는 제목의 기사를 게재했다. 여러 해 동안 이 전설적인 위스키 회사는 잭 다니엘에 관해 기본적인 견습생으로 일했던 일화부터 소개했다. 다니엘은 어렸을 때 링컨 카운티 공정으로 알려진 독특한 숯 증류법에 대한 모든 것을 가르쳐준 댄 콜 목사라는 설교자 겸 증류사 아래에서 일했다고 한다.

그러나 현재 잭 다니엘 사는 사실 다니엘이 콜이 노예로 부렸던 사람 중 한 명인 네이선 "니어스트" 그린으로부터 증류 기술을 배웠다고 설명한다. 그린은 당시 존경받는 증류사였고, 콜이 그의 증류소를 잭 다니엘에게 팔았을 때 그린이 잭 다니엘 사의 첫 수석 증류사로 임명되었으며, 미국 최초의 아프리카계 미국인 수석 증류사가 되었다. 축하해야 마땅할 성과처럼 들리는데 실제로 네이선 그린은 잭 다니엘 사에서 근무하는 동안 상당한 부를 축적했다. 하지만 슬픈 사실은 그가 이 상징적인 위스키 브랜드의 창립에 기여한 공로를 인정받거나 동업자가 되지 못했다는 것인데, 이는 다른 사람들에겐 세대를 초월하는 부를 안겨준 막대한 이익의 일부를 나눠 받지 못했다는 뜻이다.

'버번 위스키에서 흑인은 어디에 존재할까?'에서 언급한 내용에 따르면 버번 위스키의 역사에서 흑인의 공로를 인정받은 사례도 있다. 루이빌 출생의 바텐더 톰 불럭Tom Bullock은 세인트루이스 컨트리 클럽에서 바텐더로 일하면서 그가 만든 칵테일로 유명해졌다. 1917년에 출판된 칵테일 책인 『이상적인 바텐더The Ideal Bartender』를 저술한 최초의 아프리카계 미국인이기도 하다. 불럭은 루이빌의 펜데니스 클럽에서 근무하는 동안 원조 올드 패션드 칵테일을 고안한 것으로 알려져 있다.(다만 불럭의 레시피가 출판되기 전에도 그 레시피는 존재했다고 주장하는 사람도 있다.) 이 책은 오늘날에도 여전히 판매되며 대를 이어 전해져 내려오고 있지만 읽어보면 톰 불럭의 이름이 표지에는 실려 있어도 그가 어떤 사람이었는지에 대한 서술은 거의 없다는 것을 알 수 있다. 이는 금주법이 발효되기 전까지 많은 흑인 바텐더가 필수적인 역할을 했지만 그 역사에서는 대부분 존재가 지워지고만 바텐딩 세계의 현실을 보여주기도 한다.

그러나 세상이 변함에 따라 버번 위스키도 변화하고 있다. 버번 위스키의 마케팅과 광고는 더욱 다양해지고 있으며 BIPOC(흑인과 원주민, 유색 인종을 포괄적으로 지칭하는 표현 – 옮긴이)

 소비자들이 버번 위스키의 미래를 이끌 유행을 선도할 것이라는 인식이 존재하는 것으로 보인다. 켄터키에는 마침내 흑인이 소유한 버번 위스키 증류소도 생겼는데, 렉싱턴의 프레시 버번Fresh Bourbon(노예 제도가 있던 시절부터 켄터키 버번 위스키를 제조한 최초의 아프리카계 미국인 소유 증류소로 켄터키 주에서 인정받은)과 흑인 소유의 고급 버번 위스키 브랜드로 큰 인기를 끌고 있는 루이빌의 브로 브라더스 증류소가 그 주인공이다.

 다양성을 향한 노력은 인종뿐만 아니라 성별에도 적용된다. 점점 더 많은 여성들이 버번 위스키 세계에서 자신만의 공간을 개척하고 있다. 사마라 데이비스Samara Davis는 주류 산업에서 다양성과 포용을 지지하는 단체를 만들고자 블랙 버번 소사이어티를 설립했다. 버번 위스키 애호가인 그녀는 버번 르네상스에서 소외된 사람들과 함께 버번 위스키를 마실 수 있는 공간을 만들었다. 가입한 회원 수는 3만 명을 넘었고, 계속 증가 중이다.

 버번 위스키의 미래가 협업을 위한 노력이 될 것이라는 데는 의심의 여지가 없다. 버번 위스키에 영향을 미친 여성들의 목록은 아주 길고 다들 버번 위스키의 인기를 다음 세대로 이어갈 풍미와 마케팅 캠페인, 이벤트, 칵테일을 만들어내고 있다. 이름을 다 열거할 수도 없을 만큼 많지만, 그중에서도 버번 위스키 업계에서 주목할 만한 여성을 소개하자면 켄터키 최초의 여성 장인 증류사 메리앤 이브스Marianne Eaves가 있다. 그리고 윌렛 증류소의 사장인 브리트 쿨스빈Britt Kulsveen, 메이커스 마크의 혁신 담당 이사인 제인 보위Jane Bowie, 우드포드 리저브의 장인 증류사인 엘리자베스 맥콜Elizabeth McCall, 엉클 니어스트 위스키의 설립자인 폰 위버Fawn Weaver, 올드 포레스터 디스틸링 컴퍼니의 전 수석 감식가인 재키 자이칸Jackie Zykan 등이 있다.

역사적인 버번 위스키의 계보를 대표하는 가문들, 즉 프레드 노에와 롭 새뮤얼스 같은 인물과 함께 앉아 있을 때면 그들이 버번 위스키라는 복음서가 전 세계로 퍼져 나가는 것을 보며 매우 기뻐하는 모습을 볼 수 있다. 그는 미래가 다양성에 달려 있다는 것을 알고 있다. 버번 위스키의 인기(그리고 지속적인 성공)가 모든 인종과 신념, 종교, 의견을 가진 바텐더의 손에 달려 있다는 것을 안다. 칵테일을 셰이킹하고 펀치에 버번 위스키를 섞고 소스를 만들며 도쿄에서 런던, 상파울루, 라스베이거스, 멜버른에서 뉴올리언스에 이르기까지 고객에게 버번 위스키를 제공하는 주인공은 바로 우리다. 버번 위스키는 켄터키 최고의 증류주로 시작해서 미국의 입맛을 사로잡았다. 버번 위스키가 세계를 정복하는 것은 시간문제일 뿐이다.

하지만 이 모든 것은 옥수수를 재배하고, 화이트 오크를 발견하고, 구리를 두들겨 증류기를 만들고, 효모를 잡아내고, 계절이 네 번 지나며 오크통 속에서 놀라운 일이 벌어질 때까지 인내심을 가지고 기다리던 미국의 작고 구석진 하나의 주인 켄터키에서 시작된 것이다. 다음에 버번 위스키 병을 열 때 이 점을 생각해주길. 그리고 눈을 감고 맛을 보며, 그 모든 역사와 전도유망한 미래가 잔 속에서 뒤섞이는 것을 느껴보자.

건배!

# KENTUCKY DISTILLERIES

## 켄터키 증류소

금주법이 발효되기 전에는 켄터키 주 전역에 수백 개의 증류소가 있었지만, 금주법 시행 기간 동안 살아남은 증류소는 6개뿐이었다. 하지만 켄터키 주는 서서히 버번 위스키 증류소 사업을 재건해왔고 이 분야는 오늘날 켄터키 주 경제의 활력소가 되었다. 금주법 발효 이전의 수준에는 미치지 못하지만 그래도 켄터키 주 내에는 찾아와서 방문할 만한 증류소가 많이 있다. 아래는 알파벳순으로 정리한 목록이다.

**엔젤스 엔비 증류소**
500 East Main Street, Louisville, KY

**어거스타 증류소**
207 Seminary Avenue, Augusta, KY

**베이커 버드 와이너리/B. 버드 증류소**
4465 Augusta Chatham Road, Augusta, KY

**더 바드 증류소**
5080 KY-175 South, Graham, KY

**바드스타운 버번 컴퍼니**
1500 Parkway Drive, Bardstown, KY

**배럴 하우스 디스틸링 컴퍼니**
1200 Manchester Street, Lexington, KY

**바튼 1792 증류소**
501 Cathedral Manor, Bardstown, KY

**블루그래스 디스틸러스**
501 West 6th Street, #165, Lexington, KY

**분 카운티 디스틸링 컴퍼니**
10601 Toebben Drive, Florence, KY

**바운더리 오크 증류소**
2000 Boundary Oak Drive, Radcliff, KY

**버번 30 스피리츠 증류소**
130 South Water Street, Georgetown, KY

**브로 브라더스 증류소**
1460 Dixie Highway, Louisville, KY

**버팔로 트레이스 증류소**
113 Great Buffalo Trace, Frankfort, KY

**불릿 증류소**
3464 Benson Pike, Shelbyville, KY

**케이시 존스 증류소**
2815 Witty Lane, Hopkinsville, KY

**캐슬 앤 키 증류소**
4445 McCracken Pike, Frankfort, KY

**콜 픽 증류소**
1825 Log Creek Lane, Drakesboro, KY

**듀얼링 배럴 브루어리 앤 증류소**
745 Hambley Boulevard, Pikeville, KY

**듀얼링 그라운드 증류소**
208 Harding Road, Franklin, KY

**에반 윌리엄스 버번 익스피리언스**
528 West Main Street, Louisville, KY

**포 로즈 증류소**
1224 Bonds Mill Road, Lawrenceburg, KY

**글렌스 크릭 증류소**
3501 McCracken Pike, Frankfort, KY

그린 리버 증류소 디스틸링 컴퍼니
10 Distillery Road, Owensboro, KY

하트필드 앤 컴퍼니 증류소
320 Pleasant Street, Paris, KY

헤븐 힐 증류소
1064 Loretto Road, Bardstown, KY

헤븐스 도어 증류소
12606 Castle Highway, Pleasureville, KY

제임스 E. 페퍼 증류소
1228 Manchester Street, #100, Lexington, KY

젭타 크리드 증류소
500 Gordon Lane, Shelbyville, KY

짐 빔 아메리칸 아웃포스트
568 Happy Hollow Road, Clermont, KY

켄터키 아티잔 증류소
6230 Old Lagrange Road, Crestwood, KY

켄터키 피어리스 디스틸링 컴퍼니
120 North 10th Street, Louisville, KY

렉싱턴 브루잉 앤 디스틸링 컴퍼니
401 Cross Street, Lexington, KY

리머스톤 브랜치 증류소
1280 Veterans Memorial Highway Lebanon, KY

로그 스틸 증류소
225 Dee Head Road, New Haven, KY

럭스 로우 증류소
3050 East John Rowan Boulevard Bardstown, KY

메이커스 마크 증류소
3350 Burks Spring Road, Loretto, KY

MB 롤랜드 증류소
137 Barkers Mill Road, Pembroke, KY

미처스 증류소
801 West Main Street, Louisville, KY

닐리 패밀리 증류소
4360 KY-1130, Sparta, KY

뉴 리프 디스틸링
24 Distillery Way, Newport, KY

올드 블루 리본 팜
2283 Ballardsville Road, Eminence, KY

올드 포레스터 디스틸링 컴퍼니
119 West Main Street, Louisville, KY

올드 포그 증류소
705 Germantown Road, Maysville, KY

폴리 할로우 증류소
91 Kate Camp Branch, Forest Hills, KY

PCS 디스틸링 컴퍼니
436 Baxter Avenue, Louisville, KY

래빗 홀 디스틸링 컴퍼니
711 East Je.erson Street, Louisville, KY

리제네레이션 디스틸링 컴퍼니
31 East Broadway Street, Winchester, KY

루트 52 증류소 – 켄터키 마운틴 문샤인
465 Cow Creek, Irvine, KY

세컨드 사이트 스피리츠
301 Elm Street, Ludlow, KY

사일런트 브리게이드 증류소
426 Broadway Street, Paducah, KY

테일러 우드 디스틸링 컴퍼니
103 Whiskey Lane, Lewisburg, KY

위스키 티프 디스틸링 컴퍼니
283 Crab Orchard Road, Frankfort, KY

와일더니스 트레일 증류소
4095 Lebanon Road, Danville KY

와일드 터키 증류소
1417 Versailles Road, Lawrenceburg, KY

윌렛 증류소
1869 Loretto Road, Bardstown, KY

우드포드 리저브 증류소
7785 McCracken Pike, Versailles, KY

# FURTHER READING

## 참고 문헌

- 『American Whiskey, Bourbon & Rye: A Guide to the Nation's Favorite Spirit』 by Clay Risen
- 『Barrel Strength Bourbon: The Explosive Growth of America's Whiskey』 by Carla Harris Carlton
- 『The Big Book of Bourbon Cocktails』 by Amy Zavatto
- 『The Bourbon Bible』 by Eric Zandona
- 『The Bourbon Country Cookbook: New Southern Entertaining』 by David Danielson and Tim Laird
- 『Bourbon Curious: A Simple Tasting Guide for the Savvy Drinker』 by Fred Minnick
- 『Bourbon Empire: The Past and Future of America's Whiskey』 by Reid Mitenbuler
- 『Bourbon Justice: How Whiskey Law Shaped America』 by Brian F. Haara
- 『Bourbon: The Rise, Fall, and Rebirth of an American Whiskey』 by Fred Minnick
- 『Bourbon: The Story of Kentucky Whiskey』 by Clay Risen
- 『Bourbon, Straight: The Uncut and Unfiltered Story of American Whiskey』 by Charles K. Cowdery
- 『Buffalo, Barrels, & Bourbon: The Story of How Buffalo Trace Distillery Became the World's Most Awarded Distillery』 by F. Paul Pacult
- 『Kentucky Bourbon Country: The Essential Travel Guide』 by Susan Reigler
- 『Kentucky Bourbon: The Early Years of Whiskeymaking』 by Henry G. Crowgey
- 『The Kentucky Bourbon Experience: A Visual Tour of Kentucky's Bourbon Distilleries』 by Leon Howlett
- 『Kentucky Bourbon Whiskey: An American Heritage』 by Michael R. Veach
- 『Making Bourbon: A Geographical History of Distilling in Nineteenth-Century Kentucky』 by Karl Raitz
- 『Pappyland: A Story of Family, Fine Bourbon, and the Things That Last』 by Wright Thompson
- 『Straight Bourbon: Distilling the Industry's Heritage』 by Carol Peachee
- 『Whiskey Lore's Travel Guide to Experiencing Kentucky Bourbon: Learn, Plan, Taste, Tour』 by Drew Hannush
- 『Whiskey Women: The Untold Story of How Women Saved Bourbon, Scotch, and Irish Whiskey』 by Fred Minnick

# ACKNOWLEDGMENTS
## 감사의 말

이 책은 단순한 애정 기반 작업이 아닌 제 고향 켄터키에 보내는 러브레터였습니다.

제시카 에벨하, 레이첼 싱클레어, 수잔 응우옌, 제프 포터, 크리스 보든, 애슐리 다니엘 스티븐스까지 이 책을 탄생시키는 데 도움을 준 켄터키 출신의 놀라운 재능을 가진 여러분을 정말 자랑스럽게 생각합니다. 그리고 켄터키 출신은 아니지만 함께 버번을 너무 많이 마셔서 명예 켄터키인으로 여기고 있는 디미티 존스에게 특별한 감사의 말을 전합니다.

출판사 식구들, 항상 저의 장점을 끌어내주어서 감사합니다. 주디 프레이, 앨리슨 맥기혼, 리아 로넨, 고마워요.

에이전트 킴 위더스푼에게도 언제나 올바른 조언을 해주어서 고맙다는 말을 전하고 싶습니다.

610 매그놀리아 팀에게는 언제나 인내와 전문성의 모범이 되어주셔서 감사하다는 이야기를 전합니다.

지금까지 나와 함께 술잔을 기울였던 모든 증류사와 바텐더, 위스키 작가, 버번 애호가, 그리고 위스키를 사랑하는 여러분께 이 책을 바칩니다.

제가 혼자서는 꿈도 꾸지 못했을 높은 곳을 향해 나아가도록 매일 영감을 주는 존재인 아내 다이앤과 딸 아덴에게도 감사의 마음을 전합니다. 진심으로 감사하고, 진심으로 사랑합니다.

# INDEX
## 찾아보기

**A**

A. Ph. 슈티첼 증류소 47
DSP 번호/DSPN 61~62
E. H. 테일러 103
J. T. S. 브라운 앤 선즈 229
J. W. 단트 105
MB 롤랜드 증류소 272
O. Z. 테일러 증류소 55
OMFW(오리지널 미시시피 플로티드 위스키) 155
T. 제레미아 빔 105
W. L. 웰러 105, 204
W. 엘모어 셔먼 1세 228

**ㄱ**

가염 오렌지 꽃 꿀 시럽 190
감칠맛 183, 185~187 191
고양이 115
골드 러시 188, 189~190
곰팡이 227~228
광고 159~160
구리 21, 33, 37, 227~230, 233
구운 바나나 바비큐 소스 172~173
구운 바나나 바비큐 소스를 곁들인 메추라기 170, 171~173
구운 펜넬과 버번에 구운 오렌지 샐러드 74~76
그렉 홀 144
그린 리버 디스틸링 컴퍼니 155, 273
글라스 52
금주법 28, 47~48, 62, 110~111, 159, 229
길버트 앤 파슨스 46, 47
꿀과 미소, 머스터드 양념에 재운 닭 다리살 구이 180, 181~182

**ㄴ**

네이션 "니어스트" 그린 104, 276
노란 건포도 레모네이드 189, 190
노먼 록웰 159
노아스 밀 66
노예 제도 275~277
뉴 리프 디스틸링 115, 245
닐리 패밀리 증류소 244

**ㄷ**

대중문화 240~242
대추야자 버번 버터 250, 251~252
댄 콜 276
데이비드 니콜슨 66
듀얼링 그라운드 증류소 272
드류 쿨스빈 66

**ㄹ**

라벨 23, 58~63
라브롯 앤 그레이엄 증류소 25
라임스톤 브랜치 증류소 66
랍상 소우총 맨해튼 50~51
래빗 홀 증류소 112
럭스 로우 증류소 66
레벨 옐 105
레이먼드 B. 헤이든 104
레인 케이크 259~263
렉싱턴 브루잉 앤 디스틸링 컴퍼니 163
로그 스틸 증류소 66
로런스 위크스 106~107

로버트 클라인 232
롭 새뮤얼스 278
롭 셔먼 228~229
루이빌 워터 컴퍼니 57
릭하우스 22, 38, 40, 64, 66, 200
링컨 카운티 프로세스 276

## ㅁ

마리 잔 149
마이클 비치 24, 27, 94, 154
마크 캠벨 57
매시 빌/매시 빌 결정 20, 34~35
매콤한 버번 꿀을 곁들인 할루미 치즈 튀김 72~73
매콤한 식초 217~218
맥스 샤피라 159
머피, 바버 앤 컴퍼니 증류소 105
메리앤 이브스 278
메이커스 마크 증류소 57, 62, 67, 159~160, 278
문샤인/밀주 48, 91, 110~111
물 57
미국 남북 전쟁 61~62, 141, 164, 275
미국 버번 협회 20, 198~199
믹스터 포트 넬슨 증류소 114
밀주 제조 48, 110, 272

## ㅂ

바드 증류소 272
바드스타운 버번 컴퍼니 67
바운더리 오크 증류소 66
바튼 1792 증류소 67
박테리아 183, 186, 191, 227~228
발효 21, 183, 185~186, 191
배럴 하우스 디스틸링 컴퍼니 162
배질 헤이든 104

### 버번
간략하게 정리한 역사 24~29
고르는 법 34~35
대중문화 240~242
버번 고추장 바비큐 새우 168, 169
버번 버터스카치 푸딩 266, 267~268
버번 체리 아이스크림 샌드위치 246~248, 249
버번 커피 글레이즈 햄 스테이크와 구운 사과 136, 137
버번으로 요리하기 31~35
블렌딩/블렌디드 23, 143
설명 17, 19
숙성 15, 19, 22, 28, 200
숨은 이름 102~105
스트레이트 vs. 블렌디드 143
스파이스드 34
아프리카계 미국인의 기여 275~278
와인 vs. 31
위스키 vs. 19
위티드 34
제조 과정 20~23
졸이는 법 77
컬렉션 시작하기 236~237
테이스팅 108~109, 194~195
토피 수수 팝콘과 밀크 초콜릿, 버번 피칸을 가미한 버번 볼 253~254, 255
페어링 191, 196~197
풍미 32~33, 40, 150, 183, 198~199, 230

버번 간장 양념장에 절여서 까맣게 익힌 연어와 청경채, 풋사과 174, 175~176
버번 고추장 바비큐 새우 168, 169
버번 고추장 코코넛 육수에 익힌 돼지고기 미트볼 177~178, 179
버번 그레이비를 곁들인 버섯 그릴드 치즈 샌드위치 205~207
버번 글레이즈 닭 날개 165~166
버번 꿀을 가미한 무화과 호두 사프란 쿨피 256, 257~258
버번 메이플 시럽을 곁들인 빵가루 팬케이크 250, 251~252
버번 미소 버터를 얹은 군고구마 132~133

버번 미소에 천천히 구운 가지 213~214, 215
버번 브라운 버터에 익힌 굴 216, 217~219
버번 비네그레트 128

**버번 소금**
불에 태운 오크 판자에 올린 소고기 타르타르 78, 79~80, 81
수박과 민트, 페타, 튀긴 땅콩 샐러드 124~125
현미 스펠트 버번 리소토 208~209

버번 소스 소 정강이 찜 223~225

**버번 양파잼** 69
버번 그레이비를 곁들인 버섯 그릴드 치즈 샌드위치 205~207
버번 양파잼을 곁들인 베이컨 옥수수 폰 68~69, 70~71

**버번 오크통에서 숙성한 메이플 시럽** 145
버번 메이플 시럽 252
버번 메이플 시럽을 곁들인 빵가루 팬케이크 250, 251~252

버번 절임 연어 샐러드 126~128
버번 참깨 비네그레트를 가미한 옥수수 아보카도 복숭아 샐러드 118, 119~120

버번 체리 아이스크림 샌드위치 246~248, 249
버번 캐러멜을 가미한 옥수수 아이스크림 269~270, 271
버번 커피 글레이즈 햄 스테이크와 구운 사과 136~137
버번에 재운 통뼈 폭찹과 버번 홀 그레인 머스터드 소스 82, 83~84
버번에 절인 체리를 곁들인 따뜻한 염소 치즈 딥 116~117
버팔로 트레이스 57, 98, 102~103, 204
벤돔 코퍼 앤 브래스 워크스 228~229
병입 23
보틀드 인 본드 법(1897) 19, 28, 58~59, 61, 103
분 카운티 디스틸링 컴퍼니 244
분쇄와 매싱 21
불 37~40
불릿 디스틸링 컴퍼니 202
블바디에 100~101
블에 태운 오크 판자에 올린 소고기 타르타르 78, 79~80
브라운포맨 47, 104, 144, 152
브로 브라더스 증류소 114, 238~239, 277
브리트 쿨스빈 278
블랙 버번 소사이어티 160, 277~278
블루그래스 디스틸러스 162

빅터 야브로 238~239

**ㅅ**

사마라 데이비스 160, 277~278
샐리 반 윙클 캠벨 105
석회암 57
세금 부과 지역 구분 62
세컨드 사이트 스피리츠 244
숀 스티븐스 228
수박과 민트, 페타, 튀긴 땅콩 샐러드 124~125

**수수/단수수 시럽**
버번 글레이즈 닭 날개 165~167
버번 버터스카치 푸딩 266, 267~268
토피 수수 팝콘과 밀크 초콜릿, 버번 피칸을 가미한 버번 볼 253~254, 255

숙성 기간 34~35, 61
숙성 스카치 위스키 144
쉔리 디스틸링 컴퍼니 47
쉔리의 크림 오브 켄터키 버번 159
슈티첼-웰러 증류소 62, 105, 114
스위트 베르무트 100, 101
스콧 테일러 139~141
스테이시 스튜어트 51

## ㅇ

아드리앙 드 포제 27, 154
아마로 노니노, 페이퍼 플레인 234, 235
아메리카 원주민 275
아몬드 튀일 266, 268
버번 참깨 비네그레트를 가미한 옥수수 아보카도 복숭아 샐러드 118~119
아페롤, 페이퍼 플레인 234, 235
앤서니 보데인 29, 241~242
앨버트 B. 블랜튼 102
얼음 54~55
엉클 니어스트 위스키 278
에네아스 코피 232
에반 윌리엄스 26~27, 104
에반 윌리엄스 버번 익스피리언스 114
에스테르 185, 191
에이브러햄 링컨 61~62
에즈라 브룩스 66
에탄올 31~32, 58
엔젤스 엔비 증류소 113
엘리야 크레이그 26, 103
엘리자베스 맥콜 152~153, 204, 278
여성과 위스키 150
옐로스톤 셀렉트 66
오스카 게츠 위스키 역사 박물관 66

오크통/오크 나무 15, 19, 22, 37~40, 44~45, 92, 139~142, 144~146

옥수수
버번 참깨 비네그레트를 가미한 옥수수 아보카도 복숭아 샐러드 118~119
버번 캐러멜을 가미한 옥수수 아이스크림 269~270, 271
아메리카 원주민 275
옥수수에 대하여 89~94
차가운 옥수수 버번 수프 121~122, 123

올드 그랜드 대드 104
올드 오스카 페퍼 증류소 94
올드 텁 증류소 105
올드 포그 증류소 164
올드 포레스터 디스틸링 컴퍼니 113, 233, 278
올드 피츠제럴드 105
올로로소 셰리 51
와일더니스 트레일 증류소 164
와일드 터키 증류소 204
완두콩과 파를 곁들인 버번에 익힌 농어 메밀국수 220, 221~222
우드포드 리저브 증류소 25, 62, 115, 152, 204, 278
우이타 미셸 164
위스키 로우 156

위스키 반란 25~26
위스키 양파 수프 210, 211~212
윌렛 증류소 66, 278
윌렛 포트 스틸 리저브 66
윌리엄 태프트 94
인디펜던트 스태브 컴퍼니 38

## ㅈ

잘 구운 립아이 스테이크와 버번 간장 버터 85~86, 87
장-밥티스트 셀리에 블뤼망탈 232
재생 농법 139
재키 자이칸 278
잭 다니엘 104, 276
잭 다니엘스 104, 160
제이컵 스피어스 26, 230
제인 보위 278
제임스 C. 크로 94
제임스 E. 페퍼 증류소 163
제임스 바튼 159
제임스 톰슨 앤 브라더스 47
젭타 크리드 증류소 203
조슈 테일러 139
조지 T. 스태그 증류소 102, 204
조지 개빈 브라운 113
조지 레무스 48
조지 워싱턴 25
존 E. 피츠제럴드 105
존 T. 에지 27

주니어 앤 선즈 229
증류 21~22
증류기 21, 24, 33, 227~230, 232~233
증류주 정체성 표준 94
짐 빔 105, 264
짐 빔 증류소 64, 66, 104, 158, 159, 160, 240

## ㅊ

차가운 옥수수 버번 수프 121~122, 123
척 코더리 28, 154
체다 치즈 웨이퍼 210, 211~212

## ㅋ

캄파리 100

캐러멜
버번 캐러멜을 가미한 옥수수 아이스크림 269~270, 271
캐러멜에 대하여 227~230
토피 수수 팝콘과 밀크 초콜릿, 버번 피칸을 가미한 버번 볼 253~254, 255

캐슬 앤 키 증류소 115, 203
캔디드 피칸 259, 263

커세어 증류소 98
케이시 존스 증류소 272
케인 랜드 증류소 155
켄터키 스트레이트 버번 63
켄터키 아티잔 증류소 202
켄터키 증류사 협회 29, 275
켄터키 피어리스 디스틸링 114~115
켈빈 쿠퍼리지 39, 42~43
코너 오드리스콜 66
코발 98
코퍼 앤 킹스 112
콜로넬 E.H. 테일러 '아마란스 그레인 오브 더 갓' 스트레이트 켄터키 버번 위스키 98, 204
쿠퍼리지 37~40, 42~45
크리스 모리스 204
크리스 윌 139~140, 141
클래식 올드 패션드 148, 149
클레이 라이젠 29
클리프턴과 바바라 테일러 139

## ㅌ

태운 오크통 19, 22, 26, 32~33, 37~40, 44~45, 103, 141, 142
토피 수수 팝콘과 밀크 초콜릿, 버번 피칸을 가미한 버번 볼 253~254, 255
톰 불럭 276
통장이 42~43, 44

## ㅍ

패트릭 루이스 275
패피 반 윙클 103
패피 반 윙클 29, 105, 145, 204
팻 하이스트 164, 183, 185~186
펄름 솔루션즈 164, 183, 185~186
페이퍼 플레인 234, 235
포 로즈 증류소 62, 202~204
폰 위버 278
폴 매클로플린 39, 42~43
폴 존스 앤 컴퍼니 160
풍미 바퀴 198~199
프랭크포트 디스틸링 컴퍼니 47
프레드 노에 65, 264~265, 278
프레드 미닉 24, 150, 192~195
프레시 버번 277
프루프 요건 19
피츠제럴드 증류소 28

## ㅎ

하트필드 앤 컴퍼니 164
할렌 휘틀리 204
향과 맛 52, 108
헤븐 힐 증류소 62, 66, 159
헤븐스 도어 113
현미 스펠트 버번 리소토 208, 209

호밀 위스키 25, 94, 97~98, 114,
　　163, 234, 235
호텔 탱고 증류소 115
홉피 헨튼 89~92
화이트 독/화이트 라이트닝 92,
　　228, 232
화이트 오크 이니셔티브 141
효모 21, 183, 185~187
히람 워커앤선즈 160